CONTES ARABES

TIRÉS DES

MILLE ET UNE NUITS

PROPRIÉTÉ DES ÉDITEURS

Vous avez en ma personne le meilleur barbier de Bagdad, un médecin
expérimenté, un chimiste très-profond,
un grammairien consommé, un parfait rhétoricien.....

CONTES ARABES

TIRÉS DES

MILLE ET UNE NUITS

TRADUCTION DE GALLAND

REVUE ET ACCOMPAGNÉE DE NOTES ET ÉCLAIRCISSEMENTS

D'APRÈS LES ORIENTAUX

PAR

RAOUL CHOTARD

TOURS

ALFRED MAME ET FILS, ÉDITEURS

M DCCC LXXIII

Cette édition nouvelle de quelques-uns des *Contes arabes* traduits par Galland est faite non-seulement pour amuser la jeunesse, mais pour l'instruire. Maints lecteurs s'étonneront de cela ; car quelles connaissances puiser dans un ouvrage créé par l'imagination hardie et singulière des Orientaux ? La vérité est que l'on peut tirer de ces légers récits des notions intéressantes sur les mœurs, les traditions, la géographie des Arabes. Si *les Mille et une Nuits* ne sont ni une production littéraire d'un ordre élevé, ni même un précieux dépôt des légendes orientales, on y observe, persistantes dans l'esprit des peuples, certaines de ces légendes où se retrouvent des traditions historiques défigurées, des traditions saintes couvertes d'un voile fabuleux. Cependant nous ne voulons pas conduire le lecteur jusqu'au sommet des choses à propos de ce recueil de contes ; il nous suffit de dire, et nos annotations le prouveront de reste, que la fantaisie n'y tient pas une plus grande place que les vieux souvenirs.

On a beaucoup disserté sur l'origine et la date des *Mille et une Nuits*. Le savant Langlès prétendit, et M. de Hammer soutint après lui, que le texte primitif était indien ou persan. M. Silvestre de Sacy, l'homme qui a cultivé avec le plus de raison les lettres arabes, a montré que cette opinion manquait de fondement.

Sans doute les fables indiennes et persanes revivent dans nos récits, mais sous la forme que les Arabes leur ont donnée; et d'ailleurs les légendes des royautés antiques et opulentes d'El-Ahkhaf et du Yémen paraissent aussi bien être la source d'une foule de détails merveilleux. Enfin Bagdad est comme le principal lieu poétique des *Mille et une Nuits*, où domine la renommée du grand khalife. L'origine arabe de ces contes semble donc hors de discussion.

On a opposé à cette conclusion un texte de Masoudi, qui vivait au xe siècle de notre ère. Cet historien parle en effet de récits « qu'on nous a traduits, « dit-il, des langues persane, indienne, et grecque, « tels, par exemple, que le livre intitulé *les Mille*

« *Contes*. C'est le livre qu'on appelle communément
« *les Mille Nuits*, et qui contient l'histoire du roi,
« du vizir, de la fille du vizir et de la nourrice de
« celle-ci; les noms de ces femmes sont Schirzad
« et Dinarzad. »

M. de Sacy a voulu admettre l'authenticité de ce passage; mais il a fait observer que si *les Mille et une Nuits* ont emprunté quelque chose à l'ouvrage mentionné par Masoudi, elles ne peuvent être cet ouvrage lui-même traduit en arabe; car elles sont écrites dans un langage vulgaire qui trahit l'époque de décadence de la littérature arabe.

Le célèbre orientaliste est d'avis que le recueil que nous possédons a été composé en Syrie et achevé en Égypte. Quant à sa date, elle ne saurait être déterminée d'une manière précise; mais au langage on reconnaît qu'elle ne doit pas être fort ancienne. Cependant il n'est parlé ni du tabac ni du café dans ces contes, où nul détail de la vie domestique n'est omis; on ne peut donc leur assigner une date moins éloignée de nous que la fin du xiv° siècle.

Antoine Galland, qui occupa dans les dernières années de sa vie une chaire au collége Royal, fit lire à toute l'Europe *les Mille et une Nuits;* sa traduction a été rééditée un nombre infini de fois. Comme nous ne cultivons les langues orientales qu'en vue d'élucider les saintes Lettres, nous n'avons eu ni le dessein ni le loisir de transporter de nouveau en français les contes publiés ici; et nous nous sommes servi de la traduction de Galland. Elle n'a d'autres ornements que le naturel et la simplicité; mais ces ornements ont leur prix. Nous avons cru, pourtant, devoir y changer des tournures incorrectes au xviii° siècle ou par trop surannées, qui rendent pénible la lecture des contes; mais si nous avons porté la main sur le travail de Galland, ç'a été comme avec la crainte d'y toucher.

Dans le choix et dans la revue des textes, on n'a pas oublié que l'on destinait ce livre à la jeunesse. On a laissé de côté les récits qui ne respirent que fadeur, ou ne brillent que de l'éclat monotone des *feux de l'Orient*; et l'on a inséré dans ce volume des contes où les mœurs, les croyances, les fables anciennes se découvrent, des contes familiers et plaisants, qui font les délices des auditeurs arabes[1], et que l'enfant même sait goûter.

---

[1] M. de Hammer l'a très-bien dit, « qu'on s'embarque sur le Tigre ou sur le Nil; qu'on parcoure les déserts de l'Irak ou les magnifiques plaines de la Syrie; qu'on visite les vallées du Hedjaz ou les solitudes délicieuses du Yémen, partout on trouve des conteurs dont les récits font le plus grand charme des habitants de ces contrées;

Chaque récit est suivi de notes où le lecteur ne trouvera rien de ce que lui ont appris déjà ses études classiques. On a évité d'y faire montre d'une érudition déplacée; mais on n'y donne que des renseignements de source orientale.

Parmi les auteurs que l'on a consultés, on doit rendre hommage à ce très-bon et très-savant Barthélemi d'Herbelot, professeur de langue syriaque au collége Royal et l'un de ceux que Bossuet appelait ses *rabbins*. Sa *Bibliothèque,* que nous avons feuilletée pendant plusieurs années, est un riche répertoire des traditions arabes, persanes et turques. Plusieurs ont dit qu'elle manquait de critique : c'est le mot favori des écoliers de nos jours qui prétendent faire aux maîtres la leçon. On répondra que sans doute la Bibliothèque d'Herbelot renferme des choses erronées, mais que c'est une œuvre posthume; que d'ailleurs le grand érudit voulait rapporter fidèlement les histoires mahométanes. « Or, « soit qu'elles aient bien ou mal raconté les choses,

on les rencontre dans la cabane du fellah, dans les cafés des simples villages, comme dans les bazars des plus riches cités. Lorsque la chaleur excessive du midi force la caravane à faire une halte, les voyageurs se rassemblent sous un arbre pour prêter une oreille attentive aux récits d'un conteur qui, après avoir su exciter pendant plusieurs heures l'étonnement et la curiosité de ses auditeurs, s'interrompt tout à coup à l'endroit le plus intéressant, pour en prendre la suite quand la fraîcheur du soir est arrivée; mais il ne la termine pas alors; il en ajourne la conclusion au lendemain, où il commence en même temps un nouveau récit. »

« cela n'intéresse en rien notre auteur, qui ne se
« rend pas garant des faits, et qui dit toujours vrai
« lors même qu'il rapporte les mensonges d'autrui[1]. » On rend grâce à d'Herbelot précisément
de n'avoir mis sur les lèvres des Orientaux que ce
qu'ils ont dit avec plus ou moins de vérité.

[1] Claude Visdelou, Continuation de la Bibliothèque orientale, *avis de l'auteur*. La Haye, 1779.

20 FÉVRIER 1872.

CONTES ARABES

LE MARCHAND ET LE GÉNIE

Il y avait autrefois un marchand qui possédait de grands biens, en fonds de terre, en marchandises et en argent comptant. Cet homme avait beaucoup de commis, de facteurs et d'esclaves. Cependant il était obligé de temps en temps de faire des voyages pour s'aboucher avec ses correspondants. Un jour qu'une affaire importante l'appelait assez loin du lieu qu'il habitait, il monta à cheval, et partit avec une valise derrière lui, dans laquelle il avait mis une petite provision de biscuits et de dattes, parce qu'il devait traverser un pays désert, où il ne trouverait pas de quoi vivre. Il arriva sans accident à l'endroit où il avait affaire ; et quand il eut terminé ce qui l'y avait appelé, il remonta à cheval pour s'en retourner chez lui.

Le quatrième jour de marche, il se sentit tellement incommodé de l'ardeur du soleil et de la terre échauffée par ses rayons, qu'il se détourna de son chemin pour aller se rafraîchir sous des arbres qu'il aperçut dans la campagne; il y trouva, au pied d'un grand noyer, une fontaine dont l'eau était courante et très-claire. Il mit pied à terre, attacha son cheval à une branche d'arbre, et s'assit près de la fontaine, après avoir tiré de sa valise quelques dattes et du biscuit. En mangeant les dattes, il en jetait les noyaux à droite et à gauche. Lorsqu'il eut achevé ce repas frugal, comme il était bon musulman, il se lava les mains, le visage et les pieds, et fit sa prière [1]*.

Il ne l'avait pas finie, et il était encore à genoux, quand il vit paraître un génie [2] tout blanc de vieillesse, et d'une taille énorme, qui, s'avançant jusqu'à lui le sabre à la main, lui dit d'un ton de voix terrible : « Lève-toi que je te tue avec ce sabre, comme tu as tué mon fils. » Il accompagna ces mots d'un cri effroyable. Le marchand, non moins effrayé de la hideuse figure du monstre que des paroles qu'il lui avait adressées, lui répondit en tremblant : « Hélas! mon bon seigneur, de quel crime puis-je être coupable envers vous pour mériter que vous m'ôtiez la vie? — Je veux, reprit le génie, te tuer, de même que tu as tué mon fils. — Eh! bon Dieu! repartit le marchand, comment pourrais-je avoir tué votre fils? Je ne le connais point, et je ne l'ai jamais vu. — Ne t'es-tu pas assis en arrivant ici? répliqua le génie; n'as-tu pas tiré des dattes de ta valise, et, en les mangeant, n'en as-tu pas jeté les

---

* Les chiffres renvoient le lecteur aux notes placées à la fin de chaque récit.

noyaux à droite et à gauche? — J'ai fait ce que vous dites, répondit le marchand, je ne puis le nier. — Cela étant, reprit le génie, je te dis que tu as tué mon fils, et voici comment : dans le temps que tu jetais tes noyaux, mon fils passait; il en a reçu un dans l'œil et il en est mort; c'est pourquoi il faut que je te tue. — Ah! mon seigneur, pardon! s'écria le marchand. — Point de pardon, répondit le génie, point de miséricorde : n'est-il pas juste de tuer celui qui a tué? — J'en demeure d'accord, dit le marchand; mais je n'ai assurément pas tué votre fils; et quand cela serait, je ne l'aurais fait que fort innocemment; par conséquent, je vous supplie de me pardonner et de me laisser la vie. — Non, non, dit le génie persistant dans sa résolution, il faut que je te tue, puisque tu as tué mon fils. » A ces mots, il saisit le marchand par le bras, le jeta la face contre terre, et leva le sabre pour lui couper la tête.

Cependant le marchand tout en pleurs, et protestant de son innocence, regrettait sa femme et ses enfants, et disait les choses du monde les plus touchantes. Le génie, toujours le sabre haut, eut la patience d'attendre que le malheureux eût achevé ses lamentations; mais il n'en fut nullement attendri. « Tous ces regrets sont superflus, s'écria-t-il. Quand tes larmes seraient de sang, cela ne m'empêcherait pas de te tuer, comme tu as tué mon fils. — Quoi! répliqua le marchand, rien ne peut vous toucher? vous voulez absolument ôter la vie à un pauvre innocent? — Oui, repartit le génie, j'y suis résolu. »

Quand le marchand vit que le génie lui allait trancher la tête, il poussa un grand cri, et lui dit : « Arrêtez; encore un mot, de grâce ; ayez la bonté de m'accorder un délai : donnez-moi le temps d'aller dire adieu à ma femme et à mes enfants, et de leur partager mes biens [3] par testament, afin qu'ils n'aient point de procès après ma mort ; cela fini, je reviendrai aussitôt dans ce même lieu me soumettre à tout ce qu'il vous plaira d'ordonner de moi. — Mais, dit le génie, si je t'accorde le délai que tu demandes, j'ai peur que tu ne reviennes pas. — Si vous voulez croire à mon serment, répondit le marchand, je jure par le Dieu du ciel et de la terre que je viendrai vous retrouver ici sans y manquer. — Quel délai désires-tu ? répliqua le génie. — Je vous demande une année, repartit le marchand ; il ne me faut pas moins de temps pour donner ordre à mes affaires, et pour me disposer à renoncer sans regret au plaisir qu'il y a de vivre. Ainsi je vous promets que de demain en un an, sans faute, je reviendrai sous ces arbres pour me livrer à vous. — Prends-tu Dieu à témoin de la promesse que tu me fais ? reprit le génie. — Oui, répondit le marchand, je le prends encore une fois à témoin, et vous pouvez vous reposer sur mon serment. » A ces paroles, le génie le laissa près de la fontaine et disparut.

Le marchand, s'étant remis de sa frayeur, remonta à cheval et reprit son chemin. Mais si, d'un côté, il avait la joie de s'être tiré d'un si grand péril, de l'autre, il tombait dans une tristesse mortelle lorsqu'il songeait au serment fatal qu'il avait fait. Quand il arriva chez lui, sa femme et ses enfants le reçurent avec toutes les démonstrations d'une joie parfaite ; mais au lieu de les embrasser de la même manière, il se mit à pleurer si amèrement, qu'ils jugèrent bien qu'il lui était arrivé quelque chose d'extraordinaire. Sa femme lui demanda la cause de ses larmes et de la vive douleur qu'il faisait éclater. « Nous nous réjouissions, disait-elle, de votre retour, et cependant vous nous alarmez tous par l'état où nous vous voyons. Expliquez-nous, je vous prie, le sujet de votre tristesse. — Hélas! répondit le mari, le moyen que je sois gai? Je n'ai plus qu'un an à vivre. » Alors il leur raconta ce qui s'était passé entre lui et le génie, et leur apprit qu'il lui avait promis avec serment de retourner au bout de l'année recevoir la mort de sa main.

Lorsqu'ils entendirent cette triste nouvelle, ils commencèrent à se désoler. La femme poussait des cris pitoyables en se frappant le visage et en s'arrachant les cheveux; les enfants, tout en pleurs, faisaient retentir la maison de leurs gémissements; et le père mêlait ses larmes à leurs plaintes. En un mot, c'était le spectacle du monde le plus touchant.

Dès le lendemain, le marchand songea à mettre ordre à ses affaires, et s'appliqua sur toutes choses à payer ses dettes. Il fit des présents à ses amis et de grandes aumônes aux pauvres, donna la liberté à ses esclaves de l'un et de l'autre sexe, partagea ses biens entre ses enfants, nomma des tuteurs pour ceux qui n'étaient pas encore en âge, rendit à sa femme tout ce qui lui appartenait selon son contrat de mariage, et lui donna tout ce qu'il put lui donner suivant les lois.

Enfin l'année s'écoula, et il fallut partir. Le marchand fit sa valise, où il mit le drap dans lequel il devait être enseveli; mais lorsqu'il voulut dire adieu à sa femme et à ses enfants, jamais on ne vit douleur plus vive. Ils ne pouvaient se résoudre à le perdre ; ils voulaient tous l'accompagner et aller mourir avec lui. Néanmoins, comme il fallait se faire violence et quitter des objets si chers : « Mes enfants, leur dit-il, j'obéis à l'ordre de Dieu en me séparant de vous. Imitez-moi : soumettez-vous courageusement à cette nécessité, et songez que la destinée de l'homme est de mourir. » Après avoir dit ces paroles, il s'arracha aux cris et aux regrets de sa famille, il partit, et arriva à l'endroit où il avait vu le génie, le jour même qu'il avait promis de s'y rendre. Il mit aussitôt pied à terre, et s'assit au bord de la fontaine, où il attendit le génie avec toute la tristesse qu'on peut imaginer.

Pendant qu'il languissait dans une si cruelle attente, un bon vieillard qui menait une biche à l'attache parut et s'approcha de lui. Ils se saluèrent l'un l'autre ; après quoi le vieillard lui dit : « Mon frère, peut-on savoir de vous pourquoi vous êtes venu dans ce lieu désert où il n'y a que des esprits malins, et où l'on n'est pas en sûreté ? A voir ces beaux arbres, on le croirait habité ; mais c'est une véritable solitude, où il est dangereux de s'arrêter trop longtemps. »

Le marchand satisfit la curiosité du vieillard, et lui conta l'aventure qui l'obligeait à se trouver là. Le vieillard l'écouta avec étonnement, et, prenant la parole : « Voilà, s'écria-t-il, la chose du monde la plus surprenante ; et vous vous êtes lié par le serment le plus inviolable ! Je veux, ajouta-t-il, être témoin de votre entrevue avec le génie. » En disant cela, il s'assit près du marchand, et, tandis qu'ils s'entretenaient tous deux, il arriva un autre vieillard suivi de deux chiens noirs. Il s'avança jusqu'à eux, et les salua, en leur demandant ce qu'ils faisaient en cet endroit. Le vieillard qui conduisait la biche lui apprit l'aventure du marchand et du génie, ce qui s'était passé entre eux et le serment du marchand. Il ajouta que ce jour était celui de la parole donnée, et que lui-même était résolu de demeurer là pour voir ce qui arriverait.

Le second vieillard, trouvant aussi la chose digne de sa curiosité, prit la même résolution. Il s'assit auprès des autres; et à peine se fut-il mêlé à leur conversation, qu'il survint un troisième vieillard, lequel, s'adressant aux deux premiers, leur demanda pourquoi le marchand qui était avec eux paraissait si triste. On lui dit le sujet de cette tristesse, qui lui parut extraordinaire, et il souhaita aussi d'être témoin de ce qui se passerait entre le génie et le marchand. Il se plaça donc parmi les autres.

Ils aperçurent bientôt dans la campagne une vapeur épaisse, comme un tourbillon de poussière élevé par le vent. Cette vapeur s'avança jusqu'à eux, et, se dissipant tout à coup, leur laissa voir le génie, qui, sans les saluer, s'approcha du marchand le sabre à la main, et le prenant par le bras : « Lève-toi, lui dit-il, que je te tue comme tu as tué mon fils. » Le marchand et les trois vieillards effrayés se mirent à pleurer et à remplir l'air de cris.

Le vieillard qui conduisait la biche se jeta aux pieds du monstre, et les lui baisant : « Prince des génies, lui dit-il, je vous supplie très-humblement de suspendre votre colère, et de me faire la grâce de m'écouter. Je vais vous raconter mon histoire et celle de cette biche que vous voyez ; mais, si vous la trouvez plus merveilleuse et plus surprenante que l'aventure de ce marchand à qui vous voulez ôter la vie, puis-je espérer que vous voudrez bien remettre à ce malheureux le tiers de son crime? » Le génie fut quelque temps à se consulter là-dessus ; enfin il répondit : « Eh bien, voyons, j'y consens. »

HISTOIRE DU PREMIER VIEILLARD ET DE LA BICHE

Je vais donc, reprit le vieillard, commencer le récit; écoutez-moi, je vous prie, avec attention. Cette biche que vous voyez est ma cousine, et de plus ma femme. Elle n'avait que douze ans quand je l'épousai ; ainsi je puis dire qu'elle ne devait pas moins me regarder comme son père que comme son parent et son mari.

Nous avons vécu ensemble trente années sans avoir eu d'enfants ; mais sa stérilité ne m'a point empêché d'avoir pour elle beaucoup de complaisance et d'amitié. Le seul désir d'avoir des enfants me fit acheter une esclave [4], dont j'eus un fils qui était plein d'espérances. Ma femme en conçut de la jalousie, prit en aversion la mère et l'enfant, mais cacha si bien ses sentiments, que je ne les connus que trop tard.

Cependant mon fils croissait, et il avait déjà dix ans, lorsque je fus obligé de faire un voyage. Avant mon départ, je recommandai à ma femme, dont je ne me défiais point, l'esclave et son fils, et je la priai d'en avoir soin pendant mon absence, qui dura une année entière. Elle profita de ce temps-là pour contenter sa haine. Elle s'attacha à la magie; et quand elle fut assez habile dans cet art diabolique pour exécuter l'horrible dessein qu'elle méditait, la scélérate mena mon fils dans un lieu écarté. Là, par ses enchantements, elle le changea en veau, et le donna à mon fermier, avec ordre de le nourrir, lui disant que c'était un veau qu'elle avait acheté. Elle ne borna pas sa fureur à cette action abominable; elle changea l'esclave en vache, et la donna aussi à mon fermier.

A mon retour, je lui demandai des nouvelles de la mère et de l'enfant. « Votre esclave est morte, me dit-elle ; et pour votre fils, il y a deux mois que je ne l'ai vu, et je ne sais ce qu'il est devenu. » Je fus touché de la mort de l'esclave; mais comme mon fils n'avait fait que disparaître, je me flattais que je pourrais le revoir bientôt. Néanmoins huit mois se passèrent sans qu'il revînt, et je n'en avais aucune nouvelle, lorsque la fête du grand Beyram [5] arriva. Pour la célébrer, je mandai à mon fermier de m'amener une vache des plus grasses pour en faire un sacrifice. Il n'y manqua pas. La vache qu'il m'amena était l'esclave elle-même, la malheureuse mère de mon fils. Je la liai; mais dans le moment que je me préparais à la sacrifier, elle se mit à faire des beuglements pitoyables, et je m'aperçus qu'il coulait de ses yeux des ruisseaux de larmes. Cela me parut assez extraordinaire ; et me sentant, malgré moi, saisi d'un mouvement de pitié, je ne pus me résoudre à la frapper. J'ordonnai à mon fermier de m'en aller prendre une autre.

Ma femme, qui était présente, frémit de ma compassion, et s'opposant à un ordre qui rendait sa malice inutile : « Que faites-vous, mon ami? s'écria-t-elle. Immolez cette vache. Votre fermier n'en a pas de plus belle, ni qui soit plus propre à l'usage que nous en voulons faire. » Par complaisance pour ma femme, je m'approchai de la vache; et combattant la pitié qui en suspendait le sacrifice, j'allais porter le coup mortel, quand la victime, redoublant ses pleurs et ses beuglements, me désarma une seconde fois. Alors je mis le maillet entre les mains du fermier, en lui disant : « Prenez, et sacrifiez-la vous-même; ses beuglements et ses larmes me fendent le cœur. »

Le fermier, moins sensible que moi, la sacrifia. Mais en l'écorchant, on trouva qu'elle n'avait que les os, bien qu'elle nous eût paru très-grasse. J'en eus un véritable chagrin. « Prenez-la pour vous, dis-je au fermier, je vous l'abandonne; faites-en des régals et des aumônes à qui vous voudrez; et si vous avez un veau bien gras, amenez-le-moi à sa place. » Je ne m'informai pas de ce qu'il fit de la vache; mais peu de temps après qu'il l'eut fait enlever de devant mes yeux, je le vis arriver avec un veau fort gras. Quoique j'ignorasse que ce veau fût mon fils, je ne laissai pas de sentir mes entrailles s'émouvoir à sa vue. De son côté, dès qu'il m'aperçut, il fit un si grand effort pour venir à moi, qu'il rompit sa corde. Il se jeta à mes pieds, la tête contre terre, comme s'il eût voulu exciter ma compassion, me conjurer de n'avoir pas la cruauté de lui ôter la vie, et m'avertir, autant qu'il le pouvait, qu'il était mon fils.

Je fus encore plus surpris et plus touché de cette action

que je ne l'avais été des pleurs de la vache. Je sentis une tendre pitié pour ce pauvre animal ; ou, pour mieux dire, le sang fit en moi son devoir. « Allez, dis-je au fermier, ramenez ce veau chez vous ; ayez-en grand soin, et à sa place amenez-en un autre incessamment. »

Dès que ma femme m'entendit parler ainsi, elle ne manqua pas de s'écrier encore : « Que faites-vous, mon mari ? croyez-moi, ne sacrifiez pas un autre veau que celui-là. — Ma femme, lui répondis-je, je n'immolerai pas celui-ci ; je veux lui faire grâce, je vous prie de ne point vous y opposer. » Elle n'eut garde, la méchante femme, de se rendre à ma prière ; elle haïssait trop mon fils pour consentir que je le sauvasse. Elle m'en demanda le sacrifice avec tant d'opiniâtreté, que je fus obligé de le lui accorder. Je liai le veau, et, prenant le couteau funeste, j'allais l'enfoncer dans la gorge de mon fils, lorsque, tournant vers moi languissamment ses yeux baignés de pleurs, il m'attendrit à un point que je n'eus pas la force de l'immoler. Je laissai tomber le couteau, et je dis à ma femme que je voulais absolument tuer un autre veau que celui-là. Elle n'épargna rien pour me faire changer de résolution ; mais, quoi qu'elle pût me représenter, je demeurai ferme, et lui promis, seulement pour l'apaiser, que je le sacrifierais au Beyram de l'année prochaine.

Le lendemain matin, mon fermier demanda à me parler en particulier. « Je viens, me dit-il, vous apprendre une nouvelle dont j'espère que vous me saurez bon gré. J'ai une fille qui a quelque connaissance de la magie. Hier, comme je ramenais au logis le veau que vous n'aviez pas voulu sacrifier, je remarquai qu'elle rit en le voyant, et qu'un moment après elle se mit à pleurer. Je lui demandai pourquoi elle faisait en même temps deux choses si contraires : « Mon père, me répondit-elle, ce veau que vous ramenez est le fils de notre maître. J'ai ri de joie de le voir encore vivant, et j'ai pleuré en me souvenant du sacrifice qu'on fit hier de sa mère, qui était changée en vache. Ces deux métamorphoses ont été faites par les enchantements de la femme de notre maître, laquelle haïssait la mère et l'enfant. » Voilà ce que m'a dit ma fille, poursuivit le fermier, et je viens vous apporter cette nouvelle. »

A ces paroles, ô génie, continua le vieillard, je vous laisse à juger quelle fut ma surprise. Je partis sur-le-champ avec mon fermier, pour parler moi-même à sa fille. En arrivant, j'allai d'abord à l'étable où était mon fils. Il ne put répondre à mes embrassements; mais il les reçut d'une manière qui acheva de me persuader qu'il était mon fils.

La fille du fermier arriva : « Ma bonne fille, lui dis-je, pouvez-vous rendre à mon fils sa première forme ? — Oui, je le puis, me répondit-elle. — Ah ! si vous en venez à bout, je vous fais maîtresse de tous mes biens. » Alors elle me repartit en souriant : « Vous êtes notre maître, et je sais trop bien ce que je vous dois ; mais je vous avertis que je ne puis remettre votre fils en son premier état qu'à deux conditions : la première, que vous me le donnerez pour époux ; et la seconde, qu'il me sera permis de punir la personne qui l'a changé en veau. — Pour la première condition, lui dis-je, je l'accepte de bon cœur ; je dis plus, je vous promets de vous donner beaucoup de

bien pour vous en particulier, indépendamment de celui
que je destine à mon fils. Enfin, vous verrez comment
je reconnaîtrai le grand service que j'attends de vous.
Pour la condition qui regarde ma femme, je veux bien
l'accepter encore. Une personne qui a été capable de
commettre une action si criminelle mérite d'en être
punie ; je vous l'abandonne, faites d'elle ce qu'il vous
plaira ; je vous prie seulement de ne lui pas ôter la vie.
— Je vais donc, répliqua-t-elle, la traiter de la même
manière qu'elle a traité votre fils. — J'y consens, lui
repartis-je ; mais rendez-moi mon fils auparavant. »

Alors cette fille prit un vase plein d'eau, prononça dessus des paroles que je n'entendis pas, et s'adressant au
veau : « Si tu as été créé, dit-elle, par le tout-puissant
et souverain maître du monde tel que tu parais en ce
moment, demeure sous cette forme ; mais si tu es homme,
et que tu sois changé en veau par enchantement, reprends
ta figure naturelle par la permission du souverain créateur. » En achevant ces mots, elle jeta l'eau sur lui, et
à l'instant il reprit sa première forme.

« Mon fils, mon cher fils! m'écriai-je aussitôt en
l'embrassant avec un transport dont je ne fus pas le
maître, c'est Dieu qui nous a envoyé cette jeune fille pour
détruire l'horrible charme dont vous étiez environné, et
vous venger du mal qui vous a été fait, à vous et à votre
mère. Je ne doute pas que, par reconnaissance, vous ne
vouliez bien la prendre pour votre femme, comme je m'y
suis engagé. » Il y consentit avec joie ; mais, avant qu'ils
se mariassent, la jeune fille changea ma femme en biche,
et c'est elle que vous voyez ici. Je souhaitai qu'elle eût

cette forme, plutôt qu'une autre moins agréable, afin que nous la vissions sans répugnance dans la famille. Depuis ce temps-là, mon fils est devenu veuf, et est allé voyager. Comme il y a plusieurs années que je n'ai pas eu de ses nouvelles, je me suis mis en chemin pour tâcher d'en apprendre; et, n'ayant voulu confier à personne le soin de ma femme, pendant que je serais en quête de lui, j'ai jugé à propos de la mener partout avec moi. Voilà donc mon histoire et celle de cette biche. N'est-elle pas des plus surprenantes et des plus merveilleuses?

— J'en demeure d'accord, dit le génie; et, en faveur de ton histoire, je t'accorde le tiers de la grâce de ce marchand. »

Le second vieillard, qui conduisait les deux chiens noirs, s'adressa au génie, et lui dit : « Je vais vous raconter ce qui m'est arrivé, à moi et à ces deux chiens noirs, et je suis sûr que vous trouverez mon histoire encore plus étonnante que celle que vous venez d'entendre. Mais quand je vous l'aurai contée, m'accorderez-vous le second tiers de la grâce de ce marchand? — Oui, répondit le génie, pourvu que ton histoire surpasse celle de la biche. » Le second vieillard commença ainsi son histoire :

HISTOIRE DU SECOND VIEILLARD

ET DES DEUX CHIENS NOIRS

Grand prince des génies, vous saurez que nous sommes trois frères : ces deux chiens noirs que vous voyez, et moi qui suis le troisième. En mourant, notre père nous avait laissé à chacun mille sequins. Avec cette somme, nous embrassâmes tous trois la même profession : nous nous fîmes marchands. Peu de temps après que nous eûmes ouvert boutique, mon frère aîné, l'un de ces deux chiens, résolut de voyager pour son négoce dans les pays étrangers. Il vendit son fonds, et acheta des marchandises convenant au commerce qu'il voulait faire.

Il partit, et fut absent une année entière. Au bout de ce temps-là, un pauvre, qui me parut demander l'aumône, se présenta à ma boutique. Je lui dis : « Dieu vous assiste ! — Dieu vous assiste aussi ! me répondit-il ; est-il possible que vous ne me reconnaissiez pas ? » Alors, l'envisageant avec attention, je le reconnus. « Ah ! mon frère ! m'écriai-je en l'embrassant, comment vous aurais-je pu reconnaître en cet état ? » Je le fis entrer dans ma maison, je lui demandai des nouvelles de sa santé et du succès de son voyage. « Ne m'adressez pas cette question, me dit-il ; en me voyant vous voyez tout. Ce serait renouveler mon affliction que de vous faire le détail de tous les malheurs qui me sont arrivés depuis un an, et qui m'ont réduit à l'état où je suis. »

Je fis aussitôt fermer ma boutique ; et, abandonnant tout autre soin, je le menai au bain, et lui donnai les plus beaux vêtements de ma garde-robe. J'examinai mes registres de vente et d'achat ; et, trouvant que j'avais doublé mon fonds, c'est-à-dire que j'étais riche de deux mille sequins, je lui en donnai la moitié. « Avec cela, mon frère, lui dis-je, vous pourriez oublier la perte que vous avez faite. » Il accepta les mille sequins avec joie, rétablit ses affaires, et nous vécûmes ensemble comme nous avions vécu auparavant.

Quelque temps après, mon second frère, qui est l'autre de ces deux chiens, voulut aussi vendre son fonds. Nous fîmes, son aîné et moi, tout ce que nous pûmes pour l'en détourner ; mais inutilement. Il le vendit, et il acheta des marchandises propres au négoce étranger qu'il voulait entreprendre. Il se joignit à une caravane, et partit. Il revint au bout de l'an dans le même état que son frère aîné. Je le fis habiller ; et comme j'avais encore mille sequins de bénéfice, je les lui donnai. Il releva boutique, et continua d'exercer sa profession.

Un jour mes deux frères vinrent me trouver pour me proposer de faire un voyage et de trafiquer avec eux. Je rejetai d'abord leur proposition. « Vous avez voyagé, leur dis-je ; qu'y avez-vous gagné ? Qui m'assurera que je serai plus heureux que vous ? » En vain ils me représentèrent là-dessus tout ce qui leur sembla devoir m'éblouir et m'encourager à tenter la fortune ; je refusai d'entrer dans leur dessein. Mais ils revinrent tant de fois à la charge, qu'après avoir, pendant cinq ans, résisté constamment à leurs sollicitations, je m'y rendis enfin. Mais quand il fallut faire les préparatifs du voyage, et qu'il fut question d'acheter les marchandises dont nous avions besoin, il se trouva qu'ils avaient tout mangé, et qu'il ne leur restait rien des mille sequins que je leur avais donnés à chacun. Je ne leur adressai pas le moindre reproche. Au contraire, comme mon fonds était de six mille sequins, j'en partageai la moitié avec eux, en leur disant : « Mes frères, il faut risquer ces trois mille sequins, et cacher le reste dans un endroit sûr, afin que si notre voyage n'est pas plus heureux que ceux que vous avez déjà faits, nous ayons de quoi nous en consoler, et reprendre notre ancienne profession. » Je donnai donc mille sequins à chacun, j'en gardai autant pour moi, et j'enterrai les trois mille autres dans un coin de ma maison. Nous achetâmes des marchandises ; et, après les avoir embarquées sur un vaisseau que nous avions frété, nous fîmes mettre à la voile avec un vent favorable.

Après deux mois de navigation, nous arrivâmes heureusement à un port de mer, où nous débarquâmes, et fîmes un très-grand débit de nos marchandises. Moi, surtout, je vendis si bien les miennes, que je gagnai dix pour un. Nous achetâmes des marchandises du pays, pour les transporter et les négocier dans nos contrées.

Comme nous étions prêts à nous rembarquer, je rencontrai sur le bord de la mer une dame assez bien faite, mais très-pauvrement habillée. Elle m'aborda, me baisa la main, et me pria, avec les dernières instances, de l'épouser, et de l'embarquer avec moi. Je fis difficulté de lui accorder ce qu'elle demandait; mais elle me dit tant de choses pour me persuader, que je ne devais pas prendre garde à sa pauvreté, et que j'aurais lieu d'être content de sa conduite, que je me laissai vaincre. Je lui fis faire des vêtements propres; et, après l'avoir épousée par un contrat de mariage en bonne forme, je l'embarquai avec moi, et nous mîmes à la voile.

Pendant notre navigation, je trouvai de si belles qualités dans la femme que je venais de prendre, que je l'aimais tous les jours de plus en plus. Cependant mes deux frères, qui n'avaient pas aussi bien fait leurs affaires que moi, et qui étaient jaloux de ma prospérité, me portaient envie. Leur fureur alla même jusqu'à conspirer contre ma vie. Une nuit, dans le temps que ma femme et moi nous dormions, ils nous jetèrent à la mer.

Ma femme était fée, et par conséquent génie; vous jugez bien qu'elle ne se noya pas. Pour moi, il est certain que je serais mort sans son secours; mais je fus à peine tombé dans l'eau, qu'elle m'enleva et me transporta dans une île. Dès qu'il fut jour, la fée me dit : « Vous voyez, mon mari, qu'en vous sauvant la vie, je ne vous ai pas mal récompensé du bien que vous m'avez fait. Vous saurez que je suis fée, et que, me trouvant sur le bord de la mer lorsque vous alliez vous embarquer, je me sentis une forte inclination pour vous. Je voulus éprouver la bonté de votre cœur; je me présentai devant vous déguisée comme vous m'avez vue. Vous en avez usé avec moi généreusement. Je suis ravie d'avoir trouvé l'occasion de vous en marquer ma reconnaissance. Mais je suis irritée contre vos frères, et je ne serai pas satisfaite que je ne leur aie ôté la vie. »

J'écoutais avec admiration le discours de la fée; je la remerciai le mieux qu'il me fut possible de la grande obligation que je lui avais. « Mais, Madame, lui dis-je, pour ce qui est de mes frères, je vous supplie de leur pardonner. Quelque sujet que j'aie de me plaindre d'eux, je ne suis pas assez cruel pour vouloir leur perte. » Je lui racontai ce que j'avais fait pour l'un et pour l'autre; et, mon récit augmentant son indignation contre eux : « Il faut, s'écria-t-elle, que je vole tout à l'heure après ces traîtres et ces ingrats, et que je tire d'eux une prompte vengeance. Je vais submerger leur vaisseau, et les précipiter dans le fond de la mer. — Non, ma belle dame, repris-je, au nom de Dieu, n'en faites rien, modérez votre courroux; songez que ce sont mes frères, et qu'il faut faire le bien pour le mal. »

J'apaisai la fée par ces paroles; et, lorsque je les eus prononcées, elle me transporta en un instant de l'île où nous étions sur le toit de mon logis qui était en terrasse, et elle disparut un moment après. Je descendis, j'ouvris les portes, et je déterrai les trois mille sequins que j'avais cachés. J'allai ensuite à la place où était ma boutique; je l'ouvris, et je reçus des marchands mes voisins des compliments sur mon retour. Quand je rentrai chez moi, j'aperçus ces deux chiens noirs, qui vinrent m'aborder d'un air soumis. Je ne savais ce que cela signifiait, et j'en étais fort étonné; mais la fée, qui parut bientôt, m'en éclaircit. « Mon mari, me dit-elle, ne soyez pas surpris de voir ces deux chiens chez vous : ce sont vos deux frères. Je frémis à ces mots, et je lui demandai par quelle puissance ils se trouvaient en cet état. « C'est moi qui les y ai mis, me répondit-elle; au moins, c'est une de mes sœurs à qui j'en ai donné la commission, et qui, en même temps, a coulé leur vaisseau à fond. Vous y perdez les marchandises que vous aviez; mais je vous récompenserai d'ailleurs. A l'égard de vos frères, je les ai condamnés à demeurer dix ans sous cette forme; leur perfidie ne les rend que trop dignes de cette pénitence. » Enfin, après m'avoir appris où je pourrais avoir de ses nouvelles, elle disparut.

Or les dix années sont accomplies, je suis donc en chemin pour aller chercher la fée; et comme en passant par ici j'ai rencontré ce marchand et le bon vieillard qui mène sa biche, je me suis arrêté avec eux. Voilà quelle est mon histoire, ô prince des génies! ne vous paraît-elle pas des plus extraordinaires? « J'en conviens, répondit le génie, et je remets au marchand le second tiers du crime dont il est coupable envers moi. »

Aussitôt que le second vieillard eut achevé son histoire, le troisième prit la parole et fit au génie la même demande que les deux premiers, c'est-à-dire de remettre au marchand le troisième tiers de son crime, si l'histoire qu'il avait à lui raconter surpassait en événements singuliers les deux récits qu'il venait d'entendre. Le génie lui fit la même promesse qu'aux autres.

Le troisième vieillard raconta son histoire au génie; je ne vous la dirai pas, car elle n'est point venue à ma connaissance; mais je sais qu'elle se trouva si fort au-dessus des deux précédentes, par la diversité des aventures merveilleuses qu'elle contenait, que le génie en fut étonné. Il n'en eut pas plutôt ouï la fin, qu'il dit au troisième vieillard : « Je t'accorde le dernier tiers de la grâce du marchand ; il doit bien vous remercier tous trois de l'avoir tiré du danger par vos histoires ; sans vous il ne serait plus au monde. » En achevant ces mots, il disparut, au grand contentement de la compagnie. Le marchand ne manqua pas de rendre grâce à ses trois libérateurs. Ils se réjouirent avec lui de le voir hors de péril ; puis ils se dirent adieu, et chacun reprit son chemin. Le marchand s'en retourna auprès de sa femme et de ses enfants, et passa tranquillement avec eux le reste de ses jours.

NOTES

Sur le conte intitulé le *Marchand et le Génie.*

NOTE 1 — Page 2

Une des cinq grandes obligations de l'Islam est l'obligation de la prière : « Pour tout croyant la prière est un devoir qu'il remplira aux heures fixées. » Les ablutions sont aussi de précepte : « O croyants, lorsque vous vous disposez à faire la prière, lavez-vous le visage, et les mains jusqu'aux coudes; lavez-vous la tête, et les pieds jusqu'à la cheville [1]. »

La prière quotidienne, désignée sous le nom de *Namaz*, se fait : 1º à la pointe du jour; elle se peut faire depuis le moment où l'on distingue un fil blanc d'un fil noir jusqu'au lever du soleil; 2º à midi, ou plutôt dès que le soleil a dépassé le zénith; 3º lorsque l'ombre que projette l'aiguille du cadran solaire est longue deux fois comme l'aiguille même; 4º au coucher du soleil, avant une obscurité complète; 5º enfin une heure et demie après le coucher du soleil : ce dernier exercice peut d'ailleurs avoir lieu à n'importe quelle heure de la nuit, pourvu qu'on ne se laisse pas surprendre par l'aurore.

[1] Coran, sourate IV, vers. 104; sourate V, vers. 8.

NOTE 2 — Page 2

Les Arabes désignent sous le nom de *Djin*, et les Persans sous le nom de *Div*, des êtres merveilleux ou génies n'appartenant point à la race humaine. Ces génies ont été formés d'un feu ardent [1]. Les Persans les distinguent en deux ordres : les *Div Nereh*, géants non moins laids que méchants, et les *Peri*, créatures bonnes et gracieuses. Djan, le premier auteur des Peri, gouverna le monde avant Adam; sa force était soixante-dix fois plus grande que celle du père des hommes.

Les Div Nereh ont toujours été en guerre avec les Peri [2]. D'après le *Caherman Nameh* (livre de Caherman) où sont racontées les prouesses du bisaïeul de Rostam, le héros persan, les Div Nereh réduisirent en esclavage plusieurs Peris et les enfermèrent dans des cages qu'ils suspendirent aux branches d'arbres élevés. Les épouses des prisonniers venaient les visiter, et leur apportaient de précieux parfums qui étaient la nourriture des Peris et un invincible moyen de défense contre les géants; ceux-ci ne pouvaient en respirer l'odeur sans tomber dans une morne tristesse. Ainsi les créatures douces, pures, et nourries de vertus, répandent autour d'elles comme une bonne odeur dont la suavité fait fuir les méchants, qui ne les comprennent point et les abhorrent : et cela même est un bien pour les âmes qu'ils méprisent et redoutent à la fois.

NOTE 3 — Page 4

Apparemment cet homme n'avait pas d'ascendants. Il devait donc, pour le partage de ses biens, se conformer aux règles suivantes :

Sa femme recueillait un huitième de sa succession, les legs et les dettes étant prélevés.

---

[1] Coran, sourate xv, vers. 27; sourate LV, vers. 14.
[2] Cf. d'Herbelot, Biblioth. orient., art. Peri.

Quant aux enfants, les parts étaient égales entre les garçons, et de même entre les filles; mais chaque enfant mâle recevait la part de deux filles.

Le père pouvait d'ailleurs disposer librement d'un tiers de ses biens[1].

NOTE 4 — Page 8

Mariez-vous avec des femmes qui vous agréent, dit le Coran; épousez-en deux, trois et même quatre. Les éléments ordinaires du mariage ainsi recommandé sont un contrat et une dot payée par le mari.

Les musulmans connaissent encore deux sortes d'union : ils achètent des esclaves et les épousent; ils se marient pour un temps, moyennant une somme stipulée au profit de la femme. Ce dernier genre de mariage n'a été ni favorisé ni prohibé par Mahomet. Yahia-Ben-Aktem, cadhi des cadhis (juge des juges, grand-juge ou chancelier) d'Almamoun, septième khalife de la maison des Abbassides, interdit le mariage à temps; mais l'usage des musulmans a été plus fort que son ordonnance.

NOTE 5 — Page 9

Les musulmans ont deux fêtes solennelles : l'une, désignée sous le nom de *Grande* fête, fête du *Sacrifice* ou des *Victimes*, se célèbre le dixième jour du dernier mois de l'année arabe; l'autre suit le jeûne du Ramadhan, et se passe moins en prières qu'en réjouissances.

Les Turcs ont donné le nom de Beyram (solennité) à chacune de ces fêtes; la fête du Sacrifice est appelée le grand Beyram, et l'autre le petit Beyram.

[1] Coran, sourate IV.

HISTOIRE DE SINDBAD LE MARIN

Sous le règne du khalife Haroun-Alraschid [1], il y avait à Bagdad [2] un pauvre porteur qui se nommait Hindbad. Un jour qu'il faisait une chaleur excessive, il portait une charge fort pesante d'une extrémité de la ville à une autre. Il était très-fatigué du chemin qu'il avait déjà fait, et il lui en restait encore beaucoup à faire, lorsqu'il arriva dans une rue où régnait un doux zéphyr, et dont le pavé était arrosé d'eau de rose. Ne pouvant désirer un vent plus favorable pour se reposer et reprendre de nouvelles forces, il posa sa charge à terre, et s'assit dessus auprès d'une grande maison.

Il se sut bientôt très-bon gré de s'être arrêté en cet endroit; car son odorat fut agréablement frappé d'un parfum exquis de bois d'aloès et de pastilles, qui s'échappait des fenêtres de cet hôtel, et qui, se mêlant avec l'odeur de l'eau de rose, achevait d'embaumer l'air.

Outre cela, il entendit dans l'intérieur de la maison un concert de divers instruments, accompagnés du ramage harmonieux d'un grand nombre de rossignols et d'autres oiseaux particuliers au climat de Bagdad. Cette gracieuse mélodie et la fumée de plusieurs sortes de viandes qui se faisaient sentir lui donnèrent à penser qu'il y avait là quelque festin et qu'on s'y réjouissait. Il voulut savoir qui demeurait en cette maison, qu'il ne connaissait pas bien, n'ayant pas eu occasion de passer souvent par cette rue. Pour satisfaire sa curiosité, il s'approcha de quelques domestiques, magnifiquement habillés, qu'il vit à la porte, et demanda à l'un d'entre eux comment s'appelait le maître de cet hôtel. « Hé quoi ! lui répondit le domestique, vous demeurez à Bagdad, et vous ignorez que c'est ici la demeure du seigneur Sindbad le marin, de ce fameux voyageur qui a parcouru toutes les mers que le soleil éclaire ? » Le porteur, qui avait ouï parler des richesses de Sindbad, ne put s'empêcher de porter envie à un homme dont la condition lui paraissait aussi heureuse que la sienne lui semblait déplorable. L'esprit aigri par ses réflexions, il leva les yeux au ciel, et dit assez haut pour être entendu : « Puissant créateur de toutes choses, considérez la différence qu'il y a entre Sindbad et moi ; je souffre tous les jours mille fatigues et mille maux ; et j'ai bien de la peine à me nourrir, moi et ma famille, de mauvais pain d'orge, pendant que l'heureux Sindbad dépense avec profusion d'immenses richesses et mène une vie pleine de délices. Qu'a-t-il fait pour obtenir de vous une destinée si agréable ? Qu'ai-je fait pour en mériter une si rigoureuse ? » En achevant ces paroles, il frappa du pied contre terre, comme un homme entièrement possédé de sa douleur et de son désespoir.

Il était encore occupé de ces tristes pensées, lorsqu'il vit sortir de l'hôtel un valet qui vint à lui, et qui, le prenant par le bras, lui dit : « Venez, suivez-moi ; le seigneur Sindbad, mon maître, veut vous parler. »

Hindbad ne fut pas peu surpris du compliment qu'on lui faisait. Après le discours qu'il venait de tenir, il avait sujet de craindre que Sindbad ne l'envoyât chercher pour lui faire quelque mauvais traitement ; c'est pourquoi il voulut s'excuser sur ce qu'il ne pouvait abandonner sa charge au milieu de la rue ; mais le valet de Sindbad l'assura qu'on y prendrait garde, et le pressa tellement que le porteur fut obligé de se rendre à ses instances.

Le valet l'introduisit dans une grande salle, où il y avait bon nombre de personnes autour d'une table couverte de toutes sortes de mets délicats. On voyait à la place d'honneur un personnage grave, bien fait et vénérable par une longue barbe blanche ; et, derrière lui, étaient debout une foule d'officiers et de domestiques empressés à le servir. Ce personnage était Sindbad. Le porteur, dont le trouble s'augmenta à la vue de tant de monde et d'un festin si superbe, salua la compagnie en tremblant. Sindbad lui dit de s'approcher ; et, après l'avoir fait asseoir à sa droite, il lui servit à manger lui-même, et lui fit donner à boire d'un excellent vin[3], dont le buffet était abondamment garni.

Sur la fin du repas, Sindbad, remarquant que ses convives ne mangeaient plus, prit la parole ; et s'adressant à Hindbad, qu'il traita de frère, selon la coutume des Arabes lorsqu'ils se parlent familièrement, lui demanda comment il se nommait, et quelle était sa profession. « Seigneur, lui répondit-il, je m'appelle Hindbad. — Je suis bien aise de vous voir, reprit Sindbad, et je vous réponds que la compagnie vous voit aussi avec plaisir ; mais je souhaiterais apprendre de vous-même ce que vous disiez tantôt dans la rue. » Sindbad, avant de se mettre à table, avait entendu tout son discours par la fenêtre ; et c'était ce qui l'avait engagé à le faire appeler.

A cette demande, Hindbad, plein de confusion, baissa la tête, et repartit : « Seigneur, je vous avoue que ma lassitude m'avait mis en mauvaise humeur, et il m'est échappé quelques paroles indiscrètes que je vous supplie de me pardonner. — Oh! ne croyez pas, reprit Sindbad, que je sois assez injuste pour en conserver du ressentiment. J'entre dans votre situation ; au lieu de vous reprocher vos murmures, je vous plains ; mais il faut que je vous tire d'une erreur où vous me paraissez être à mon égard. Vous vous imaginez sans doute que j'ai acquis sans peine et sans travail toutes les commodités et le repos dont vous voyez que je jouis ; désabusez-vous. Je ne suis parvenu à un état si heureux qu'après avoir souffert durant plusieurs années tous les travaux du corps et de l'esprit que l'imagination peut concevoir. Oui, seigneurs, ajouta-t-il en s'adressant à toute la compagnie, je puis vous assurer que ces travaux sont si extraordinaires, qu'ils sont capables d'ôter aux hommes les plus avides de richesses l'envie fatale de traverser les mers pour en acquérir. Vous n'avez peut-être entendu parler que confusément de mes étranges aventures, et des dangers que j'ai courus sur mer dans les sept voyages que j'ai faits ; et, puisque l'occasion s'en présente, je vais vous en faire un rapport fidèle : je crois que vous ne serez pas fâchés de l'entendre. »

Comme Sindbad voulait raconter son histoire particulièrement à cause du porteur, avant de la commencer il ordonna qu'on fît porter la charge qu'il avait laissée dans la rue au lieu où Hindbad marqua qu'il souhaitait qu'elle fût portée. Après cela, il parla en ces termes :

PREMIER VOYAGE DE SINDBAD LE MARIN

J'avais hérité de ma famille des biens considérables, j'en dissipai la meilleure partie dans les débauches de ma jeunesse ; mais je revins de mon aveuglement, et, rentrant en moi-même, je reconnus que les richesses étaient périssables, et qu'on en voyait bientôt la fin quand on les ménageait aussi mal que je faisais. Je pensai, de plus, que je consumais malheureusement dans une vie déréglée le temps, qui est la chose du monde la plus précieuse. Je considérai encore que c'était la dernière et la plus déplorable de toutes les misères que d'être pauvre dans la vieillesse. Je me souvins de ces paroles du grand Salomon [1], que j'avais autrefois ouï dire à mon père : « Il est moins fâcheux d'être dans le tombeau que dans la pauvreté. »

Frappé de toutes ces réflexions, je ramassai les débris

de mon patrimoine. Je vendis à l'encan, en plein marché, tout ce que j'avais de meubles. Je me liai ensuite avec quelques marchands qui négociaient par mer. Je consultai ceux qui me parurent capables de me donner de bons conseils. Enfin je résolus de faire profiter le peu d'argent qui me restait; et dès que j'eus pris cette résolution, je ne tardai guère à l'exécuter. Je me rendis à Bassora[5], où je m'embarquai avec plusieurs marchands sur un vaisseau que nous avions équipé à frais communs.

Nous mîmes à la voile, et prîmes la route des Indes orientales par le golfe Persique, qui est formé par les côtes de l'Arabie Heureuse à la droite, et par celles de Perse à la gauche, et dont la plus grande largeur est de soixante-dix lieues, selon la commune opinion. Hors de ce golfe, la mer du Levant, la même que celle des Indes[6], est très-spacieuse : elle a d'un côté, pour bornes, les côtes d'Abyssinie, et quatre mille cinq cents lieues de longueur jusqu'aux îles de Vakvak. Je fus d'abord incommodé de ce qu'on appelle le mal de mer; mais ma santé se rétablit bientôt, et depuis ce temps-là je n'ai point été sujet à cette maladie.

Dans le cours de notre navigation, nous abordâmes à plusieurs îles, et nous y vendîmes ou échangeâmes nos marchandises. Un jour que nous étions à la voile, le calme nous prit vis-à-vis une petite île presque à fleur d'eau, qui ressemblait à une prairie par sa verdure. Le capitaine fit plier les voiles et permit de prendre terre aux personnes de l'équipage qui voulurent y descendre. Je fus du nombre de ceux qui y débarquèrent. Mais, dans le temps que nous nous divertissions à boire et à manger et à nous délasser de la fatigue de la mer, l'île trembla tout à coup et nous donna une rude secousse.

On s'aperçut du tremblement de l'île dans le vaisseau, d'où l'on nous cria de nous rembarquer promptement ; que nous allions tous périr ; que ce que nous prenions pour une île était le dos d'une baleine. Les plus diligents se sauvèrent dans la chaloupe, d'autres se jetèrent à la nage. Pour moi, j'étais encore sur l'île, ou plutôt sur la baleine, lorsqu'elle plongea dans la mer, et je n'eus que le temps de me prendre à une pièce de bois qu'on avait apportée du vaisseau pour faire du feu. Cependant le capitaine, après avoir reçu sur son bord les gens qui étaient dans la chaloupe et recueilli quelques-uns de ceux qui nageaient, voulut profiter d'un vent frais et favorable qui s'était élevé ; il fit hisser les voiles, et m'ôta par là l'espérance de gagner le vaisseau.

Je demeurai donc à la merci des flots, poussé tantôt d'un côté, tantôt d'un autre ; je disputai contre eux ma vie tout le reste du jour et de la nuit suivante. Je n'avais plus de force le lendemain et je désespérais d'éviter la mort, lorsqu'une vague me jeta heureusement contre une île. Le rivage en était haut et escarpé, et j'aurais eu beaucoup de peine à y monter, si quelques racines d'arbres, que la fortune semblait avoir conservées en cet endroit pour mon salut, ne m'en eussent donné le moyen. Je m'étendis sur la terre, où je demeurai à demi mort, jusqu'à ce qu'il fût grand jour et que le soleil parût.

Alors, quoique je fusse très-faible à cause de la fatigue que j'avais supportée sur la mer, et parce que je n'avais pris aucune nourriture depuis le jour précédent, je ne laissai pas de me traîner en cherchant des herbes bonnes à manger. J'en trouvai quelques-unes, et j'eus le bonheur de rencontrer une source d'eau excellente, qui ne contribua pas peu à me rétablir. Les forces m'étant revenues, je m'avançai dans l'île, marchant sans tenir de route assurée. J'entrai dans une belle plaine, où j'aperçus de loin un cheval qui paissait. Je portai mes pas de ce côté-là, flottant entre la crainte et la joie; car j'ignorais si je n'allais pas chercher ma perte plutôt qu'une occasion de mettre ma vie en sûreté. Je remarquai, en approchant, que c'était une cavale attachée à un piquet. Sa beauté attira mon attention; mais, pendant que je regardais, j'entendis la voix d'un homme qui parlait sous terre. Un moment après, cet homme parut, vint à moi et me demanda qui j'étais. Je lui racontai mon aventure; alors, me prenant par la main, il me fit entrer dans une grotte, où il y avait d'autres personnes qui ne furent pas moins étonnées de me voir que je ne l'étais de les trouver là.

Je mangeai de quelques mets que ces gens me présentèrent; puis ils me dirent qu'ils étaient palefreniers du roi Mihrage, souverain de cette île. Ils ajoutèrent qu'ils devaient partir le lendemain, et que si je fusse arrivé un jour plus tard, j'aurais péri infailliblement, parce que les habitations étaient éloignées et qu'il m'eût été impossible d'y arriver sans guide.

Le lendemain, ils reprirent le chemin de la capitale de l'île avec leurs cavales, et je les accompagnai. A notre arrivée, le roi Mihrage, à qui je fus présenté, me demanda qui j'étais et par quelle aventure je me trouvais dans ses États. Dès que j'eus pleinement satisfait sa curiosité, il me témoigna qu'il prenait beaucoup de part à mon malheur. En même temps il ordonna qu'on eût soin de moi et que l'on me fournît toutes les choses dont j'aurais besoin. Cela fut exécuté de manière que j'eus sujet de me louer de sa générosité et de l'exactitude de ses officiers.

Comme j'étais marchand, je fréquentais les gens de ma profession. Je recherchais particulièrement ceux qui étaient étrangers, tant pour apprendre d'eux des nouvelles de Bagdad que pour en trouver quelqu'un avec qui je pusse y retourner ; car la capitale du roi Mihrage est située sur le bord de la mer et a un beau port où il aborde tous les jours des vaisseaux de différents endroits du monde. Je cherchais aussi la compagnie des savants des Indes, et je prenais plaisir à les entendre parler; mais cela ne m'empêchait pas de faire ma cour au roi très-régulièrement, ni de m'entretenir avec des gouverneurs et de petits rois ses tributaires qui étaient auprès de sa personne. Ils me faisaient mille questions sur mon pays; et de mon côté, voulant m'instruire des mœurs et des lois de leurs États, je leur demandais tout ce qui me semblait mériter ma curiosité.

Il y a sous la domination du roi Mihrage une île qui porte le nom de Cassel. On m'avait assuré qu'on y entendait, toutes les nuits, un son de timbales; ce qui a donné lieu à l'opinion qu'ont les matelots, que Deggial[7], y fait sa demeure. Il me prit envie d'être témoin de cette merveille, et je vis, dans mon voyage, des poissons longs de cent et de deux cents coudées, qui font plus de peur que de mal. Ils sont si timides, qu'on les fait fuir en frappant sur des ais. Je remarquai d'autres poissons qui n'étaient que d'une coudée, et qui ressemblaient, par la tête, à des hiboux.

A mon retour, comme j'étais un jour sur le port, un navire y vint aborder. Dès qu'il fut à l'ancre, on commença à décharger les marchandises ; et les marchands à qui elles appartenaient les faisaient transporter dans des magasins. En jetant les yeux sur quelques ballots et sur l'écriture qui marquait à qui ils étaient, je vis mon nom dessus. Après les avoir attentivement examinés, je ne doutais pas que ce ne fussent ceux que j'avais fait charger sur le vaisseau où je m'étais embarqué à Bassora. Je reconnus même le capitaine ; mais comme j'étais persuadé qu'il me croyait mort, je l'abordai et lui demandai à qui appartenaient les ballots que je voyais. « J'avais sur mon bord, me répondit-il, un marchand de Bagdad, qui se nommait Sindbad. Un jour que nous étions près d'une île, à ce qu'il nous paraissait, il mit pied à terre avec plusieurs passagers dans cette île prétendue, qui n'était autre chose qu'une baleine d'une grosseur énorme, qui s'était endormie à fleur d'eau. Elle ne se sentit pas plutôt échauffée par le feu qu'on avait allumé sur son dos pour faire la cuisine, qu'elle commença à se mouvoir et à s'enfoncer dans la mer. La plupart des personnes qui étaient dessus se noyèrent, et le malheureux Sindbad fut de ce nombre. Ces ballots étaient à lui, et j'ai résolu de les négocier jusqu'à ce que je rencontre quelqu'un de sa famille à qui je puisse rendre le profit que j'aurai fait avec le principal. — Capitaine, lui dis-je alors, je suis ce Sindbad que vous croyez mort, et qui ne l'est pas : ces ballots sont mon bien et ma marchandise. »

Quand le capitaine du vaisseau m'entendit parler ainsi :
« Grand Dieu ! s'écria-t-il, à qui se fier aujourd'hui ! Il n'y a
plus de bonne foi parmi les hommes. J'ai vu de mes propres
yeux périr Sindbad ; les passagers qui étaient sur mon
bord l'ont vu comme moi, et vous osez dire que vous êtes
ce Sindbad ! Quelle audace ! A vous voir, il semble que
vous soyez un homme de probité ; cependant vous dites
une horrible fausseté, pour vous emparer d'un bien qui ne
vous appartient pas. — Donnez-vous patience, repartis-je
au capitaine, et me faites la grâce d'écouter ce que j'ai
à vous dire. — Eh bien, reprit-il, que direz-vous ?
Parlez, je vous écoute. » Je lui racontai alors de quelle
manière je m'étais sauvé, et par quelle aventure j'avais
rencontré les palefreniers du roi Mihrage, qui m'avaient
amené à sa cour.

Il se sentit ébranlé par mon discours ; mais il fut bientôt
persuadé que je n'étais pas un imposteur, car il arriva des
gens de son navire qui me reconnurent et me firent de
grands compliments, en me témoignant la joie qu'ils
avaient de me revoir. Enfin il me reconnut aussi lui-
même ; et se jetant à mon cou : « Dieu soit loué, me
dit-il, de ce que vous êtes heureusement échappé d'un si
grand danger ! je ne puis assez vous marquer le plaisir
que j'en ressens. Voilà votre bien, prenez-le, il est à
vous ; faites-en ce qu'il vous plaira. » Je le remerciai, je
louai sa probité ; et, pour la reconnaître, je le priai
d'accepter quelques marchandises que je lui présentai ;
mais il les refusa.

Je choisis ce qu'il y avait de plus précieux dans mes
ballots, et j'en fis présent au roi Mihrage. Comme ce

prince savait la disgrâce qui m'était arrivée, il me demanda où j'avais pris des choses si rares. Je lui contai par quel hasard je venais de les recouvrer; il eut la bonté de m'en témoigner de la joie; il accepta mon présent et m'en fit de beaucoup plus considérables. Après cela, je pris congé de lui et me rembarquai sur le même vaisseau.

Mais, avant mon embarquement, j'échangeai les marchandises qui me restaient contre d'autres du pays. J'emportai avec moi du bois d'aloès, de sandal, du camphre, de la muscade, du clou de girofle, du poivre et du gingembre. Nous passâmes par plusieurs îles, et nous abordâmes enfin à Bassora, d'où j'arrivai en cette ville avec la valeur d'environ cent mille sequins. Ma famille me reçut, et je la revis avec tous les transports que peut causer une amitié vive et sincère. J'achetai des esclaves de l'un et de l'autre sexe, de belles terres, et je fis une grosse maison. Ce fut ainsi que je m'établis, résolu d'oublier les maux que j'avais soufferts et de jouir des plaisirs de la vie. »

Sindbad, s'étant arrêté en cet endroit, ordonna aux joueurs d'instruments de recommencer leurs concerts, qu'il avait interrompus par le récit de son histoire. On continua jusqu'au soir de boire et de manger; et lorsqu'il fut temps de se retirer, Sindbad se fit apporter une bourse de cent sequins, et la donnant au porteur : « Prenez, Hindbad, lui dit-il; retournez chez vous et revenez demain entendre la suite de mes aventures. » Le porteur se retira, fort confus de l'honneur et du présent qu'il venait de recevoir. Le récit qu'il en fit à son logis fut très-agréable à sa femme et à ses enfants, qui ne manquèrent pas de remercier Dieu du bien que sa providence leur faisait par l'entremise de Sindbad.

Hindbad s'habilla, le lendemain, plus proprement que le jour précédent, et retourna chez le voyageur libéral, qui le reçut d'un air riant et lui fit mille caresses. Dès que les conviés furent tous arrivés, on servit et l'on tint table fort longtemps. Le repas fini, Sindbad prit la parole, et, s'adressant à la compagnie : « Seigneurs, dit-il, je vous prie de me donner audience et de vouloir bien écouter les aventures de mon second voyage; elles sont plus dignes de votre attention que celles du premier. » Tout le monde garda le silence, et Sindbad parla en ces termes :

SECOND VOYAGE DE SINDBAD LE MARIN

J'avais résolu, après mon premier voyage, de passer tranquillement le reste de mes jours à Bagdad, comme j'ai eu l'honneur de vous le dire hier. Mais je ne fus pas longtemps sans m'ennuyer d'une vie oisive, l'envie de voyager et de négocier par mer me reprit : j'achetai des marchandises propres à faire le trafic que je méditais, et je partis une seconde fois avec d'autres marchands dont la probité m'était connue. Nous nous embarquâmes sur un bon navire, et, après nous être recommandés à Dieu, nous commençâmes notre navigation.

Nous allions d'îles en îles, et nous y faisions des trocs fort avantageux. Un jour nous descendîmes dans une de ces îles, couverte de plusieurs sortes d'arbres fruitiers, mais si déserte que nous n'y découvrîmes aucune habitation ni même aucune personne. Nous allâmes prendre l'air dans les prairies et le long des ruisseaux qui les arrosaient.

Pendant que les uns se divertissaient à cueillir des fleurs, et les autres des fruits, je pris mes provisions et du vin que j'avais apporté, et je m'assis près d'une eau coulant entre de grands arbres qui formaient un bel ombrage. Je fis un assez bon repas de ce que j'avais, après quoi le sommeil vint s'emparer de mes sens. Je ne vous dirai pas si je dormis longtemps ; mais quand je me réveillai, je ne vis plus le navire à l'ancre.

Je fus bien étonné de ne plus voir le vaisseau à l'ancre ; je me levai, je regardai de toutes parts et je ne vis pas un des marchands qui étaient descendus dans l'île avec moi. J'aperçus seulement le navire à la voile, mais si éloigné que je le perdis de vue peu de temps après.

Je vous laisse à imaginer les réflexions que je fis dans un état si triste. Je pensai mourir de douleur. Je poussais des cris épouvantables ; je me frappai la tête, et me jetai par terre, où je demeurai longtemps abîmé dans une confusion de pensées toutes plus affligeantes les unes que les autres. Je me reprochai cent fois de ne m'être pas contenté de mon premier voyage, qui devait m'avoir ôté pour jamais l'envie d'en faire d'autres. Mais tous mes regrets étaient inutiles, et mon repentir hors de saison.

A la fin, je me résignai à la volonté de Dieu; et, sans savoir ce que je deviendrais, je montai au haut d'un grand arbre, d'où je regardai de tous côtés si je ne découvrirais rien qui pût me donner quelque espérance. En jetant les yeux sur la mer, je ne vis que l'eau et le ciel; mais, ayant aperçu, du côté de la terre, quelque chose de blanc, je descendis de l'arbre, et, avec ce qui me restait de vivres, je marchai vers cette blancheur, si éloignée que je ne pouvais pas bien distinguer ce que c'était.

Lorsque j'en fus à une distance raisonnable, je remarquai que c'était une boule blanche, d'une hauteur et d'une grosseur prodigieuses. Dès que j'en fus près, je la touchai et la trouvai fort douce. Je tournai alentour, pour voir s'il n'y avait point d'ouverture; je n'en pus découvrir aucune, et il me parut qu'il était impossible de monter dessus, tant elle était unie. Elle pouvait avoir cinquante pas en rondeur.

Le soleil alors était près de se coucher. L'air s'obscurcit tout à coup, comme s'il eût été couvert d'un nuage épais. Mais si je fus étonné de cette obscurité, je le fus bien davantage quand je m'aperçus que ce qui la causait était un oiseau d'une grandeur et d'une grosseur extraordinaires, qui s'avançait de mon côté en volant. Je me souvins d'un oiseau appelé roc [8], dont j'avais souvent entendu parler aux matelots, et je compris que la grosse boule que j'avais tant admirée devait être un œuf de cet oiseau. En effet, il s'abattit et se posa dessus, comme pour le couver. En le voyant venir, je m'était serré fort près de l'œuf, de sorte que j'eus devant moi un des pieds de l'oiseau, et ce pied était aussi gros qu'un gros tronc d'arbre. Je m'y attachai fortement avec la toile dont mon turban était environné, dans l'espérance que le roc, lorsqu'il reprendrait son vol le lendemain, m'emporterait hors de cette île déserte. Effectivement, après avoir passé la nuit en cet état, dès qu'il fut jour, l'oiseau s'envola et m'enleva si haut que je ne voyais plus la terre; puis il descendit tout à coup avec tant de rapidité que je ne me sentais pas. Lorsque le roc fut posé et que je me vis à terre, je déliai promptement le nœud qui me tenait attaché à son pied. J'avais à peine achevé de me détacher, qu'il donna du bec sur un serpent d'une longueur inouïe. Il le prit et s'envola aussitôt.

Le lieu où il me laissa était une vallée très-profonde, environnée de toutes parts de montagnes si hautes qu'elles se perdaient dans la nue, et tellement escarpées qu'il n'y avait aucun chemin par où l'on y pût monter. Ce fut un nouvel embarras pour moi; et, comparant cet endroit à l'île déserte que je venais de quitter, je trouvai que je n'avais rien gagné au change.

En marchant par cette vallée, je remarquai qu'elle était parsemée de diamants; il y en avait d'une grosseur surprenante. Je pris beaucoup de plaisir à les regarder; mais j'aperçus bientôt de loin des objets qui diminuèrent fort ce plaisir et que je ne pus voir sans effroi. C'était un grand nombre de serpents, si gros et si longs, qu'il n'y en avait pas un qui n'eût englouti un éléphant. Ils se retiraient, pendant le jour, dans leurs antres, où ils se cachaient à cause du roc, leur ennemi, et ils n'en sortaient que la nuit.

Je passai la journée à me promener dans la vallée et à me reposer de temps en temps dans les endroits les plus

commodes. Cependant le soleil se coucha; et, à l'entrée
de la nuit, je me retirai dans une grotte où je jugeai que je
serais en sûreté. J'en bouchai l'entrée, qui était basse et
étroite, avec une pierre assez grosse pour me garantir des
serpents, mais qui ne fermait pas assez juste pour empêcher
qu'il n'entrât un peu de lumière. Je soupai d'une partie
de mes provisions, au bruit des serpents qui commencèrent à paraître. Leurs affreux sifflements me causèrent
une frayeur extrême, et ne me permirent pas, comme vous
pouvez le penser, de passer la nuit fort tranquillement.
Le jour étant venu, les serpents se retirèrent. Alors je
sortis de ma grotte en tremblant, et je puis dire que je
marchai longtemps sur des diamants sans avoir la moindre
envie d'en ramasser. A la fin, je m'assis; et malgré l'inquiétude dont j'étais agité, comme je n'avais pas fermé l'œil de
la nuit, je m'endormis après avoir fait encore un repas de
mes provisions. Mais j'étais à peine assoupi que quelque
chose qui tomba près de moi avec un grand bruit me
réveilla. C'était une grosse pièce de viande fraîche; et, dans
le moment, j'en vis rouler plusieurs autres du haut des
rochers, en divers endroits.

J'avais toujours tenu pour un conte fait à plaisir ce que
j'avais entendu dire plusieurs fois à des matelots et à
d'autres personnes touchant la vallée des diamants, et
l'adresse dont usaient quelques marchands pour en tirer
ces pierres précieuses. Je connus bien qu'ils m'avaient dit
la vérité. En effet, ces marchands se rendent auprès de
cette vallée dans le temps que les aigles ont des petits; ils
découpent de la viande et la jettent par grosses pièces
dans la vallée; les diamants sur la pointe desquels elles

tombent s'y attachent. Les aigles, qui sont, en ce pays-là, plus forts qu'ailleurs, vont fondre sur ces pièces de viande et les emportent dans leurs nids, au haut des rochers, pour servir de pâture à leurs aiglons. Alors les marchands, courant aux nids, obligent, par leurs cris, les aigles à s'éloigner, et prennent les diamants qu'ils trouvent attachés aux pièces de viande. Ils se servent de cette ruse parce qu'il n'y a pas d'autre moyen de tirer les diamants de cette vallée, qui est un précipice dans lequel on ne saurait descendre.

J'avais cru jusque-là qu'il ne me serait pas possible de sortir de cet abîme, que je regardais comme mon tombeau ; mais je changeai de sentiment, et ce que je venais de voir me donna lieu d'imaginer le moyen de conserver ma vie.

Je commençai par ramasser les plus gros diamants qui se présentèrent à mes yeux, et j'en remplis le sac de cuir qui m'avait servi à mettre mes provisions de bouche. Je pris ensuite la pièce de viande qui me parut la plus longue ; je l'attachai fortement autour de moi avec la toile de mon turban ; en cet état, je me couchai le ventre contre terre, la bourse de cuir attachée à ma ceinture, de manière qu'elle ne pouvait tomber.

Je ne fus pas plutôt en cette situation que les aigles vinrent se saisir chacun d'une pièce de viande qu'ils emportèrent ; et un des plus puissants, m'ayant enlevé de même avec le morceau de viande dont j'étais enveloppé, me porta au haut de la montagne jusque dans son nid. Les marchands ne manquèrent point alors de crier pour épouvanter les aigles ; et, lorsqu'ils les eurent obligés à quitter leur proie, un d'entre eux s'approcha de moi; mais il fut saisi de crainte quand il m'aperçut. Il se rassura pourtant; et, au lieu de s'informer par quelle aventure je me trouvais là, il commença à me quereller, en me demandant pourquoi je lui ravissais son bien. « Vous me parlerez, lui dis-je, avec plus d'humanité lorsque vous m'aurez mieux connu. Consolez-vous, ajoutai-je; j'ai des diamants pour vous et pour moi plus qu'en peuvent avoir tous les autres marchands ensemble. S'ils en ont, ce n'est que par hasard; mais j'ai choisi moi-même, au fond de la vallée, ceux que j'apporte dans cette bourse que vous voyez. » En disant cela, je la lui montrai. Je n'avais pas achevé de parler, que les autres marchands, qui m'aperçurent, s'attroupèrent autour de moi, fort étonnés de me voir, et j'augmentai leur surprise par le récit de mon histoire. Ils n'admirèrent pas tant le stratagème que j'avais imaginé pour me sauver que ma hardiesse à le tenter.

Ils m'emmenèrent au logement où ils demeuraient tous ensemble; là, j'ouvris ma bourse en leur présence, et la grosseur de mes diamants les surprit : ils m'avouèrent que, dans toutes les cours où ils avaient été, ils n'en avaient pas vu un qui en approchât. Je priai le marchand à qui appartenait le nid où j'avais été transporté (car chaque marchand avait le sien) d'en choisir pour sa part autant qu'il en voudrait. Il se contenta d'en prendre un seul, encore le prit-il des moins gros; et comme je le pressais d'en recevoir d'autres sans craindre de me faire du tort : « Non, me dit-il; je suis fort satisfait de celui-ci, qui est assez précieux pour m'épargner la peine de faire désormais d'autres voyages. »

Je passai la nuit avec ces marchands, à qui je racontai une seconde fois mon histoire, pour la satisfaction de ceux qui ne l'avaient pas entendue. Je ne pouvais modérer ma joie quand je faisais réflexion que j'étais hors des périls dont je vous ai parlé. Il semblait que l'état où je me trouvais était un songe, et je ne pouvais croire que je n'eusse plus rien à craindre.

Il y avait déjà plusieurs jours que les marchands jetaient des pièces de viande dans la vallée ; et comme chacun paraissait content des diamants qui lui étaient échus, nous partîmes le lendemain tous ensemble, et nous marchâmes par de hautes montagnes où il y avait des serpents d'une longueur prodigieuse que nous eûmes le bonheur d'éviter. Nous gagnâmes le premier port, d'où nous passâmes à l'île de Roha[9], où croît l'arbre dont on tire le camphre, et qui est si gros et si touffu, que cent hommes y peuvent être à l'ombre aisément. Le suc dont se forme le camphre coule par une ouverture que l'on fait au haut de l'arbre, et se reçoit dans un vase où il prend consistance et devient ce qu'on appelle camphre. Le suc ainsi tiré, l'arbre se sèche et meurt.

Il y a dans la même île des rhinocéros, qui sont des animaux plus petits que l'éléphant et plus grands que le buffle ; ils ont une corne sur le nez, longue environ d'une coudée ; cette corne est solide et coupée par le milieu d'une extrémité à l'autre. On voit dessus des traits blancs qui représentent la figure d'un homme. Le rhinocéros se bat avec l'éléphant, le perce de sa corne par-dessous le ventre, l'enlève et le porte sur sa tête ; mais comme le sang et la graisse de l'éléphant lui coulent sur les yeux et l'aveuglent, ils tombent par terre, et, ce qui va vous étonner, le roc vient, les enlève tous deux entre ses griffes, et les emporte pour nourrir ses petits.

Je passe sous silence plusieurs autres particularités de cette île, de peur de vous ennuyer. J'y échangeai quelques-uns de mes diamants contre de bonnes marchandises. De là nous allâmes à d'autres îles, et enfin, après avoir touché à plusieurs villes marchandes de terre ferme, nous abordâmes à Bassora, d'où je me rendis à Bagdad. J'y fis d'abord de grandes aumônes aux pauvres, et je jouis honorablement du reste de mes richesses immenses, que j'avais apportées et gagnées avec tant de fatigues.

Ce fut ainsi que Sindbad raconta son second voyage. Il fit donner encore cent sequins à Hindbad, qu'il invita à venir le lendemain entendre le récit du troisième. Les conviés retournèrent chez eux, et revinrent, le jour suivant, à la même heure, de même que le porteur, qui avait déjà presque oublié sa misère passée. On se mit à table, et, après le repas, Sindbad, ayant demandé audience, fit de cette sorte le détail de son troisième voyage :

TROISIÈME VOYAGE DE SINDBAD LE MARIN

J'eus bientôt perdu, dit-il, dans les douceurs de la vie que je menais, le souvenir des dangers que j'avais courus dans mes deux voyages; mais comme j'étais à la fleur de l'âge, je m'ennuyai de vivre dans le repos, et m'étourdissant sur les nouveaux périls que je voulais affronter, je partis de Bagdad avec de riches marchandises du pays, que je fis transporter à Bassora. Là je m'embarquai encore avec d'autres marchands. Nous fîmes une longue navigation, et nous abordâmes à plusieurs ports où nous fîmes un commerce considérable.

Un jour que nous étions en pleine mer, nous fûmes battus d'une tempête horrible, qui nous fit perdre notre route. Elle continua plusieurs jours, et nous poussa devant le port d'une île où le capitaine aurait fort souhaité de se dispenser d'entrer; mais nous fûmes bien obligés d'y aller mouiller. Lorsqu'on eut plié les voiles, le capitaine nous dit : « Cette île, et quelques autres voisines, sont habitées par des sauvages tout velus, qui vont venir nous assaillir. Quoique ce soient des nains, notre malheur veut que nous ne fassions pas la moindre résistance, parce qu'ils sont en plus grand nombre que les sauterelles, et que, s'il nous arrivait d'en tuer quelqu'un, ils se jetteraient tous sur nous et nous assommeraient. » Le discours du capitaine mit tout l'équipage dans une grande consternation, et nous connûmes bientôt que ce qu'il venait de nous dire n'était que trop véritable. Nous vîmes paraître une multitude innombrable de sauvages hideux, couverts par tout le corps d'un poil roux, et hauts seulement de deux pieds. Ils se jetèrent à la nage, et environnèrent en peu de temps notre vaisseau. Ils nous parlaient en approchant ; mais nous n'entendions pas leur langage. Ils se prirent aux bords et aux cordages du navire, et grimpèrent de tous côtés jusqu'au tillac, avec une si grande agilité et avec tant de vitesse, qu'il ne paraissait pas qu'ils posassent leurs pieds.

Nous leur vîmes faire cette manœuvre avec la frayeur que vous pouvez vous imaginer, sans oser nous mettre en défense, ni leur dire un seul mot pour tâcher de les détourner de leur dessein, que nous soupçonnions être funeste. Effectivement, ils déplièrent les voiles, coupèrent le câble de l'ancre sans se donner la peine de la retirer, et, après avoir fait approcher de terre le vaisseau, ils nous firent tous débarquer. Ils emmenèrent ensuite le navire dans une autre île d'où ils étaient venus. Tous les voyageurs évitaient avec soin celle où nous étions alors, et il était très-dangereux de s'y arrêter, pour la raison que vous allez entendre ; mais il nous fallut prendre notre mal en patience.

Nous nous éloignâmes du rivage, et, en nous avançant dans l'île, nous trouvâmes quelques fruits et des herbes, dont nous mangeâmes pour prolonger le dernier moment de notre vie le plus qu'il nous était possible ; car nous

nous attendions tous à une mort certaine. En marchant, nous aperçûmes assez loin de nous un grand édifice, vers lequel nous tournâmes nos pas. C'était un palais bien bâti et fort élevé, qui avait une porte d'ébène à deux battants, que nous ouvrîmes en la poussant. Nous entrâmes dans la cour, et nous vîmes en face un vaste appartement avec un vestibule, où il y avait, d'un côté, un monceau d'ossements humains, et de l'autre une infinité de broches à rôtir. Nous tremblâmes à ce spectacle, et, comme nous étions fatigués d'avoir marché, les jambes nous manquèrent : nous tombâmes à terre, saisis d'une frayeur mortelle, et nous y demeurâmes très-longtemps immobiles.

Le soleil se couchait, et, tandis que nous étions dans l'état pitoyable que je viens de vous dire, la porte de l'appartement s'ouvrit avec beaucoup de bruit, et aussitôt nous en vîmes sortir une horrible figure d'homme noir, de la hauteur d'un grand palmier. Il avait au milieu du front un seul œil, rouge et ardent comme un charbon allumé; les dents de devant, qu'il avait fort longues et fort aiguës, lui sortaient de la bouche, qui n'était pas moins fendue que celle d'un cheval, et la lèvre inférieure lui descendait sur la poitrine. Ses oreilles ressemblaient à celles d'un éléphant et lui couvraient les épaules. Il avait les ongles crochus et longs comme les griffes des plus grands oiseaux. A la vue d'un géant si effroyable, nous perdîmes tous connaissance et demeurâmes comme morts.

A la fin, nous revînmes à nous, et nous le vîmes assis sous le vestibule, qui nous examinait de tout son œil. Quand il nous eut bien considérés, il s'avança vers nous, et, s'étant

approché, il étendit la main sur moi, me prit par la nuque
du cou, et me tourna de tous côtés, comme un boucher
qui manie une tête de mouton. Après m'avoir bien regardé, voyant que j'étais si maigre que je n'avais que la
peau et les os, il me lâcha. Il prit les autres tour à tour;
les examina de la même manière, et, comme le capitaine
était le plus gras de tout l'équipage, il le tint d'une main,
ainsi que j'aurais tenu un moineau, et lui passa une
broche au travers du corps; ayant ensuite allumé un
grand feu, il le fit rôtir et le mangea à son souper dans
l'appartement où il s'était retiré. Ce repas achevé, il revint
sous le vestibule, où il se coucha, et s'endormit en ron-
flant d'une manière plus bruyante que le tonnerre. Son
sommeil dura jusqu'au lendemain matin. Pour nous, il ne
nous fut pas possible de goûter la douceur du repos, et
nous passâmes la nuit dans la plus cruelle inquiétude
dont on puisse être agité. Le jour étant venu, le géant se
réveilla, se leva, sortit et nous laissa dans le palais.

Lorsque nous le crûmes éloigné, nous rompîmes le
triste silence que nous avions gardé toute la nuit, et,
nous affligeant tous comme à l'envi l'un de l'autre, nous
fîmes retentir le palais de plaintes et de gémissements.
Quoique nous fussions en assez grand nombre et que nous
n'eussions qu'un seul ennemi, nous n'eûmes pas d'abord la
pensée de nous délivrer de lui par sa mort. Cette entreprise, bien que fort difficile à exécuter, était pourtant
celle que nous devions naturellement former.

Nous délibérâmes sur plusieurs autres partis, mais nous
ne nous déterminâmes à aucun; et, nous soumettant à ce
qu'il plairait à Dieu d'ordonner de notre sort, nous pas-

sâmes la journée à parcourir l'île, en nous nourrissant de fruits et de plantes, comme le jour précédent. Sur le soir, nous cherchâmes quelque endroit pour nous mettre à couvert; mais nous n'en trouvâmes point, et nous fûmes obligés, malgré nous, de retourner au palais.

Le géant ne manqua pas d'y revenir et de souper encore d'un de nos compagnons; puis il s'endormit et ronfla jusqu'au jour : après quoi il sortit et nous laissa comme il avait déjà fait. Notre condition nous parut si affreuse que plusieurs de nos camarades furent sur le point d'aller se précipiter dans la mer, plutôt que d'attendre une mort si étrange, et ceux-là excitaient les autres à suivre leur conseil. Mais un de la compagnie, prenant alors la parole : « Il nous est défendu, dit-il, de nous donner nous-mêmes la mort, et quand cela serait permis, n'est-il pas plus raisonnable que nous songions au moyen de nous défaire du barbare qui nous destine un trépas si funeste? »

Comme il m'était venu dans l'esprit un projet sur cela, je le communiquai à mes camarades, qui l'approuvèrent. « Mes frères, leur dis-je alors, vous savez qu'il y a beaucoup de bois le long de la mer; si vous m'en croyez, construisons plusieurs radeaux qui puissent nous porter, et lorsqu'ils seront achevés, nous les laisserons sur la côte jusqu'à ce que nous jugions à propos de nous en servir. Cependant nous exécuterons le dessein que je vous ai proposé pour nous délivrer du géant; s'il réussit, nous pourrons attendre ici avec patience qu'il passe quelque vaisseau qui nous retire de cette île fatale; si, au contraire, nous manquons notre coup, nous gagnerons promptement nos radeaux et nous nous mettrons en mer.

J'avoue qu'en nous exposant à la fureur des flots sur de si fragiles bâtiments, nous courons risque de perdre la vie; mais quand nous devrions périr, n'est-il pas plus doux de nous laisser ensevelir dans la mer que dans les entrailles de ce monstre, qui a déjà dévoré deux de nos compagnons? » Mon avis fut goûté de tout le monde, et nous construisîmes des radeaux capables de porter trois personnes.

Nous retournâmes au palais vers la fin du jour, et le géant y arriva peu de temps après nous. Il fallut encore nous résoudre à voir rôtir un de nos camarades. Mais enfin, voici de quelle manière nous nous vengeâmes de la cruauté du géant. Après qu'il eut achevé son détestable souper, il se coucha sur le dos et s'endormit. Dès que nous l'entendîmes ronfler selon sa coutume, neuf des plus hardis d'entre nous et moi, nous prîmes chacun une broche, nous en mîmes la pointe dans le feu pour la faire rougir, et ensuite nous la lui enfonçâmes dans l'œil en même temps, et nous le lui crevâmes [10].

La douleur que sentit le géant lui fit pousser un cri effroyable. Il se leva brusquement et étendit les mains de tous côtés, pour se saisir de quelqu'un de nous, afin de le sacrifier à sa rage; mais nous eûmes le temps de nous éloigner de lui et de nous jeter contre terre, dans les endroits où il ne pouvait nous rencontrer sous ses pieds. Après nous avoir cherchés vainement, il trouva la porte à tâtons et sortit avec des hurlements épouvantables.

Nous sortîmes du palais après le géant, et nous nous rendîmes au bord de la mer, dans l'endroit où étaient nos radeaux. Nous les mîmes d'abord à l'eau, et nous attendîmes qu'il fît jour pour nous jeter dessus, supposé que nous vissions le géant venir à nous avec quelque guide de son espèce; mais nous nous flattions que s'il ne paraissait pas lorsque le soleil serait levé, et si nous n'entendions plus ses hurlements, ce serait une marque qu'il aurait perdu la vie; et, en ce cas, nous nous proposions de rester dans l'île et de ne pas nous risquer sur nos radeaux. Mais à peine fut-il jour, que nous aperçûmes notre cruel ennemi, accompagné de deux géants à peu près de sa grandeur qui le conduisaient, et d'un assez grand nombre d'autres encore qui marchaient devant lui à pas précipités.

A cette vue, nous ne balançâmes point à nous jeter sur nos radeaux, et nous commençâmes à nous éloigner du rivage à force de rames. Les géants, qui s'en aperçurent, se munirent de grosses pierres, accoururent sur la rive, entrèrent même dans l'eau jusqu'à la moitié du corps, et nous les jetèrent si adroitement, qu'à la réserve du radeau sur lequel j'étais, tous les autres en furent brisés, et les hommes qui étaient dessus se noyèrent. Pour moi et mes deux compagnons, comme nous ramions de toutes nos forces, nous nous trouvâmes les plus avancés dans la mer et hors de la portée des pierres.

Quand nous fûmes en pleine mer, nous devînmes le jouet du vent et des flots, qui nous jetaient tantôt d'un côté et tantôt d'un autre, et nous passâmes ce jour-là et la nuit suivante dans une cruelle incertitude de notre destinée; mais le lendemain nous eûmes le bonheur d'être poussés contre une île où nous nous sauvâmes avec bien de la joie. Nous y trouvâmes d'excellents fruits, qui nous furent d'un grand secours pour réparer les forces que nous avions perdues.

Sur le soir nous nous endormîmes au bord de la mer; mais nous fûmes réveillés par le bruit qu'un serpent, long comme un palmier, faisait avec ses écailles en rampant sur la terre. Il se trouva si près de nous, qu'il engloutit un de mes deux camarades, malgré les cris et les efforts que celui-ci put faire pour se débarrasser du serpent, qui, le secouant à plusieurs reprises, l'écrasa contre terre et acheva de l'avaler. Nous prîmes aussitôt la fuite, mon autre camarade et moi; et, quoique nous fussions assez éloignés, nous entendîmes, quelque temps après, un bruit qui nous fit juger que le serpent rendait les os du malheureux qu'il avait surpris. En effet, nous les vîmes, le lendemain, avec horreur. « O Dieu! m'écriai-je alors, à quoi sommes-nous exposés! Nous nous réjouissions hier d'avoir dérobé nos vies à la cruauté d'un géant et à la fureur des eaux, et nous voilà tombés dans un péril qui n'est pas moins terrible. »

Nous remarquâmes, en nous promenant, un gros arbre très-élevé, sur lequel nous projetâmes de passer la nuit suivante, pour nous mettre en sûreté. Nous mangeâmes encore des fruits comme le jour précédent; et, à la fin du jour, nous montâmes sur l'arbre. Nous entendîmes bientôt le serpent, qui vint en sifflant jusqu'au pied de l'arbre où nous étions. Il s'éleva contre le tronc, et, rencontrant mon camarade, qui était plus bas que moi, il l'engloutit tout d'un coup et se retira.

Je demeurai sur l'arbre jusqu'au jour, et alors j'en

descendis plus mort que vif. Effectivement, je ne pouvais attendre un autre sort que celui de mes deux compagnons; à cette pensée je frémis d'horreur, et je fis quelques pas pour m'aller jeter dans la mer; mais, comme il est doux de vivre le plus longtemps qu'on peut, je résistai à ce mouvement de désespoir et me soumis à la volonté de Dieu, qui dispose à son gré de notre vie.

Je ne laissai pas toutefois d'amasser une grande quantité de menu bois, de ronces et d'épines sèches. J'en fis plusieurs fagots que je liai ensemble, après en avoir fait un grand cercle autour de l'arbre, et j'en liai quelques-uns en travers par-dessus, pour me couvrir la tête. Cela étant fait, je m'enfermai dans ce cercle à l'entrée de la nuit, avec la triste consolation de n'avoir rien négligé pour me garantir du cruel sort qui me menaçait. Le serpent ne manqua pas de revenir et de tourner autour de l'arbre, cherchant à me dévorer; mais il n'y put réussir, à cause du rempart que je m'étais fabriqué, et il fit en vain, jusqu'au jour, le manége d'un chat qui assiége une souris dans un asile qu'il ne peut forcer. Enfin, le jour étant venu, il se retira; mais je n'osai sortir de mon fort que le soleil ne parût.

Je me trouvai si fatigué du travail qu'il m'avait donné, j'avais tant souffert de son haleine empestée, que, la mort me paraissant préférable à cette horreur, je m'éloignai de l'arbre; et, sans me souvenir de la résignation où j'étais le jour précédent, je courus vers la mer, dans le dessein de m'y précipiter la tête la première. Mais Dieu fut touché de mon désespoir : au moment où j'allais me jeter dans la mer, j'aperçus un navire assez éloigné du rivage.

Je criai de toute ma force pour me faire entendre, et je dépliai la toile de mon turban pour qu'on me remarquât. Cela ne fut pas inutile : tout l'équipage m'aperçut, et le capitaine m'envoya la chaloupe. Quand je fus à bord, les marchands et les matelots me demandèrent avec beaucoup d'empressement par quelle aventure je m'étais trouvé dans cette île déserte ; et, après que je leur eus raconté tout ce qui m'était arrivé, les plus anciens me dirent qu'ils avaient plusieurs fois entendu parler des géants qui demeuraient dans cette île ; qu'on leur avait assuré que c'étaient des anthropophages, et qu'ils mangeaient les hommes crus aussi bien que rôtis. A l'égard des serpents, ils ajoutèrent qu'il y en avait en abondance dans cette île ; qu'ils se cachaient le jour et se montraient la nuit. Après qu'ils m'eurent témoigné qu'ils avaient bien de la joie de me voir échappé à tant de périls, comme ils ne doutaient pas que je n'eusse besoin de manger, ils s'empressèrent de me régaler de ce qu'ils avaient de meilleur ; et le capitaine, remarquant que mon habit était tout en lambeaux, eut la générosité de m'en faire donner un des siens.

Nous courûmes la mer quelque temps ; nous touchâmes à plusieurs îles, et nous abordâmes enfin à celle de Salahat[11], d'où l'on tire le sandal, qui est un bois de grand usage dans la médecine. Nous entrâmes dans le port et nous y mouillâmes. Les marchands commencèrent à faire débarquer leurs marchandises, pour les vendre ou les échanger. Pendant ce temps-là, le capitaine m'appela et me dit : « Frère, j'ai en dépôt des marchandises qui appartenaient à un marchand qui a navigué quelque temps sur mon navire. Comme ce marchand est mort, je les fais valoir, pour en rendre compte à ses héritiers, lorsque j'en rencontrerai quelqu'un. » Les ballots dont il entendait parler étaient déjà sur le tillac. Il me les montra, en me disant : « Voilà les marchandises en question ; j'espère que vous voudrez bien vous charger d'en faire commerce, sous la condition du droit dû à la peine que vous prendrez. » J'y consentis, en le remerciant de ce qu'il me donnait occasion de ne pas demeurer oisif.

L'écrivain du navire enregistrait tous les ballots avec les noms des marchands à qui ils appartenaient. Comme il demandait au capitaine sous quel nom il voulait qu'il enregistrât ceux dont il venait de me charger : « Écrivez, lui répondit-il, sous le nom de Sindbad le marin. » Je ne pus m'entendre nommer sans émotion ; et, envisageant le capitaine, je le reconnus pour celui qui, dans mon second voyage, m'avait abandonné dans l'île où je m'étais endormi au bord d'un ruisseau, et qui avait remis à la voile sans m'attendre ou me faire chercher. Je ne me l'étais pas remis d'abord, à cause du changement qui s'était fait en sa personne depuis le temps que je ne l'avais vu.

Pour lui, qui me croyait mort, il ne faut pas s'étonner s'il ne me reconnut pas. « Capitaine, lui dis-je, est-ce que le marchand à qui étaient ces ballots s'appelait Sindbad ? — Oui, me répondit-il, il se nommait de la sorte ; il était de Bagdad, et il s'était embarqué sur mon vaisseau à Bassora. Un jour que nous descendîmes dans une île pour faire de l'eau et prendre quelques rafraîchissements, je ne sais par quelle méprise je remis à la voile sans prendre garde qu'il ne s'était pas embarqué avec les autres. Nous ne nous en aperçûmes, les marchands et moi, que quatre heures après. Nous avions le vent en poupe, et si frais, qu'il ne nous fut pas possible de revirer de bord pour aller le reprendre. — Vous le croyez donc mort? repris-je. — Assurément, repartit-il. — Eh bien, capitaine, lui répliquai-je, ouvrez les yeux et connaissez ce Sindbad que vous laissâtes dans cette île déserte. Je m'endormis au bord d'un ruisseau, et quand je me réveillai, je ne vis plus personne de l'équipage..» A ces mots, le capitaine s'attacha à me regarder.

Après m'avoir fort attentivement considéré, il me reconnut enfin. « Dieu soit loué ! s'écria-t-il en m'embrassant; je suis ravi que la fortune ait réparé ma faute. Voilà vos marchandises, que j'ai toujours pris soin de conserver et de faire valoir dans tous les ports où j'ai abordé. Je vous les rends avec le profit que j'en ai tiré. » Je les pris, en témoignant au capitaine toute la reconnaissance que je lui devais.

De l'île de Salahat nous allâmes à une autre, où je me fournis de clous de girofle, de cannelle et d'autres épiceries. Quand nous nous en fûmes éloignés, nous vîmes une tortue qui avait vingt coudées en longueur et en largeur; nous remarquâmes aussi un poisson qui tenait de la vache; il avait du lait, et sa peau est d'une si grande dureté, qu'on en fait ordinairement des boucliers. J'en vis un autre qui avait la figure et la couleur d'un chameau. Enfin, après une longue navigation, j'arrivai à Bassora, et de là je revins en cette ville de Bagdad, avec tant de richesses que j'en ignorais la quantité. J'en donnai encore aux pauvres une partie considérable, et j'ajoutai d'autres grandes terres à celles que j'avais déjà acquises.

Sindbad acheva ainsi l'histoire de son troisième voyage. Il fit donner ensuite cent autres sequins à Hindbad en l'invitant au repas du lendemain et au récit du quatrième voyage. Hindbad et la compagnie se retirèrent; et, le jour suivant étant revenu, Sindbad prit la parole, sur la fin du dîner, et continua le récit de ses aventures.

QUATRIÈME VOYAGE DE SINDBAD LE MARIN

Les plaisirs, dit-il, et les divertissements que je pris après mon troisième voyage n'eurent pas des charmes assez puissants pour me déterminer à ne pas voyager davantage. Je me laissai encore entraîner à la passion de trafiquer et de voir des choses nouvelles. Je mis donc ordre à mes affaires; et ayant fait un fonds de marchandises propre à être débité dans les lieux où j'avais dessein d'aller, je partis. Je pris la route de la Perse, dont je traversai plusieurs provinces, et j'arrivai à un port de mer où je m'embarquai. Nous mîmes à la voile, et nous avions déjà touché à plusieurs ports de terre ferme et à quelques îles orientales, lorsque, faisant un jour un grand trajet, nous fûmes surpris d'un coup de vent qui obligea le capitaine à faire amener les voiles et à donner tous les ordres nécessaires pour prévenir le danger dont nous étions menacés. Mais toutes nos précautions furent inutiles; la manœuvre ne réussit pas bien; les voiles furent déchirées en mille pièces, et le vaisseau, ne pouvant plus être gouverné, donna sur des récifs, et se brisa de manière qu'un grand nombre de marchands et de matelots se noyèrent et que la charge périt.

J'eus le bonheur, de même que plusieurs autres marchands et matelots, de me prendre à une planche. Nous fûmes tous emportés par un courant vers une île qui était devant nous. Nous y trouvâmes des fruits et de l'eau de source qui servirent à rétablir nos forces. Nous nous y reposâmes même la nuit, dans l'endroit où la mer nous avait jetés, sans avoir pris aucun parti sur ce que nous devions faire. L'abattement où nous étions de notre disgrâce nous en avait empêchés.

Le jour suivant, dès que le soleil fut levé, nous nous éloignâmes du rivage; et, avançant dans l'île, nous y aperçûmes des habitations, où nous nous rendîmes. A notre arrivée, des noirs vinrent à nous en très-grand nombre; ils nous environnèrent, se saisirent de nos personnes, en firent une espèce de partage, et nous conduisirent ensuite dans leurs maisons.

Nous fûmes menés, cinq de mes camarades et moi, dans un même lieu. D'abord, on nous fit asseoir et l'on nous servit d'une certaine herbe, en nous invitant par signes à en manger. Mes camarades, sans faire réflexion que ceux qui la servaient n'en mangeaient pas, ne consultèrent que leur faim, qui pressait, et se jetèrent sur ces mets avec avidité. Pour moi, par un pressentiment de quelque supercherie, je ne voulus pas seulement en goûter, et je m'en trouvai bien ; car peu de temps après je m'aperçus que l'esprit avait tourné à mes compagnons, et qu'en me parlant ils ne savaient ce qu'ils disaient [12].

On me servit ensuite du riz préparé avec de l'huile de coco, et mes camarades, qui n'avaient plus de raison, en mangèrent extraordinairement. J'en mangeai aussi, mais fort peu. Les noirs avaient d'abord présenté de cette herbe pour nous troubler l'esprit et nous ôter par là le chagrin que la triste connaissance de notre sort nous devait causer ; et ils nous donnaient du riz pour nous engraisser. Comme ils étaient anthropophages, leur intention était de nous manger quand nous serions devenus gras. C'est ce qui arriva à mes camarades, qui ignoraient leur destinée, parce qu'ils avaient perdu leur bon sens. Puisque j'avais conservé le mien, vous jugez bien, seigneurs, qu'au lieu d'engraisser comme les autres, je devins encore plus maigre que je n'étais. La crainte de la mort, dont j'étais incessamment frappé, tournait en poison tous les aliments que je prenais. Je tombai dans une langueur qui me fut fort salutaire ; car les noirs, ayant assommé et mangé mes compagnons, en demeurèrent là ; et me voyant sec, décharné, malade, ils remirent ma mort à un autre temps.

Cependant j'avais beaucoup de liberté, et l'on ne prenait presque pas garde à mes actions. Cela me donna lieu de m'éloigner, un jour, des habitations des noirs et de me sauver. Un vieillard qui m'aperçut, et qui se douta de mon dessein, me cria de toute sa force de revenir ; mais, au lieu de lui obéir, je redoublai mes pas et fus bientôt hors de sa vue. Il n'y avait alors que ce vieillard dans les habitations; tous les autres noirs s'étaient absentés et ne devaient revenir que sur la fin du jour, ce qu'ils avaient coutume de faire assez souvent. C'est pourquoi, étant sûr qu'il ne serait plus temps pour eux de courir après moi lorsqu'ils apprendraient ma fuite, je marchai jusqu'à la nuit. Alors je m'arrêtai, pour prendre un peu de repos et manger de quelques vivres dont j'avais fait provision. Mais je repris bientôt mon chemin, et continuai de marcher pendant sept jours, en évitant les endroits qui me paraissaient habités. Je vivais de cocos, qui me fournissaient en même temps de quoi boire et de quoi manger.

Le huitième jour, j'arrivai près de la mer; j'aperçus tout à coup des gens, blancs comme moi, occupés à cueillir du poivre, dont il y avait là une grande abondance. Leur occupation me fut de bon augure, je ne fis nulle difficulté de m'approcher d'eux, et ils vinrent au-devant de moi. Dès qu'ils me virent, ils me demandèrent en arabe qui j'étais et d'où je venais. Ravi de les entendre parler comme moi, je satisfis volontiers leur curiosité, en leur racontant de quelle manière j'avais fait naufrage et étais venu dans cette île, où j'étais tombé entre les mains des noirs. « Mais ces noirs, me dirent-ils, mangent les hommes! Par quel miracle êtes-vous échappé à leur cruauté? » Je leur fis le même récit que vous venez d'entendre, et ils furent merveilleusement étonnés.

Je demeurai avec eux jusqu'à ce qu'ils eussent amassé la quantité de poivre qu'ils voulurent; puis ils me firent embarquer sur le bâtiment qui les avait amenés, et nous

nous rendîmes dans une autre île, d'où ils étaient venus. Ils me présentèrent à leur roi, qui était un bon prince. Il eut la patience d'écouter le récit de mon aventure, qui le surprit. Il me fit donner ensuite des habits et commanda qu'on eût soin de moi.

L'île où je me trouvais était fort peuplée et abondante en toutes sortes de choses, et l'on faisait un grand commerce dans la ville où le roi demeurait. Cet agréable asile commença à me consoler de mon malheur; et les bontés que ce généreux prince avait pour moi achevèrent de me rendre content. En effet, il n'y avait personne qui fût mieux que moi dans son esprit, et, par conséquent, il n'y avait personne à sa cour ni dans la ville qui ne cherchât l'occasion de me faire plaisir. Ainsi je fus bientôt regardé comme un homme né dans cette île, plutôt que comme un étranger.

Je remarquai une chose qui me parut bien extraordinaire : tout le monde, le roi même, montait à cheval sans bride et sans étriers. Cela me fit prendre la liberté de lui demander un jour pourquoi Sa Majesté ne se servait pas de ces commodités. Il me répondit que je lui parlais de choses dont on ignorait l'usage dans ses États.

J'allai aussitôt chez un ouvrier, et je lui fis dresser le bois d'une selle sur le modèle que je lui donnai. Le bois de la selle achevé, je le garnis moi-même de bourre et de cuir, et l'ornai d'une broderie d'or. Je m'adressai ensuite à un serrurier, qui me fit un mors de la forme que je lui montrai; je lui fis faire aussi des étriers.

Quand ces choses furent dans un état parfait, j'allai les présenter au roi, je les essayai sur un de ses chevaux. Ce prince monta dessus et fut si satisfait de cette invention, qu'il m'en témoigna sa joie par de grandes largesses. Je ne pus me défendre de faire plusieurs selles pour ses ministres et pour les principaux officiers de sa maison, qui m'envoyèrent tous des présents qui m'enrichirent en peu de temps. J'en fis aussi pour les personnes les plus qualifiées de la ville, ce qui me mit dans une grande réputation et me fit considérer de tout le monde.

Comme je faisais ma cour au roi très-exactement, il me dit un jour : « Sindbad, je t'aime et je sais que tous mes sujets qui te connaissent te chérissent à mon exemple. J'ai une prière à t'adresser, il faut que tu m'accordes ce que je vais te demander. — Sire, lui répondis-je, il n'y a rien que je ne sois prêt à faire pour marquer mon obéissance à Votre Majesté; elle a sur moi un pouvoir absolu. — Je veux te marier, répliqua le roi, afin que le mariage t'arrête en mes États et que tu ne songes plus à ta patrie. » Comme je n'osais résister à la volonté du prince, il me donna pour femme une dame de sa cour, noble, belle, sage et riche. Après les cérémonies des noces, je m'établis chez la dame, avec laquelle je vécus quelque temps dans une union parfaite. Néanmoins je n'étais pas trop content de mon état. Mon dessein était de m'échapper à la première occasion, et de retourner à Bagdad ; car mon établissement, tout avantageux qu'il était, ne pouvait m'en faire perdre le souvenir.

J'étais dans ces sentiments, lorsque la femme d'un de mes voisins, avec lequel j'avais contracté une amitié fort étroite, tomba malade et mourut. J'allai chez lui pour le consoler ; et le trouvant plongé dans la plus vive affliction :

« Dieu vous conserve, lui dis-je en l'abordant, et vous donne une longue vie ! — Hélas ! me répondit-il, comment voulez-vous que j'obtienne la grâce que vous me souhaitez ? je n'ai plus qu'une heure à vivre. — Oh ! repris-je, ne vous mettez pas dans l'esprit une pensée si funeste ; j'espère que cela n'arrivera pas, et que j'aurai le plaisir de vous posséder encore longtemps. — Je souhaite, répliqua-t-il, que votre vie soit de longue durée ; pour ce qui est de moi, mes affaires sont faites, et je vous apprends que l'on m'enterre aujourd'hui avec ma femme. Telle est la coutume, que nos ancêtres ont établie dans cette île, et qu'ils ont inviolablement gardée : le mari vivant est enterré avec la femme morte, et la femme vivante avec le mari mort. Rien ne peut me sauver ; tout le monde subit cette loi. »

Dans le temps qu'il m'entretenait de cette étrange barbarie, dont la nouvelle m'effraya cruellement, les parents, les amis et les voisins arrivèrent en corps pour assister aux funérailles. On revêtit le cadavre de la femme de ses habits les plus riches, comme au jour de ses noces, et on la para de tous ses joyaux.

On l'enleva ensuite dans une bière découverte, et le convoi se mit en marche. Le mari était à la tête du deuil et suivait le corps de sa femme. On prit le chemin d'une haute montagne ; et, lorsqu'on y fut arrivé, on leva une grosse pierre qui couvrait l'ouverture d'un puits profond, et l'on y descendit le cadavre, sans lui rien ôter de ses habillements et de ses joyaux. Après cela, le mari embrassa ses parents et ses amis et se laissa mettre sans résistance dans une bière, avec un pot d'eau et sept petits pains auprès de lui ; puis on le descendit de la même manière qu'on avait descendu sa femme. La montagne s'étendait en longueur et servait de bornes à la mer, et le puits était très-profond. La cérémonie achevée, on remit la pierre sur l'ouverture.

Il n'est pas besoin, seigneurs, de vous dire que je fus un fort triste témoin de ces funérailles. Toutes les autres personnes qui y assistèrent n'en parurent presque pas touchées, par l'habitude de voir souvent la même chose. Je ne pus m'empêcher de dire au roi ce que je pensais là-dessus. « Sire, lui dis-je, je ne saurais assez m'étonner de l'étrange coutume qu'on a dans vos États d'enterrer les vivants avec les morts. J'ai bien voyagé, j'ai fréquenté des gens d'une infinité de nations, et je n'ai jamais entendu parler d'une loi si cruelle. — Que veux-tu, Sindbad, me répondit le roi, c'est une loi commune, et j'y suis soumis moi-même; je serai enterré vivant avec la reine, mon épouse, si elle meurt la première. — Mais, Sire, lui dis-je, oserais-je demander à Votre Majesté si les étrangers sont obligés d'observer cette coutume? — Sans doute, repartit le roi en souriant du motif de ma question; ils n'en sont pas exceptés lorsqu'ils sont mariés dans cette île. »

Je m'en retournai tristement au logis avec cette réponse. La crainte que ma femme ne mourût la première et qu'on ne m'enterrât tout vivant avec elle me faisait faire des réflexions très-mortifiantes. Cependant, quel remède apporter à ce mal? Il fallut prendre patience et m'en remettre à la volonté de Dieu. Néanmoins je tremblais à la moindre indisposition que je voyais à ma femme; mais, hélas! j'eus bientôt la frayeur tout entière. Elle tomba véritablement malade, et mourut en peu de jours.

Jugez de ma douleur! être enterré tout vif ne me paraissait pas une fin moins déplorable que celle d'être dévoré par des anthropophages; il fallait pourtant en passer par là. Le roi, accompagné de toute sa cour, voulut honorer de sa présence le convoi, et les personnes les plus considérables de la ville me firent aussi l'honneur d'assister à mon enterrement.

Lorsque tout fut prêt pour la cérémonie, on posa le corps de ma femme dans une bière, avec tous ses joyaux et ses plus magnifiques habits. On commença la marche. Comme second acteur de cette pitoyable tragédie, je suivais immédiatement la bière de ma femme, les yeux baignés de larmes, et déplorant mon malheureux destin. Avant d'arriver à la montagne, je voulus faire une tentative sur l'esprit des spectateurs. Je m'adressai au roi premièrement, ensuite à ceux qui se trouvèrent autour de moi; et, m'inclinant devant eux jusqu'à terre pour baiser le bord de leur habit, je les suppliai d'avoir compassion de moi. « Considérez, disais-je, que je suis un étranger qui ne doit pas être soumis à une loi si rigoureuse, et que j'ai une autre femme et des enfants dans mon pays. » J'eus beau prononcer ces paroles d'un air touchant, personne n'en fut attendri; au contraire, on se hâta de descendre le corps de ma femme dans le puits, et l'on m'y descendit un moment après, dans une autre bière découverte, avec un vase rempli d'eau et sept pains. Enfin, cette cérémonie si funeste pour moi étant achevée, on remit la pierre sur l'ouverture du puits, malgré l'excès de ma douleur et mes cris pitoyables.

A mesure que j'approchais du fond, je découvrais, à la

faveur du peu de lumière qui venait d'en haut, la disposition de ce lieu souterrain. C'était une grotte fort vaste et qui pouvait bien avoir cinquante coudées de profondeur. Je sentis bientôt une puanteur insupportable qui sortait d'une infinité de cadavres que je voyais à droite et à gauche. Je crus même entendre quelques-uns des derniers qu'on y avait descendus vifs pousser les derniers soupirs. Néanmoins, lorsque je fus en bas, je sortis promptement de la bière et m'éloignai des cadavres en me bouchant le nez. Je me jetai par terre, où je demeurai longtemps plongé dans les pleurs. Alors, faisant réflexion sur mon triste sort : Il est vrai, disais-je, que Dieu dispose de nous selon les décrets de sa providence; mais, pauvre Sindbad, n'est-ce pas par ta faute que tu te vois réduit à mourir d'une mort si étrange! Plût à Dieu que tu eusses péri dans quelqu'un des naufrages dont tu es échappé! tu n'aurais pas à mourir d'un trépas si lent et si terrible en toutes ses circonstances. Mais tu te l'es attiré par ta maudite avarice. Ah! malheureux! ne devais-tu pas plutôt demeurer chez toi, et jouir tranquillement du fruit de tes travaux!

Telles étaient les inutiles plaintes dont je faisais retentir la grotte, en me frappant la tête et l'estomac de rage et de désespoir et m'abandonnant tout entier aux pensées les plus désolantes. Néanmoins (vous le dirai-je?), au lieu d'appeler la mort à mon secours, quelque misérable que je fusse, l'amour de la vie se fit encore sentir en moi et me porta à prolonger mes jours. J'allai, à tâtons et en me bouchant le nez, prendre le pain et l'eau qui étaient dans ma bière, et j'en mangeai.

Quoique l'obscurité qui régnait dans la grotte fût si

épaisse que l'on ne distinguait pas le jour d'avec la nuit, je ne laissai pas toutefois de retrouver ma bière; et il me sembla que la grotte était plus spacieuse et plus remplie de cadavres qu'elle ne m'avait paru d'abord. Je vécus quelques jours de mon pain et de mon eau ; mais enfin, n'en ayant plus, je me préparai à mourir.

Je n'attendais plus que la mort, lorsque j'entendis lever la pierre. On descendit un cadavre et une personne vivante. Le mort était un homme. Il est naturel de prendre des résolutions extrêmes dans les dernières extrémités¹³. Dans le temps qu'on descendait la femme, je m'approchai de l'endroit ou sa bière devait être posée ; et quand je m'aperçus que l'on recouvrait l'ouverture du puits, je donnai sur la tête de la malheureuse deux ou trois grands coups d'un gros os dont je m'étais saisi. Elle en fut étourdie, ou plutôt je l'assommai ; et comme je ne faisais cette action inhumaine que pour profiter du pain et de l'eau qui étaient dans la bière, j'eus des provisions pour quelques jours. Au bout de ce temps-là, on descendit encore une femme morte et un homme vivant; je tuai l'homme de la même manière, et comme, par bonheur pour moi, il y eut alors une espèce de mortalité dans la ville, je ne manquai pas de vivres, en mettant toujours en œuvre la même industrie.

Un jour que je venais d'expédier encore une femme, j'entendis souffler et marcher. J'avançai du côté d'où partait le bruit : j'entendis souffler plus fort à mon approche, et il me parut entrevoir quelque chose qui prenait la fuite. Je suivis cette espèce d'ombre, qui s'arrêtait par reprises et soufflait toujours en fuyant, à mesure que j'en approchais. Je la poursuivis si longtemps et j'allai si loin, que j'aperçus enfin une lumière qui ressemblait à une étoile. Je continuai de marcher vers cette lumière, la perdant quelquefois, selon les obstacles qui me la cachaient, mais je la retrouvais toujours; et, à la fin, je découvris qu'elle venait par une ouverture du rocher, assez large pour qu'on pût y passer.

A cette découverte, je m'arrêtai quelque temps, pour me remettre de l'émotion violente avec laquelle je venais de marcher; puis, m'étant avancé jusqu'à l'ouverture, j'y passai et me trouvai sur le bord de la mer. Imaginez-vous l'excès de ma joie. Il fut tel, que j'eus de la peine à me persuader que ce n'était pas un songe. Lorsque je fus convaincu que c'était une chose réelle, et que mes sens furent rétablis en leur assiette ordinaire, je compris que l'être que j'avais entendu souffler et que j'avais suivi était un animal sorti de la mer, qui avait coutume d'entrer dans la grotte pour s'y repaître de corps morts.

J'examinai la montagne et remarquai qu'elle était située entre la ville et la mer; sans communication par aucun chemin, parce qu'elle était tellement escarpée que la nature ne l'avait pas rendue praticable. Je me prosternai sur le rivage, pour remercier Dieu de la grâce qu'il venait de me faire. Je rentrai ensuite dans la grotte, pour aller prendre du pain, que je revins manger à la clarté du jour, de meilleur appétit que je n'avais fait depuis que l'on m'avait enterré dans ce lieu ténébreux.

J'y retournai encore et j'allai ramasser à tâtons dans les bières tous les diamants, les rubis, les perles, les bracelets d'or et enfin toutes les riches étoffes que je trouvai sous ma main ; je portai tout cela sur le bord de la mer. J'en fis plusieurs ballots, que je liai proprement avec des cordes qui avaient servi à descendre les bières et dont il y avait une grande quantité. Je les laissai sur le rivage, en attendant une bonne occasion, sans craindre que la pluie les gâtât; car alors ce n'en était pas la saison.

Au bout de deux ou trois jours, j'aperçus un navire, qui ne faisait que de sortir du port et qui vint passer près de l'endroit où j'étais. Je fis signe de la toile de mon turban et je criai de toute ma force pour me faire entendre. On m'entendit, et l'on détacha la chaloupe pour me venir prendre. A la demande que les matelots me firent par quelle disgrâce je me trouvais en ce lieu, je répondis que je m'étais sauvé d'un naufrage, depuis deux jours, avec les marchandises qu'il voyaient. Heureusement pour moi, ces gens, sans examiner le lieu où j'étais et si ce que je leur disais était vraisemblable, se contentèrent de ma réponse et m'emmenèrent avec mes ballots.

Quand nous fûmes arrivés à bord, le capitaine, satisfait en lui-même du plaisir qu'il me faisait et occupé du commandement du navire, eut aussi la bonté de se payer du prétendu naufrage que je lui dis avoir fait. Je lui présentai quelques-unes de mes pierreries; mais il ne voulut pas les accepter.

Nous passâmes devant plusieurs îles, et, entre autres, devant l'île des Cloches, éloignée de dix journées de celle de Serendib[14], par un vent ordinaire et réglé, et de six journées de l'île de Kela, où nous abordâmes. Il y a des mines de plomb, des cannes d'Inde et du camphre excellent.

Le roi de l'île de Kela est très-riche, très-puissant, et son autorité s'étend sur toute l'île des Cloches, qui a deux journées d'étendue, et dont les habitants sont encore si barbares, qu'ils mangent de la chair humaine. Après que nous eûmes fait un grand commerce dans cette île, nous remîmes à la voile et abordâmes à plusieurs autres ports. Enfin j'arrivai heureusement à Bagdad, avec des richesses infinies, dont il est inutile de vous faire le détail. Pour rendre grâces à Dieu des faveurs qu'il m'avait faites, je fis de grandes aumônes tant pour l'entretien de plusieurs mosquées que pour la subsistance des pauvres, et me donnai tout entier à mes parents et à mes amis, en me divertissant et en faisant bonne chère avec eux.

Sindbad finit en cet endroit le récit de son quatrième voyage, qui causa encore plus d'admiration à ses auditeurs que les trois précédents. Il fit un nouveau présent de cent sequins à Hindbad, qu'il pria, comme les autres, de revenir le jour suivant, à la même heure, pour dîner chez lui et entendre le détail de son cinquième voyage. Hindbad et les autres conviés prirent congé de lui et se retirèrent. Le lendemain, lorsqu'ils furent tous rassemblés, ils se mirent à table; et à la fin du repas, qui ne dura pas moins que les autres, Sindbad commença de cette sorte le récit de son cinquième voyage :

CINQUIÈME VOYAGE DE SINDBAD LE MARIN

Les plaisirs, dit-il, eurent encore assez de charmes pour effacer de ma mémoire toutes les peines et les maux que j'avais soufferts, sans pouvoir m'ôter l'envie de faire de nouveaux voyages. C'est pourquoi j'achetai des marchandises, je les fis emballer et charger sur des voitures, et je partis avec elles pour me rendre au premier port de mer. Là, pour ne pas dépendre d'un capitaine et pour avoir un navire à mon commandement, je me donnai le loisir d'en faire construire et équiper un à mes frais. Dès qu'il fut achevé, je le fis charger; je m'embarquai dessus; et comme je n'avais pas de quoi faire une charge entière, je reçus plusieurs marchands de différentes nations, avec leurs marchandises.

Nous fîmes voile au premier bon vent et prîmes le large. Après une longue navigation, le premier endroit où nous abordâmes fut une île déserte, où nous trouvâmes l'œuf d'un roc, d'une grosseur pareille à celui dont vous m'avez entendu parler; il renfermait un petit roc près d'éclore, dont le bec commençait à paraître.

Les marchands qui s'étaient embarqués sur mon navire, et qui avaient pris terre avec moi, cassèrent l'œuf à grands coups de haches et firent une ouverture par où ils tirèrent le petit roc par morceaux et le firent rôtir. Je les avais avertis sérieusement de ne pas toucher à l'œuf; mais ils ne voulurent pas m'écouter.

Ils eurent à peine achevé le régal qu'ils venaient de se donner, qu'il parut en l'air, assez loin de nous, deux gros nuages. Le capitaine, que j'avais pris à gages pour conduire mon vaisseau, sachant par expérience ce que cela signifiait, s'écria que c'étaient le père et la mère du petit roc, et il nous pressa tous de nous rembarquer au plus vite, pour éviter le malheur qu'il prévoyait. Nous suivîmes son conseil avec empressement, et nous remîmes à la voile en diligence.

Cependant les deux rocs approchèrent en poussant des cris effroyables, qu'ils redoublèrent quand ils eurent vu l'état où l'on avait mis l'œuf, et que leur petit n'y était plus. Dans le dessein de se venger, ils reprirent leur vol du côté par où ils étaient venus et disparurent quelque temps, pendant que nous fîmes force de voiles pour nous éloigner et prévenir ce qui ne laissa pas de nous arriver.

Ils revinrent, et nous remarquâmes qu'ils tenaient entre leurs griffes chacun un morceau de rocher d'une grosseur énorme. Lorsqu'ils furent précisément au-dessus de mon vaisseau, ils s'arrêtèrent, et, se soutenant en l'air, l'un lâcha la pièce de rocher qu'il tenait; mais, par l'adresse du timonier, qui détourna le navire d'un coup de timon, elle ne tomba pas dessus; elle tomba à côté dans la mer, qui s'entr'ouvrit d'une manière que nous en vîmes presque le fond. L'autre oiseau, pour notre malheur, laissa tomber sa roche si justement au milieu du vaisseau, qu'elle le rompit et le brisa en mille pièces. Les matelots et les passagers furent tous écrasés du coup ou submergés. Je fus submergé moi-même ; mais, en revenant au-dessus de l'eau, j'eus le bonheur de me prendre à une pièce du débris. Ainsi, en m'aidant tantôt d'une main, tantôt de l'autre, sans me dessaisir de ce que je tenais, avec le vent et le courant, qui m'étaient favorables, j'arrivai enfin à une île dont le rivage était fort escarpé. Je surmontai néanmoins cette difficulté et me sauvai.

Je m'assis sur l'herbe pour me remettre un peu de ma fatigue ; puis je me levai et m'avançai dans l'île, pour reconnaître le terrain. Il me sembla que j'étais dans un jardin délicieux ; je voyais partout des arbres chargés de fruits, les uns verts, les autres mûrs, et des ruisseaux d'une eau douce et claire, qui faisaient d'agréables détours. Je mangeai de ces fruits, que je trouvai excellents, et je bus de cette eau, qui m'invitait à boire.

La nuit venue, je me couchai sur l'herbe, dans un endroit assez commode ; mais je ne dormis pas une heure entière, et mon sommeil fut souvent interrompu par la frayeur de me voir seul dans un lieu si désert. Ainsi, j'employai la meilleure partie de la nuit à me chagriner et à me reprocher l'imprudence que j'avais eue de n'être pas demeuré chez moi, plutôt que d'avoir entrepris ce dernier voyage. Ces réflexions me menèrent si loin, que je commençai à former un dessein contre ma propre vie ; mais le jour, par sa lumière, dissipa mon désespoir. Je me levai et marchai entre les arbres, non sans quelque appréhension.

Lorsque je fus un peu avant dans l'île, j'aperçus un vieillard qui me parut très-cassé. Il était assis sur le bord d'un ruisseau ; je m'imaginai d'abord que c'était quelqu'un qui avait fait naufrage comme moi. Je m'approchai de lui, je le saluai, et il me fit seulement une inclination de tête. Je lui demandai ce qu'il faisait là ; mais, au lieu de me répondre, il me fit signe de le charger sur mes épaules et de le passer au delà du ruisseau, en me faisant comprendre que c'était pour aller cueillir des fruits.

Je crus qu'il avait besoin que je lui rendisse service ; c'est pourquoi, l'ayant chargé sur mon dos, je passai le ruisseau. « Descendez, » lui dis-je alors, en me baissant pour faciliter sa descente. Mais, au lieu de se laisser aller à terre (j'en ris encore toutes les fois que j'y pense), ce vieillard, qui m'avait paru décrépit, passa légèrement autour de mon col ses deux jambes, dont je vis que la peau ressemblait à celle d'une vache, et se mit à califourchon sur mes épaules, en me serrant si fortement la gorge, qu'il semblait vouloir m'étrangler. La frayeur me saisit en ce moment, et je tombai évanoui.

Malgré mon évanouissement, l'incommode vieillard demeura toujours attaché à mon col ; il écarta seulement un peu les jambes, pour me donner lieu de revenir à moi. Lorsque j'eus repris mes esprits, il m'appuya fortement contre l'estomac un de ses pieds, et, de l'autre me frappant rudement le côté, il m'obligea de me relever malgré moi. Étant debout, il me fit marcher sous des arbres ; il me forçait de m'arrêter pour cueillir et manger les fruits que nous rencontrions. Il ne quittait point prise pendant le jour ; et, quand je voulais me reposer la nuit, il s'étendait par terre avec moi, toujours attaché à mon col. Tous les matins, il ne manquait pas de me pousser pour m'éveiller ; ensuite il me faisait lever et marcher, en me pressant de ses pieds. Représentez-vous, seigneurs, la peine que j'avais de me voir chargé de ce fardeau, sans pouvoir m'en défaire [15].

Un jour, que je trouvai en mon chemin plusieurs calebasses sèches tombées d'un arbre qui en portait j'en pris une assez grosse, et, après l'avoir bien nettoyée, j'exprimai dedans le jus de plusieurs grappes de raisin, fruit que l'île produisait en abondance, et que nous rencontrions à chaque pas. Lorsque j'en eus rempli la calebasse, je la posai dans un endroit où j'eus l'adresse de me faire conduire par le vieillard plusieurs jours après. Là je pris la calebasse, et, la portant à ma bouche, je bus d'un excellent vin qui me fit oublier, pour quelque temps, le chagrin mortel dont j'étais accablé. Cela me donna de la vigueur. J'en fus même si réjoui, que je me mis à chanter et à sauter en marchant.

Le vieillard, qui s'aperçut de l'effet que cette boisson avait produit en moi, et que je le portais plus légèrement que de coutume, me fit signe de lui en donner à boire : je lui présentai la calebasse, il la prit ; et comme la liqueur lui parut agréable, il l'avala jusqu'à la dernière goutte. Il y en avait assez pour l'enivrer ; aussi s'enivra-t-il, et bientôt, la fumée du vin lui montant à la tête, il commença à chanter à sa manière et à se trémousser sur mes épaules. Les secousses qu'il se donnait lui firent rendre ce qu'il avait dans l'estomac, et ses jambes se relâchèrent peu à peu ; de sorte que, voyant qu'il ne me serrait plus, je le jetai par terre, où il demeura sans mouvement. Alors je pris une très-grosse pierre, et lui en écrasai la tête.

Je sentis une grande joie de m'être délivré pour jamais de ce maudit vieillard, et je marchai vers la mer, où je rencontrai des gens d'un navire qui venait de mouiller là pour faire de l'eau et prendre, en passant, quelques rafraîchissements. Ils furent extrêmement étonnés de me voir et d'entendre le détail de mon aventure. « Vous étiez tombé, me dirent-ils, entre les mains du vieillard de la mer, et vous êtes le premier qu'il n'ait pas étranglé ; il n'a jamais abandonné ceux dont il s'était rendu maître, qu'après les avoir étouffés ; et il a rendu cette île fameuse par le nombre de personnes qu'il a tuées : les matelots et les marchands qui y descendaient n'osaient s'y avancer qu'en bonne compagnie. »

Après m'avoir informé de ces choses, ils m'emmenèrent avec eux dans leur navire, dont le capitaine se fit un plaisir de me recevoir, lorsqu'il apprit tout ce qui m'était arrivé. Il remit à la voile, et, après quelques jours de navigation, nous abordâmes au port d'une grande ville, dont les maisons étaient bâties de bonnes pierres.

Un des marchands du vaisseau, qui m'avait pris en amitié, m'obligea de l'accompagner et me conduisit dans un logement destiné à servir de retraite aux marchands étrangers. Il me donna un grand sac ; ensuite, m'ayant recommandé à quelques gens de la ville, qui avaient un sac comme moi, et les ayant priés de me mener avec eux ramasser du coco : « Allez, me dit-il, suivez-les, faites comme vous les verrez faire, et ne vous écartez pas d'eux, car vous mettriez votre vie en danger. » Il me donna des vivres pour la journée, et je partis avec ces gens.

Nous arrivâmes à une grande forêt d'arbres extrêmement

hauts et fort droits, et dont le tronc était si lisse, qu'il n'était pas possible de s'y prendre pour monter jusqu'aux branches où étaient les fruits. Tous ces arbres étaient des cocotiers, dont nous voulions abattre les fruits pour en remplir nos sacs. En entrant dans la forêt, nous vîmes un grand nombre de gros et de petits singes, qui prirent la fuite devant nous dès qu'ils nous aperçurent, et qui montèrent jusqu'au haut des arbres avec une agilité surprenante.

Les marchands avec qui j'étais ramassèrent des pierres et les lancèrent de toute leur force aux singes. Je suivis leur exemple, et je vis que les singes, instruits de notre dessein, cueillaient les cocos avec ardeur et nous les jetaient avec des gestes qui marquaient leur colère et leur animosité. Nous ramassions les cocos, et nous lancions de temps en temps des pierres pour irriter les singes. Par cette ruse, nous remplissions nos sacs de ce fruit, qu'il nous eût été impossible d'avoir autrement.

Lorsque nous en eûmes plein nos sacs, nous nous en retournâmes à la ville, où le marchand qui m'avait envoyé à la forêt me donna la valeur du sac de cocos que j'avais apporté.

« Continuez, me dit-il, et allez tous les jours faire la même chose, jusqu'à ce que vous ayez gagné de quoi vous conduire chez vous. » Je le remerciai du bon conseil qu'il me donnait, et insensiblement je fis un si grand amas de cocos, que j'en avais pour une somme considérable.

Le vaisseau sur lequel j'étais venu avait fait voile avec des marchands qui l'avaient chargé de cocos qu'ils avaient achetés. J'attendis l'arrivée d'un autre, qui aborda bientôt au port de la ville, pour prendre un chargement pareil. Je fis embarquer dessus tout le coco qui m'appartenait; et, lorsqu'il fut prêt à partir, j'allai prendre congé du marchand à qui j'avais tant d'obligation. Il ne put s'embarquer avec moi, parce qu'il n'avait pas encore achevé ses affaires.

Nous mîmes à la voile et prîmes la route de l'île où le poivre croît en plus grande abondance. De là, nous gagnâmes l'île de Comari [46], qui porte la meilleure espèce de bois d'aloès, et dont les habitants se sont fait une loi inviolable de ne pas boire de vin et de ne souffrir aucun lieu de débauche. J'échangeai mon coco, dans ces deux îles, contre du poivre et du bois d'aloès, et me rendis, avec d'autres marchands, à la pêche des perles, où je pris des plongeurs à gages pour mon compte. Ils m'en pêchèrent un grand nombre de très-grosses et de très-parfaites. Je me remis en mer avec joie, sur un vaisseau qui arriva heureusement à Bassora; de là, je revins à Bagdad, où je fis de très-grosses sommes d'argent du poivre, du bois d'aloès et des perles que j'avais apportés. Je distribuai en aumônes la dixième partie de mon gain, de même qu'au retour de mes autres voyages, et je cherchai à me délasser de mes fatigues dans toutes sortes de divertissements.

Ayant achevé ces paroles, Sindbad fit donner cent sequins à Hindbad, qui se retira avec tous les autres convives. Le lendemain, la même compagnie se trouva chez le riche Sindbad, qui, après l'avoir régalée comme les jours précédents, demanda audience et fit le récit de son sixième voyage, de la manière que je vais vous le raconter.

SIXIÈME VOYAGE DE SINDBAD LE MARIN

Seigneurs, dit-il, vous êtes sans doute en peine de savoir comment, après avoir fait cinq naufrages et avoir essuyé tant de périls, je pus me résoudre encore à tenter la fortune et à chercher de nouvelles disgrâces. J'en suis étonné moi-même quand j'y fais réflexion; et il fallait assurément que j'y fusse entraîné par mon étoile. Quoi qu'il en soit, au bout d'une année de repos, je me préparai à faire un sixième voyage, malgré les prières de mes parents et de mes amis, qui ne négligèrent rien pour me retenir.

Au lieu de suivre le golfe Persique, je passai encore une fois par plusieurs provinces de la Perse et des Indes, et j'arrivai à un port de mer où je m'embarquai sur un bon vaisseau, dont le capitaine était résolu à faire une longue navigation. Elle fut très-longue, à la vérité, mais en même temps si malheureuse, que le capitaine et le pilote perdirent leur route, de manière qu'ils ignoraient où nous étions. Ils la reconnurent enfin; mais nous n'eûmes pas sujet de nous en réjouir, tout ce que nous étions de passagers; et nous fûmes, un jour, dans un étonnement extrême de voir le capitaine quitter son poste en poussant des cris. Il jeta son turban par terre, s'arracha la barbe et se frappa la tête, comme un homme à qui le désespoir a troublé l'esprit. Nous lui demandâmes pourquoi il s'affligeait ainsi. « Je vous annonce, nous répondit-il, que nous sommes dans l'endroit de la mer le plus dangereux. Un courant très-rapide emporte le navire, et nous allons tous périr dans moins d'un quart d'heure. Priez Dieu qu'il nous délivre de ce danger. Nous ne saurions en échapper, s'il n'a pitié de nous. » A ces mots, il ordonna de faire ranger les voiles; mais les cordages se rompirent dans la manœuvre, et le navire, sans qu'il fût possible d'y remédier, fut emporté par le courant au pied d'une montagne inaccessible, où il échoua et se brisa, de manière pourtant qu'en sauvant nos personnes, nous eûmes encore le temps de débarquer nos vivres et nos plus précieuses marchandises.

Cela étant fait, le capitaine nous dit : « Dieu vient de faire ce qui lui a plu. Nous pouvons nous creuser ici chacun notre fosse, et nous dire le dernier adieu; car nous sommes dans un lieu si funeste, que personne de ceux qui y ont été jetés avant nous ne s'en est retourné chez soi. » Ce discours nous jeta tous dans une affliction mortelle, et nous nous embrassâmes les uns les autres, les larmes aux yeux, en déplorant notre malheureux sort.

La montagne au pied de laquelle nous étions terminait une île très-longue et très-large. La côte était toute couverte de débris de vaisseaux qui avaient fait naufrage; et par une infinité d'ossements qu'on y rencontrait d'espace en espace, et qui nous faisaient horreur, nous jugeâmes qu'il s'y était perdu bien du monde. C'est aussi une chose presque incroyable que la quantité de marchandises et de richesses qui se présentaient à nos yeux de toutes parts. Ces objets ne servirent qu'à augmenter la désolation où nous étions. Au lieu que partout ailleurs les rivières sortent de leur lit pour se jeter dans la mer, tout au contraire une grosse rivière d'eau douce s'éloigne de la mer et pénètre dans la côte au travers d'une grotte obscure, dont l'ouverture est extrêmement haute et large. Ce qu'il y a de remarquable dans ce lieu, c'est que les pierres de la montagne sont de cristal, de rubis ou d'autres pierres précieuses. On y voit aussi la source d'une espèce de poix ou de bitume qui coule dans la mer; les poissons avalent ce bitume et le rendent ensuite changé en ambre gris, que les vagues rejettent sur la grève qui en est couverte. Il y croît aussi des arbres, dont la plupart sont des aloès, qui ne le cèdent point en bonté à ceux de Comari.

Pour achever la description de cet endroit, qu'on peut appeler un gouffre, puisque jamais rien n'en revient, il n'est pas possible que les navires puissent s'en écarter lorsqu'une fois ils s'en sont approchés à une certaine distance. S'ils y sont poussés par un vent de mer, le vent et le courant les perdent; et s'ils s'y trouvent lorsque le vent de terre souffle, ce qui pourrait favoriser leur éloignement, la hauteur de la montagne l'arrête et cause un calme qui laisse agir le courant, lequel les emporte contre la côte, où ils se brisent comme le nôtre y fut brisé. Pour surcroît de disgrâce, il n'est pas possible de gagner le sommet de la montagne, ni de se sauver par aucun endroit.

Nous demeurâmes sur le rivage, comme des gens qui ont perdu l'esprit, et nous attendions la mort de jour en jour. D'abord, nous avions partagé nos vivres également;

ainsi, chacun vécut plus ou moins longtemps que les autres, selon son tempérament et suivant l'usage qu'il fit de ses provisions.

Ceux qui moururent les premiers furent enterrés par les autres; pour moi, je rendis les derniers devoirs à tous mes compagnons; et il ne faut pas s'en étonner : car, outre que j'avais mieux ménagé qu'eux les provisions qui m'étaient tombées en partage, j'en avais encore en particulier d'autres dont je m'étais bien gardé de leur faire part. Néanmoins, lorsque j'enterrai le dernier, il me restait si peu de vivres, que je jugeai que je ne pourrais pas aller loin; de sorte que je creusai moi-même mon tombeau, résolu de me jeter dedans, puisqu'il ne restait plus personne pour m'enterrer. Je vous avouerai qu'en m'occupant de ce travail, je ne pus m'empêcher de me représenter que j'étais la cause de ma perte, et de me repentir de m'être engagé dans ce dernier voyage. Je n'en demeurai pas même aux réflexions; je me frappai avec fureur, et peu s'en fallut que je ne hâtasse ma mort.

Mais Dieu eut encore pitié de moi, et m'inspira la pensée d'aller jusqu'à la rivière qui se perdait sous la voûte de la grotte. Là, après avoir examiné la rivière avec beaucoup d'attention, je dis en moi-même : Cette rivière, qui se cache ainsi sous la terre, en doit sortir par quelque endroit; en construisant un radeau et m'abandonnant dessus au courant de l'eau, j'arriverai à une terre habitée ou je périrai : si je péris, je n'aurai fait que changer de genre de mort; si je sors, au contraire, de ce lieu fatal, non-seulement j'éviterai la triste destinée de mes camarades, mais je trouverai peut-être une nouvelle occasion de m'enrichir.

Que sait-on si la fortune ne m'attend pas au sortir de cet affreux écueil, pour me dédommager avec usure des pertes que m'a causées mon naufrage?

Je n'hésitai pas à travailler au radeau après ce raisonnement; je le fis de bonnes pièces de bois et de gros câbles, car j'en avais à choisir; je les liai ensemble si fortement que j'en fis un petit bâtiment assez solide. Quand il fut achevé, je le chargeai de quelques ballots de rubis, d'émeraudes, d'ambre gris, de cristal de roche et d'étoffes précieuses. Ayant mis toutes ces choses en équilibre et les ayant bien attachées, je m'embarquai sur le radeau, avec deux petites rames que je n'avais pas oublié de faire; et, me laissant aller au cours de la rivière, je m'abandonnai à la volonté de Dieu.

Sitôt que je fus sous la voûte, je ne vis plus de lumière, et le fil de l'eau m'entraîna sans que je pusse remarquer où il m'emportait. Je voguai quelques jours dans cette obscurité, sans jamais apercevoir le moindre rayon de lumière. Je trouvai, une fois, la voûte si basse, qu'elle pensa me blesser la tête; ce qui me rendit fort attentif à éviter un pareil danger. Pendant ce temps-là, je ne mangeais des vivres qui me restaient qu'autant qu'il en fallait naturellement pour soutenir ma vie. Mais, avec quelque frugalité que je pusse vivre, j'achevai de consumer mes provisions. Alors, sans que je pusse m'en défendre, un doux sommeil vint saisir mes sens. Je ne puis vous dire si je dormis longtemps; mais, en me réveillant, je me vis avec surprise dans une vaste campagne, au bord d'une rivière où mon radeau était attaché, et au milieu d'un grand nombre de noirs. Je me levai dès que je les aperçus et les saluai. Ils me parlèrent; mais je n'entendais pas leur langage.

En ce moment, je me sentis si transporté de joie, que je ne savais si je devais me croire éveillé. Étant persuadé que je ne dormais pas, je m'écriai et récitai ces vers arabes :

« Invoque la Toute-Puissance, elle viendra à ton secours : il n'est pas besoin que tu t'embarrasses d'autre chose. Ferme l'œil, et, pendant que tu dormiras, Dieu changera ta fortune de mal en bien. »

Un des noirs, qui entendait l'arabe, m'ayant ouï parler ainsi, s'avança et prit la parole : « Mon frère, me dit-il, ne soyez pas surpris de nous voir. Nous habitons la campagne que vous voyez, et nous sommes venus arroser aujourd'hui nos champs de l'eau de ce fleuve qui sort de la montagne voisine, en la détournant par de petits canaux. Nous avons remarqué que l'eau emportait quelque chose; nous sommes vite accourus pour voir ce que c'était, et nous avons trouvé que c'était ce radeau; aussitôt l'un de nous s'est jeté à la nage et l'a amené. Nous l'avons arrêté et attaché comme vous le voyez, et nous attendions que vous vous éveillassiez. Nous vous supplions de nous raconter votre histoire, qui doit être fort extraordinaire. Dites-nous comment vous vous êtes hasardé sur cette eau et d'où vous venez. » Je les priai de me donner d'abord quelque chose à manger, leur promettant de satisfaire ensuite leur curiosité.

Ils me présentèrent plusieurs sortes de mets; et quand j'eus apaisé ma faim, je leur fis un rapport fidèle de tout ce qui m'était arrivé; ce qu'ils parurent écouter avec admiration. Sitôt que j'eus fini mon discours : « Voilà, me dirent-ils par la bouche de l'interprète qui leur avait expliqué ce que je venais de dire, voilà une histoire des plus surprenantes. Il faut que vous veniez en informer le roi vous-même : la chose est trop extraordinaire pour lui être rapportée par un autre que par celui à qui elle est arrivée. » Je leur repartis que j'étais prêt à faire ce qu'ils voudraient.

Les noirs envoyèrent aussitôt chercher un cheval, que l'on amena peu de temps après. Ils me firent monter dessus ; et pendant qu'une partie marcha devant moi pour me montrer le chemin, les autres, qui étaient les plus robustes, chargèrent sur leurs épaules le radeau tel qu'il était, avec les ballots, et commencèrent à me suivre.

Nous marchâmes tous ensemble jusqu'à la ville de Serendib ; car c'était dans cette île que je me trouvais. Les noirs me présentèrent à leur roi. Je m'approchai de son trône, où il était assis, et le saluai comme on a coutume de saluer les rois des Indes, c'est-à-dire que je me prosternai à ses pieds et baisai la terre. Ce prince me fit relever et, me recevant d'un air obligeant, il me fit avancer et prendre place auprès de lui. Il me demanda premièrement comment je m'appelais : lui ayant répondu que je me nommais Sindbad, surnommé le Marin, à cause de plusieurs voyages que j'avais faits par mer, j'ajoutai que j'étais habitant de la ville de Bagdad. « Mais, reprit-il, comment vous trouvez-vous dans mes États, et par où y êtes-vous venu ? »

Je ne cachai rien au roi ; je lui fis le récit que vous venez d'entendre, et il en fut si surpris et si charmé, qu'il commanda qu'on écrivît mon aventure en lettres d'or, pour être conservée dans les archives de son royaume. On apporta ensuite le radeau et l'on ouvrit les ballots en sa présence. Il admira la quantité de bois d'aloès et d'ambre gris, mais surtout les rubis et les émeraudes; car il n'en avait point dans son trésor qui en approchassent.

Remarquant qu'il considérait mes pierreries avec plaisir et qu'il en examinait les plus belles les unes après les autres, je me prosternai et pris la liberté de lui dire : « Sire, ma personne n'est pas seulement au service de Votre Majesté, la charge du radeau est aussi à elle, et je la supplie d'en disposer comme d'un bien qui lui appartient. » Il me dit en souriant : « Sindbad, je me garderai d'en avoir la moindre envie, ni de vous ôter rien de ce que Dieu vous a donné. Loin de diminuer vos richesses, je prétends les augmenter, et je ne veux point que vous sortiez de mes États sans emporter avec vous des marques de ma libéralité. » Je ne répondis à ces paroles qu'en faisant des vœux pour la prospérité du prince, et qu'en louant sa bonté et sa générosité. Il chargea un de ses officiers d'avoir soin de moi, et commanda que l'on me donnât des gens pour me servir à ses dépens. Cet officier exécuta fidèlement les ordres de son maître, et fit transporter, dans le logement où il me conduisit, les ballots dont le radeau avait été chargé.

J'allais tous les jours, à certaines heures, faire ma cour au roi, et j'employais le reste du temps à voir la ville et ce qui était le plus digne de ma curiosité.

L'île de Serendib est située justement sous la ligne équinoxiale ; ainsi, les jours et les nuits y sont toujours de douze heures, et elle a quatre-vingts parasanges [17] de longueur et autant de largeur. La ville capitale est située à l'extrémité d'une belle vallée, formée par une montagne qui est au milieu de l'île, et qui est bien la plus haute qu'il y ait au monde. En effet, on la découvre, en mer, de trois journées de navigation. On y trouve le rubis, plusieurs sortes de minéraux, et tous les rochers sont, pour la plupart, d'émeri, qui est une pierre métallique dont on se sert pour tailler les pierreries. On y voit toutes sortes d'arbres et de plantes rares, surtout le cèdre et le coco. On pêche aussi des perles le long de ses rivages et aux embouchures de ses rivières, et quelques-unes de ses vallées fournissent des diamants. Je fis aussi par dévotion un voyage à la montagne, à l'endroit où Adam fut relégué après avoir été banni du paradis terrestre, et j'eus la curiosité de monter jusqu'au sommet.

Lorsque je fus de retour dans la ville, je suppliai le roi de me permettre de retourner en mon pays ; ce qu'il m'accorda d'une manière très-obligeante et très-honorable. Il me força de recevoir un riche présent, qu'il fit tirer de son trésor ; et lorsque j'allai prendre congé de lui, il me chargea d'un autre présent bien plus considérable et en même temps d'une lettre pour le commandeur des croyants, notre souverain seigneur, en me disant : « Je vous prie de présenter de ma part ce régal et cette lettre au khalife Haroun-Alraschid et de l'assurer de mon amitié. » Je pris le présent et la lettre avec respect, en promettant à Sa Majesté d'exécuter ponctuellement les ordres dont elle me faisait l'honneur de me charger. Avant que je m'embarquasse, ce prince envoya chercher le capitaine et les marchands qui devaient s'embarquer avec moi, et leur ordonna d'avoir pour moi tous les égards imaginables.

La lettre du roi de Serendib était écrite sur la peau d'un certain animal fort précieux à cause de sa rareté, et dont la couleur tire sur le jaune. Les caractères de cette lettre étaient d'azur; et voici ce qu'elle contenait en langue indienne :

« Le Roi des Indes, devant qui marchent mille éléphants, qui demeure dans un palais dont le toit brille de l'éclat de cent mille rubis et qui possède en son trésor vingt mille couronnes enrichies de diamants, au khalife Haroun-Alraschid.

« Quoique le présent que nous vous envoyons soit peu considérable, ne laissez pas néanmoins de le recevoir en frère et en ami, en considération de l'amitié que nous conservons pour vous dans notre cœur et dont nous sommes bien aise de vous donner un témoignage. Nous vous demandons la même part dans le vôtre, attendu que nous croyons le mériter, étant d'un rang égal à celui que vous tenez. Nous vous en conjurons, en qualité de frère. Adieu. »

Le présent consistait : premièrement, en un vase d'un seul rubis, creusé et travaillé en forme de coupe, d'un demi-pied de hauteur et d'un doigt d'épaisseur, rempli de perles très-rondes et toutes du poids d'une demi-drachme; secondement, en une peau de serpent qui avait des écailles grandes comme une pièce ordinaire de monnaie d'or, et dont la propriété était de préserver de maladie ceux qui couchaient dessus; troisièmement, en cinquante mille drachmes du bois d'aloès le plus exquis, avec trente grains de camphre de la grosseur d'une pistache ; enfin, le tout était accompagné d'une esclave d'une beauté ravissante, et dont les habillements étaient couverts de pierreries.

Le navire mit à la voile; et, après une longue et très-heureuse navigation, nous abordâmes à Bassora, d'où je me rendis à Bagdad. La première chose que je fis, dès mon arrivée, fut de m'acquitter de la commission dont j'étais chargé.

Je pris la lettre du roi de Serendib et j'allai me présenter à la porte du commandeur des croyants, suivi de l'esclave et des personnes de ma famille, qui portaient les présents dont j'étais chargé. Je dis le sujet qui m'amenait, et aussitôt l'on me conduisit devant le trône du khalife. Je me prosternai devant lui; et, après lui avoir fait une harangue très-concise, je lui présentai la lettre et le présent. Lorsqu'il eut lu ce que lui mandait le roi de Serendib, il me demanda s'il était vrai que ce prince fût aussi puissant et aussi riche qu'il le marquait par sa lettre. Je me prosternai une seconde fois, et, après m'être relevé : « Commandeur des croyants, lui répondis-je, je puis assurer Votre Majesté qu'il n'exagère pas ses richesses et sa grandeur; j'en suis témoin. Rien n'est plus capable de causer de l'admiration que la magnificence de son palais. Lorsque ce prince veut paraître en public, on lui dresse un trône sur un éléphant, où il s'assied, et il marche au milieu de deux files composées de ses ministres, de ses favoris et d'autres gens de sa cour. Devant lui, sur le même éléphant, un officier tient une lance d'or à la main, et derrière le trône, un autre, se tenant debout, porte une colonne d'or, au haut de laquelle est une émeraude longue d'environ un demi-pied et grosse d'un pouce. Il est précédé d'une garde de mille hommes, habillés de drap d'or et de soie, et montés sur des éléphants richement caparaçonnés. Pendant que le roi est en marche, l'officier qui est devant lui, sur le même éléphant, crie de temps en temps, à haute voix :

« Voici le grand monarque, le puissant et redoutable sultan des Indes, dont le palais est couvert de cent mille rubis, et qui possède vingt mille couronnes de diamants! Voici le monarque couronné, plus grand que ne furent jamais le grand Solima [18] et le grand Mihrage [19] ! »

« Après qu'il a prononcé ces paroles, l'officier qui est derrière le trône crie à son tour :

« Ce monarque, si grand et si puissant, doit mourir, doit mourir, doit mourir. »

« L'officier de devant reprend et crie ensuite :

« Louange à Celui qui vit et ne meurt pas! »

« D'ailleurs, le roi de Serendib est si juste, qu'il n'y a pas de juges dans sa capitale, non plus que dans le reste de ses États; ses peuples n'en ont pas besoin. Ils savent et ils observent d'eux-mêmes exactement la justice, et ne s'écartent jamais de leur devoir. Ainsi les tribunaux et les magistrats sont inutiles chez eux. »

Le khalife fut fort satisfait de mon discours. « La sagesse de ce roi, dit-il, paraît en sa lettre, et, après ce que vous venez de me dire, il faut avouer que sa sagesse est digne de ses peuples, et que ses peuples sont dignes d'elle. » A ces mots, il me congédia et me renvoya avec un riche présent.

Sindbad acheva de parler en cet endroit; et ses auditeurs se retirèrent; mais Hindbad reçut auparavant cent sequins. Ils revinrent encore le jour suivant chez Sindbad, qui leur raconta son septième et dernier voyage en ces termes :

SEPTIÈME ET DERNIER VOYAGE DE SINDBAD LE MARIN

Au retour de mon sixième voyage, j'abandonnai absolument la pensée d'en faire jamais d'autres. Outre que j'étais dans un âge qui ne demandait que du repos, je m'étais bien promis de ne plus m'exposer aux périls que j'avais tant de fois courus. Ainsi je ne songeais qu'à passer doucement le reste de ma vie. Un jour que je régalais quelques amis, un de mes gens me vint avertir qu'un officier du khalife me demandait. Je sortis de table et allai au-devant de lui. « Le khalife, me dit-il, m'a chargé de venir vous dire qu'il veut vous parler. » Je suivis au palais l'officier, et il me présenta au prince, que je saluai en me prosternant à ses pieds. « Sindbad, me dit-il, j'ai besoin de vous, il faut que vous me rendiez un service, que vous alliez porter ma réponse et mes présents au roi de Serendib : il est juste que je lui rende la civilité qu'il m'a faite. »

Le commandement du khalife fut un coup de foudre pour moi. « Commandeur des croyants, lui dis-je, je suis prêt à exécuter tout ce que m'ordonnera Votre Majesté; mais je la supplie très-humblement de songer que je suis rebuté des fatigues incroyables que j'ai souffertes. J'ai même fait vœu de ne sortir jamais de Bagdad. » De là je pris occasion de lui faire un long détail de toutes mes aventures, qu'il eut la patience d'écouter jusqu'à la fin. Dès que j'eus cessé de parler :

« J'avoue, dit-il, que voilà des événements bien extraordinaires ; mais pourtant il ne faut pas qu'ils vous empêchent de faire pour l'amour de moi le voyage que je vous propose. Il ne s'agit que d'aller à l'île de Serendib, vous acquitter de la commission que je vous donne. Après cela, il vous sera libre de vous en revenir. Mais il faut y aller ; car vous voyez bien qu'il ne serait pas de la bienséance et de ma dignité d'être redevable au roi de cette île. « Comme je vis que le khalife exigeait cela de moi absolument, je lui témoignai que j'étais prêt à lui obéir. Il en eut beaucoup de joie, et me fit donner mille sequins pour les frais de mon voyage.

Je me préparai, en peu de jours, à mon départ, et sitôt qu'on m'eut livré les présents du khalife, avec une lettre de sa propre main, je partis et je pris la route de Bassora, où je m'embarquai. Ma navigation fut très-heureuse : j'arrivai à l'île de Serendib. Là, j'exposai aux ministres la commission dont j'étais chargé et les priai de me faire donner audience incessamment. Ils n'y manquèrent pas. On me conduisit au palais avec honneur. J'y saluai le roi en me prosternant, selon la coutume.

Ce prince me reconnut d'abord, et me témoigna une joie toute particulière de me revoir. « Ah! Sindbad, me dit-il, soyez le bienvenu! Je vous jure que j'ai songé à vous très-souvent depuis votre départ. Je bénis ce jour, puisque nous nous voyons encore une fois. » Je lui fis mon compliment, et, après l'avoir remercié de la bonté qu'il avait pour moi, je lui présentai la lettre et le présent du khalife, qu'il reçut avec toutes les marques d'une grande satisfaction.

Le Khalife lui envoyait un lit complet de drap d'or, estimé mille sequins, cinquante robes d'une très-riche étoffe, cent autres de toile blanche, la plus fine du Caire [20], de Suez, de Coufa [21] et d'Alexandrie; un autre lit cramoisi et un autre encore d'une autre façon; un vase d'agate, plus large que profond, épais d'un doigt et ouvert d'un demi-pied, dont le fond représentait, en bas-relief, un homme, un genou en terre, tenant un arc avec une flèche, et prêt à tirer contre un lion; il lui envoyait enfin une riche table que l'on croyait, par tradition, venir du grand Salomon. La lettre du khalife était conçue en ces termes :

« Salut, au nom du souverain guide du droit chemin, au puissant et heureux sultan, de la part d'Abdallah Haroun-Alraschid, que Dieu a placé dans le lieu d'honneur, après ses ancêtres d'heureuse mémoire.

« Nous avons reçu votre lettre avec joie, et nous vous envoyons celle-ci émanée du conseil de notre Porte, le jardin des esprits supérieurs. Nous espérons qu'en jetant les yeux dessus, vous connaîtrez notre bonne intention et que vous l'aurez pour agréable. Adieu. »

Le roi de Serendib eut un grand plaisir de voir que le khalife répondait à l'amitié qu'il lui avait témoignée. Peu de temps après cette audience, je sollicitai celle de mon congé, que j'eus beaucoup de peine à obtenir. Le roi, en me congédiant, me fit un présent très-considérable. Je me rembarquai aussitôt, dans le dessein de m'en retourner à Bagdad; mais je n'eus pas le bonheur d'y arriver comme je l'espérais, et Dieu en disposa autrement.

Trois ou quatre jours après notre départ, nous fûmes attaqués par des corsaires, qui eurent d'autant moins de peine à s'emparer de notre vaisseau, qu'on n'y était nullement en état de se défendre. Quelques personnes de l'équipage voulurent faire résistance, mais il leur en coûta la vie; pour moi et tous ceux qui eurent la prudence de ne pas s'opposer au dessein des corsaires, nous fûmes faits esclaves.

Après que les corsaires nous eurent tous dépouillés, et qu'ils nous eurent donné de méchants habits au lieu des nôtres, ils nous emmenèrent dans une grande île, fort éloignée, où ils nous vendirent.

Je tombai entre les mains d'un riche marchand, qui ne m'eut pas plutôt acheté qu'il me mena chez lui, où il me fit bien manger et habiller proprement en esclave. Quelques jours après, comme il ne s'était pas encore bien informé qui j'étais, il me demanda si je ne savais pas quelque métier. Je lui répondis, sans me faire mieux connaître, que je n'étais pas un artisan, mais un marchand de profession, et que les corsaires qui m'avaient vendu m'avaient enlevé tout ce que j'avais. « Mais dites-moi, reprit-il, ne pourriez-vous pas tirer de l'arc? » Je lui répondis que c'était un des exercices de ma jeunesse et que je ne l'avais pas oublié depuis. Alors il me donna un arc et des flèches, et, m'ayant fait monter derrière lui sur un éléphant, il me mena dans une forêt éloignée de la ville de quelques heures de chemin, et dont l'étendue était très-vaste. Nous y entrâmes fort avant, et, lorsqu'il jugea à propos de s'arrêter, il me fit descendre. Ensuite, me montrant un grand arbre : « Montez sur cet arbre, me dit-il, et tirez sur les éléphants que vous verrez passer, car il y en a une quantité prodigieuse dans cette forêt. S'il en tombe quelqu'un, venez m'en donner avis. » Après m'avoir dit cela, il me laissa des vivres, reprit le chemin de la ville, et je demeurai sur l'arbre, à l'affût, pendant toute la nuit.

Je n'aperçus aucun éléphant pendant tout ce temps-là; mais le lendemain, dès que le soleil fut levé, j'en vis paraître un grand nombre. Je tirai dessus plusieurs flèches, et enfin il en tomba un par terre. Les autres se retirèrent aussitôt, et me laissèrent la liberté d'aller avertir mon patron de la chasse que je venais de faire. En faveur de cette nouvelle, il me régala d'un bon repas, loua mon adresse et me caressa fort. Puis nous allâmes ensemble à la forêt, où nous creusâmes une fosse dans laquelle nous enterrâmes l'éléphant que j'avais tué. Mon patron se proposait de revenir lorsque l'animal serait pourri et d'enlever les dents pour en faire commerce.

Je continuai cette chasse pendant deux mois, et il ne se passait pas de jour que je ne tuasse un éléphant. Je ne me mettais pas toujours à l'affût sur le même arbre; je me plaçais tantôt sur l'un, tantôt sur l'autre. Un matin que j'attendais l'arrivée des éléphants, je m'aperçus avec un extrême étonnement qu'au lieu de passer devant moi en traversant la forêt, comme à l'ordinaire, ils s'arrêtèrent et vinrent à moi avec un horrible bruit et en si grand nombre, que la terre en était couverte et tremblait sous leurs pas. Ils s'approchèrent de l'arbre où j'étais monté et l'environnèrent tous, la trompe étendue et les yeux attachés sur moi. A ce spectacle étonnant, je restai immobile et saisi d'une telle frayeur, que mon arc et mes flèches me tombèrent des mains.

Je n'étais pas agité d'une crainte vaine. Après que les éléphants m'eurent bien regardé quelque temps, un des plus gros embrassa l'arbre par le bas avec sa trompe et fit un si puissant effort, qu'il le déracina et le renversa par terre. Je tombai avec l'arbre ; mais l'animal me prit avec sa trompe et me chargea sur son dos, où je m'assis plus mort que vif, avec le carquois attaché à mes épaules. Il se mit ensuite à la tête de tous les autres qui le suivaient en troupe, me porta jusqu'à un endroit, et, m'ayant posé à terre, il se retira avec tous ceux qui l'accompagnaient. Concevez, s'il est possible, l'état où j'étais : je croyais plutôt dormir que veiller. Enfin, après avoir été quelque temps étendu sur la place, ne voyant plus d'éléphant, je me levai et remarquai que j'étais sur une colline assez longue et assez large, toute couverte d'ossements et de dents d'éléphants. Je vous avoue que cet objet me fit faire une infinité de réflexions. J'admirai l'instinct de ces animaux. Je ne doutai point que ce ne fût là leur cimetière et qu'ils ne m'y eussent apporté exprès pour me l'enseigner, afin que je cessasse de les persécuter, puisque je le faisais dans la vue seule d'avoir leurs dents. Je ne m'arrêtai pas sur la colline ; je tournai mes pas vers la ville, et, après avoir marché un jour et une nuit, j'arrivai chez mon patron. Je ne rencontrai aucun éléphant sur ma route, ce qui me fit connaître qu'ils s'étaient éloignés plus avant dans la forêt, pour me laisser la liberté d'aller sans obstacle à la colline.

Dès que mon patron m'aperçut : « Ah ! pauvre Sindbad, me dit-il, j'étais dans une grande peine de savoir ce que tu pouvais être devenu. J'ai été à la forêt, j'y ai trouvé un arbre nouvellement déraciné, un arc et des flèches par terre; et, après t'avoir inutilement cherché, je désespérais de te revoir jamais. Raconte-moi, je te prie, ce qui t'est arrivé. Par quel bonheur es-tu encore en vie? » Je satisfis sa curiosité; et le lendemain nous allâmes tous deux à la colline, où il reconnut avec une extrême joie la vérité de ce que je lui avais dit. Nous chargeâmes l'éléphant sur lequel nous étions venus de tout ce qu'il pouvait porter de dents; et, lorsque nous fûmes de retour : « Mon frère, me dit-il (car je ne veux plus vous traiter en esclave, après le plaisir que vous venez de me faire par une découverte qui va m'enrichir), que Dieu vous comble de toutes sortes de biens et de prospérités! Je déclare devant lui que je vous donne la liberté. Je vous avais dissimulé ce que vous allez entendre : les éléphants de notre forêt nous font périr chaque année une infinité d'esclaves que nous envoyons chercher de l'ivoire. Quelques conseils que nous leur donnions, ils perdent tôt ou tard la vie par les ruses de ces animaux. Dieu vous a délivré de leur furie et n'a fait cette grâce qu'à vous seul : c'est une marque qu'il vous chérit et qu'il a besoin de vous dans le monde, pour le bien que vous y ferez. Je vous dois un avantage incroyable : nous n'avons pu nous procurer d'ivoire jusqu'à présent qu'en exposant la vie de nos esclaves; et voilà toute notre ville enrichie par votre moyen. Ne croyez pas que je prétende vous avoir assez récompensé par la liberté que vous venez de recevoir; je veux ajouter à ce don des biens considérables. Je pourrais engager toute la ville à faire votre fortune; mais c'est une gloire que je veux avoir à moi seul. »

A ce discours obligeant, je répondis : « Patron, Dieu vous conserve! La liberté que vous m'accordez suffit pour vous acquitter envers moi ; et pour toute récompense du service que j'ai eu le bonheur de vous rendre, à vous et à votre ville, je ne vous demande que la permission de retourner en mon pays. — Eh bien, répliqua-t-il, le moçon nous amènera bientôt des navires qui viendront charger de l'ivoire. Je vous renverrai alors, et vous donnerai de quoi vous conduire chez vous. » Je le remerciai de nouveau de la liberté qu'il venait de me donner et des bonnes intentions qu'il avait à mon égard. Je demeurai chez lui en attendant le moçon ; et, pendant ce temps-là, nous fîmes tant de voyages à la colline, que nous remplîmes ses magasins d'ivoire. Tous les marchands de la ville qui en négociaient firent la même chose ; car cela ne leur fut pas longtemps caché.

Les navires arrivèrent enfin ; et mon patron, ayant choisi lui-même celui sur lequel je devais m'embarquer, le chargea d'ivoire à demi pour mon compte. Il n'oublia pas d'y faire mettre aussi des provisions en abondance pour mon passage ; et, de plus, il m'obligea d'accepter des présents de grand prix, des curiosités du pays. Après que je l'eus remercié autant qu'il me fut possible de tous les bienfaits que j'avais reçus de lui, je m'embarquai. Nous mîmes à la voile ; et comme l'aventure qui m'avait procuré la liberté était fort extraordinaire, j'en avais toujours l'esprit occupé.

Nous nous arrêtâmes dans quelques îles pour y prendre des rafraîchissements. Notre vaisseau étant parti d'un port de terre ferme des Indes, nous y allâmes aborder ; et là, pour éviter les dangers de la mer jusqu'à Bassora, je fis débarquer l'ivoire qui m'appartenait, résolu de continuer mon voyage par terre. Je tirai de mon ivoire une forte somme d'argent; j'en achetai plusieurs choses rares, pour en faire des présents, et, quand mon équipage fut prêt, je me joignis à une grosse caravane de marchands. Je demeurai longtemps en chemin et je souffris beaucoup; mais je souffrais avec patience, en faisant réflexion que je n'avais plus à craindre ni les tempêtes, ni les corsaires, ni les serpents, ni tous les autres périls que j'avais courus.

Toutes ces fatigues finirent enfin : j'arrivai heureusement à Bagdad. J'allai d'abord me présenter au khalife et lui rendre compte de mon ambassade. Ce prince me dit que la longueur de mon voyage lui avait causé de l'inquiétude, mais qu'il avait pourtant toujours espéré que Dieu ne m'abandonnerait point. Quand je lui appris l'aventure des éléphants, il en parut fort surpris, et il aurait refusé d'y ajouter foi si ma sincérité ne lui eût pas été connue. Il trouva cette histoire et les autres que je lui racontai si curieuses, qu'il chargea un de ses secrétaires de les écrire en caractères d'or, pour être conservées dans son trésor. Je me retirai très-content de l'honneur et des présents qu'il me fit; puis je me donnai tout entier à ma famille, à mes parents et à mes amis.

Ce fut ainsi que Sindbad acheva le récit de son septième et dernier voyage; et s'adressant ensuite à Hindbad : « Eh bien, mon ami, ajouta-t-il, avez-vous jamais ouï dire que quelqu'un ait souffert autant que moi, ou qu'aucun mortel se soit trouvé dans des embarras si pressants? N'est-il pas juste qu'après tant de travaux je jouisse d'une vie agréable et tranquille? » Comme il achevait ces mots, Hindbad s'approcha de lui et dit, en lui baisant la main : « Il faut avouer, seigneur, que vous avez essuyé d'effroyables périls; mes peines ne sont pas comparables aux vôtres. Si elles m'affligent dans le temps que je les souffre, je m'en console par le petit profit que j'en tire. Vous méritez non-seulement une vie tranquille, vous êtes digne encore de tous les biens que vous possédez, puisque vous en faites un si bon usage et que vous êtes si généreux. Continuez donc de vivre dans la joie, jusqu'à l'heure de votre mort. »

Sindbad lui fit donner encore cent sequins, le reçut au nombre de ses amis, lui dit de quitter sa profession de porteur et de continuer à venir manger chez lui; qu'il aurait lieu de se souvenir toute sa vie de Sindbad le marin.

NOTES

Sur l'*Histoire de Sindbad le marin.*

NOTE 1. — Page 27

Haroun-Alraschid, le plus célèbre des khalifes d'Orient, et le plus grand personnage des *Mille et une Nuits*, était le cinquième prince de la maison des Abbassides. Il monta sur le trône en 786. Son autorité s'étendait sur l'Iraque babylonienne (*Irak-Arabi*), la Mésopotamie, l'Assyrie, la Médie, la Perse proprement dite (*Fars*), le Kerman, le Khoraçan, le Tabaristan, le Sind, le Kaboul, la province Transoxane, la Circassie, la Géorgie, une partie de l'Arménie et de la Cilicie, la Syrie, la Palestine, les trois Arabies, l'Égypte et les seigneuries du nord de l'Afrique.

La capitale de cet empire immense était Bagdad, sur le Tigre.

Haroun protégea les lettres, les sciences et les arts. Il avait de nobles sentiments. S'il faut en croire Sadi, Amin, fils de Haroun, pria son père de faire châtier un homme qui avait médit de sa mère, Zobeydah. Le khalife lui conseilla de pardonner à cet homme. Que s'il tenait à se venger, ajouta le khalife avec dédain, il pouvait dire autant de mal de la mère du coupable que celui-ci en avait dit de la princesse.

Cependant Haroun se montra souvent cruel; il le fut particulièrement à l'égard de Djafar, le plus habile des grands vizirs, qu'il fit décapiter.

Un trait de la vie de Djafar mérite d'être rapporté. Le vizir et le vice-roi d'Égypte étaient ennemis, et ils n'avaient aucunes relations. Un certain personnage imagina d'adresser, sous le nom de Djafar, au vice-roi, une lettre où il était recommandé lui-même à ce dernier comme un des meilleurs amis du ministre. Le gouverneur fut favorablement surpris de cette lettre; toutefois il soupçonna une fraude. Il pourvut généreusement aux besoins de l'audacieux; mais il pria son chargé d'affaires à Bagdad de prendre des informations au sujet de la lettre, qu'il lui envoya. Elle fut remise à Djafar, qui, reconnaissant sur-le-champ l'imposture, demanda aux officiers de sa maison quelle conduite il devait tenir. Les uns furent d'avis qu'il fallait couper la tête au menteur; d'autres, une main; d'autres opinèrent pour la bastonnade. Les plus modérés trouvèrent bon que l'on prévînt de cette tromperie le gouverneur; par où le faussaire aurait la déconvenue qu'il méritait. « Manquez-vous donc tous de discernement? leur dit Djafar. Le vice-roi d'Égypte et moi, nous étions brouillés, et ni lui ni moi ne voulions faire le premier pas vers une réconciliation. Voici qu'un homme nous a ouvert les voies d'un accommodement, et vous voulez que je le punisse! » Sur-le-champ le vizir écrivit au gouverneur d'Égypte : « Comment n'avez-vous pas reconnu mon écriture? Cette lettre est écrite de ma main, et cet homme est mon ami. Veuillez le combler de bienfaits et me le renvoyer, car sa présence ici est nécessaire. » Pour le coup, le vice-roi ne se sentit pas de joie, et il traita comme on peut le penser l'ami prétendu du vizir. Plus tard ce menteur téméraire se présenta devant Djafar et implora de lui son pardon; le vizir le prit pour quelque temps à son service et lui fit gagner cent mille pièces d'or, tant il mettait de prix à un ennemi réconcilié [1].

Cependant Djafar, et, en général, les Barmécides, ont eu les défauts de tous les favoris. Leurs concussions égalaient peut-

---

[1] Cf. Sylv. de Sacy, Chrestom. arabe, t. II, p. 26.

être leurs libéralités ; ils affectaient d'avoir les caprices de la toute-puissance. C'est sans doute à l'abus qu'ils faisaient de la faveur royale que l'on doit attribuer leur terrible disgrâce. Mesrour, le chef des eunuques, autre acteur des *Mille et une Nuits,* dut apporter sur un bouclier, au trop sévère khalife, la tête du grand vizir.

Nous retrouvons Mesrour aux derniers moments de la vie du khalife.

Suivant le récit plus singulier que véridique de l'historien Khondemir, Haroun, étant à Raccah, dans la Mésopotamie (*Aldjezireh*), vit en songe, au-dessus de son chevet, une main qui tenait une poignée de terre rouge, et il entendit une voix qui lui disait : « Voici la terre où tu dois être enseveli. » Il demanda quel serait le lieu de sa sépulture, et la même voix lui répondit que Thous était ce lieu. Gabriel, médecin du khalife, se moqua de ce rêve, et conseilla à son maître de prendre des divertissements. Haroun ordonna des réjouissances, qui durèrent plusieurs jours. Puis il partit pour le Khoraçan troublé par des révoltes. Malade depuis quelque temps, il s'arrêta dans la ville de Thous ; aussitôt le songe qu'il avait eu lui revint en mémoire. Mesrour, par l'ordre du khalife, alla chercher une poignée de terre hors de l'enceinte de la ville. Dès qu'il parut devant Haroun, un bras à demi nu, et la main pleine d'une terre rougeâtre, le khalife s'écria : « Voici la main et la terre que j'ai vues. » Trois jours après il était mort (808).

NOTE 2 — Page 27

L'an 145 de l'hégire, Almansour, second khalife de la race des Abbassides, jeta les fondements de Bagdad dans une prairie charmante sur la rive gauche du Tigre. Dans ce lieu même une princesse de Perse avait élevé un temple en l'honneur de son idole, nommée Bag ; et elle avait appelé la campagne environnante le Don de Bag, *Bagdad ;* de là le nom de la ville.

L'enceinte de Bagdad était ronde ; elle se composait d'une double muraille, flanquée de tours. Les portes des deux murailles fortifiées se regardaient de biais. Au milieu de la ville un château dominait tout. Sur la rive droite du Tigre se trouvait un faubourg appelé Karkh, joint à la ville par un très-beau pont. Les marchés qui ont fait la fortune de Bagdad se tenaient dans ce faubourg.

La cité des khalifes devint la proie des Mogols, commandés par Holagou. Tamerlan s'en empara; puis les Turcomans. Les Persans et les Turcs se la disputèrent; elle est restée entre les mains de ces derniers.

Au temps de sa plus grande splendeur, le nombre de ses habitants était très-considérable. En effet, les historiens arabes rapportent que huit cent mille hommes et soixante mille femmes y assistèrent aux funérailles de Ebn Hanbal, chef d'une des quatre écoles musulmanes[1] (an 241 de l'hégire).

Aujourd'hui Bagdad est la capitale de l'Irak-Arabi, et le lieu de résidence d'un pacha qui peut mettre cinquante mille hommes sous les armes. La population de Bagdad est d'environ cent mille âmes. Le commerce n'y est plus aussi florissant qu'autrefois; cependant l'on y voit encore des marchands de toutes les nations. Mais dans la ville des merveilleuses aventures, des amateurs de récits, et des femmes à l'esprit curieux et cultivé, Buckingham, en 1817, n'a pu trouver même un exemplaire des *Mille et une Nuits*.

NOTE 3 — Page 29

Othman, qui devait être le troisième khalife, pria Mahomet de se prononcer sur l'usage du vin et sur les jeux de hasard. Le Prophète répondit : « Ces choses renferment de grands dangers et de grands avantages pour les hommes [2]... » Les musulmans qui ont un faible pour le « doux poison », comme est appelé le vin dans une maxime orientale, s'appuient sur cette parole ambiguë. Mais il arriva que dans un festin, à Médine,

---

[1] Voy. d'Herbelot, Biblioth. orient., in-fol., Paris, 1697; p. 167, 256.
[2] Coran, sourate II.

les convives burent du vin outre mesure, se disputèrent, puis se battirent : un personnage considérable qui avait chanté une chanson contre les Médinois, reçut même une blessure dangereuse. Othman se plaignit, et le prétendu prophète publia la sentence suivante [1] : « Le vin, les jeux de hasard, les pierres où l'on offre en sacrifice des chameaux ou d'autres animaux pour les partager par le sort des flèches, sont véritablement des abominations devant Dieu et l'œuvre du démon. Abstenez-vous de ces choses afin de vous sauver. »

Ainsi l'usage du vin fut, par aventure, prohibé dans l'Islam.

NOTE 4 — Page 31

Salomon n'a point dit cela. Il a parlé avec force des souffrances du pauvre, mais aussi des consolations que le pauvre vertueux reçoit de Dieu : *Les jours du pauvre sont mauvais;* mais la paix du Seigneur les adoucit : *l'âme tranquille,* parce qu'elle est patiente et remplie d'espérance, *est dans un festin perpétuel.* (Prov. xv, 15.)

NOTE 5 — Page 32

La ville de Bassora a été fondée au VIIe siècle par Omar, le second khalife. Elle est située au-dessus du confluent du Tigre et de l'Euphrate, à une journée et demie du golfe Persique qu'elle commande; le commerce des Arabes avec les Indes l'a enrichie. Dans le voisinage de Bassora est une petite vallée si fertile et si délicieuse, que les Arabes en ont fait un des quatre paradis de l'Orient. Autrefois il se tenait dans cette ville des assemblées où les écrivains récitaient leurs ouvrages; les habitants de Bassora y prirent sans doute le goût des lettres, car ils ont compté parmi eux d'excellents auteurs [2]. Cependant Behloul, savant de la cour du khalife Haroun-Alraschid, un

[1] Coran, sourate v.
[2] Cf. d'Herbelot, p. 192.

jour qu'on le priait de dire le nombre des fous de Bassora, sa ville natale, répondit : « La chose m'est impossible; passe encore s'il s'agissait des savants. »

NOTE 6 — Page 32

Suivant le géographe arabe El-Edrisi, la mer des Indes, *Bahar al Hend*, s'étend depuis la Cochinchine jusqu'à la mer Rouge; les îles de Vakvak sont situées à l'extrémité orientale de la mer de la Chine. Une de ces îles, nommée Dhahi, était regardée comme le bout du monde habitable. On prétendait qu'il y avait dans cette île des statues qui semblaient faire signe de la main aux voyageurs de retourner sur leurs pas [1].

NOTE 7 — Page 35

Deggial ou Dadjal est le nom que les Mahométans donnent à l'antechrist. Tamim-Aldari, l'un des compagnons du Prophète, a déclaré, sur la foi de son maître, que l'antechrist doit venir à la fin du monde, et que Jésus-Christ le combattra, le vaincra, puis subira la mort. On reconnaît la croyance chrétienne altérée d'une manière ridicule par Mahomet.

Deggial doit n'avoir qu'*un œil* et qu'*un sourcil*.

NOTE 8 — Page 41

Le roc nous rappelle à certains égards le *youkhneh* des fables rabbiniques et le *simorg* des Persans. Le simorg était, d'après Sadi, un oiseau d'une taille monstrueuse, doué d'intelligence; il habitait le mont Caf, qui tient une si grande place dans les légendes des Orientaux. En effet, avant que l'on

---

[1] El-Edrisi, Ier Climat, X^e partie.

désignât sous ce nom le Caucase et l'Atlas, on entendait par le Caf une montagne qui enveloppait toute la terre et renfermait une immense émeraude dont le reflet formait l'azur du ciel.

NOTE 9 — Page 46

Suivant les Arabes, plusieurs îles remarquables produisaient le camphre; c'étaient, dans la mer d'Éthiopie, les îles de Ranah, parmi lesquelles il faut probablement compter Madagascar, et l'île de Sobormah, dans la mer de la Chine, qui pourrait bien être Sumatra. Cette dernière, d'après le géographe Edrisi[1], fournissait le meilleur camphre de tout l'Orient. Il semble que Roha, dont parle Sindbad, doit être une des îles qui portaient le nom commun de Ranah; on trouvait, en effet, dans ces îles des serpents assez forts pour terrasser un buffle[2].

Le camphre est très-estimé des Arabes. Mahomet place dans son paradis une source de camphre; un mélange de cette substance et de vin rafraîchit le gosier de ses élus.

Les Orientaux ont pris le camphre pour type de la blancheur; c'était aussi une figure de la pureté morale. « Souvent une femme noire, a dit un poëte d'Alexandrie, est plus blanche que les autres par ses mœurs; et dans un corps qui a la couleur du musc est renfermée la pureté du camphre. »

NOTE 10 — Page 53

Le lecteur comparera sans doute l'épisode du géant avec celui de Polyphème, qu'on trouve au neuvième chant de l'Odyssée.

Le cyclope « était un monstre d'une taille gigantesque, sem-

---

[1] El-Edrisi, Ier Climat, X^e partie.
[2] Cf. Biblioth. orient., p. 709; in-fol., Paris, 1697.
[3] Coran, sourate LXXVI.

blable non pas à un homme qui mange du pain, mais au sommet boisé des hautes montagnes : »

... Θαῦμ' ἐτέτυκτο πελώριον · οὐδὲ ἐώκες
'Ανδρί γε σιτοφάγῳ, ἀλλὰ ῥίῳ ὑλήεντι
Ὑψηλῶν ὀρέων...

Il traita avec autant de cruauté et d'une main non moins légère que ne le faisait le géant oriental ceux qui avaient envahi sa demeure. Six d'entre les compagnons d'Ulysse furent par lui dévorés. Il en prenait deux à la fois et les frappait contre terre comme de petits chiens :

Σὺν δὲ δύω μάρψας, ὥστε σκύλακας ποτὶ γαίῃ
Κόπτ (ε)...

Ulysse enivra le glouton, et lui creva l'œil.

NOTE 11 — Page 57

L'île de Salahat est située dans la mer des Indes, près de la côte de Malabar.

NOTE 12 — Page 62

De même Circé, au chant X⁰ de l'Odyssée, « mêla avec le pain » qu'elle servit aux compagnons d'Ulysse, « de funestes poisons, afin de leur faire oublier complétement leur pays. »

NOTE 13 — Page 70

On n'a pas besoin de faire observer au lecteur que les *résolutions extrêmes* prises par Sindbad furent très-criminelles. La sérénité d'âme dont il paraît jouir après de pareils coups est plus merveilleuse encore que ses aventures.

NOTE 14 — Page 70

Serendib, ou plus exactement Serandivl, Serandiul (en langue indienne, île de Seran), n'est autre que l'île de Ceylan, célèbre par sa fertilité et par ses pierres précieuses. Les Arabes ont cru que le premier homme y avait été enseveli. Suivant une tradition indienne, cette île renfermait le paradis terrestre ; suivant une autre, ce fut le lieu d'exil d'Adam coupable.

L'île de Kela, ou Calah, est renommée, dit le savant d'Herbelot, pour ses mines d'étain et pour les arbres d'où l'on tire le camphre.

NOTE 15 — Page 78

Ceci est une fable persane. Le vieillard de la mer est un de ces êtres singuliers dont parle le poëte Ferdousi, dans le *Schah Nameh*, à la cinquième aventure de Roustam, et qui sont appelés *Nermpaï*, pieds-faibles, à cause de leurs jambes molles. Les Nermpaï guettent les voyageurs; d'un bond ils se placent à cheval sur leurs épaules, et se font porter par eux. Si les voyageurs résistent, les monstres les étouffent en les étreignant avec leurs jambes, nerveuses et fortes malgré leur peu de consistance.

NOTE 16 — Page 81

L'île de Comari, ou Comar, est cette presqu'île des Indes qui se termine au sud par le cap Comorin. Les Arabes en tirent le meilleur bois d'aloès, qu'ils appellent *oud al Comari*.

NOTE 17 — Page 89

C'est une mesure itinéraire des Perses. Caï Cobad, chef de la seconde dynastie persane, ordonna que dans son empire les grands chemins fussent marqués de quatre en quatre mille pas[1]. C'est précisément cet espace que les Persans appellent, *firsenk*, et que nous désignons sous le nom de parasange, du mot grec παρασάγγης.

NOTE 18 — Page 93.

La renommée de Solima ou Salomon a toujours été très-grande parmi les Orientaux. La divine sagesse du fils de David, ses travaux dignes de mémoire, ses immenses richesses, en un mot, sa grandeur spirituelle et sa puissance royale ont excité l'admiration de ces peuples, et cette admiration ne s'est pas éteinte ; car les Orientaux possèdent plus que le reste des hommes le don de se souvenir. La reine de Saba, ou de Mareb, dans l'Arabie Heureuse, cette femme justement célèbre, qui pour trouver la sagesse ne redouta ni les fatigues d'un lointain voyage, ni le désert, ce que d'autres rois n'ont su faire que par intérêt ou par ambition, a sans doute répandu le nom de Salomon dans le sud de l'Arabie. Les Juifs dispersés ont entretenu cette tradition; mais, au lieu de la purifier des erreurs qui s'y étaient comme naturellement mêlées, ils y ont ajouté des fables extravagantes. Ainsi, non-seulement les Orientaux ont fait de Salomon le monarque universel, mais ils ont changé le prophète en maître des génies et des démons, et le sage en sorcier.

Si c'était le lieu d'exposer avec quelques développements une vérité religieuse, nous pourrions montrer que ces fables sont fondées sur un abus des saintes Écritures, où le roi Salomon représente le vrai Prince de la paix, l'Admirable, le Dieu fort [2], le Messie éternel, dont le nom seul fait fléchir tous les genoux au ciel, sur la terre et dans les enfers.

[1] Cf. Biblioth. orient., p. 239.
[2] Isaïe IX, 6.

NOTE 19 — Page 93

On a vu dans *Mihrage* une altération du mot *Maharadja*, qui désigne le plus grand des rois de l'Inde.

NOTE 20 — Page 96

Ouassaf-Schah, dans son Histoire d'Égypte, à l'endroit où il indique les principales choses que l'on remarquait dans ce pays, cite non-seulement une mine d'émeraudes, le froment de Yosef, l'art de faire éclore des poulets dans des fours, etc., mais encore le *fin lin*[1].

NOTE 21 — Page 96

Coufa, près du lac de Réhéma, sur la rive droite de l'Euphrate, fut construite par l'ordre d'Omar. Elle fut quelque temps la capitale du premier des Abbassides. Les habitants de cette ville ont passé pour grands amateurs de querelles et de discordes. Aussi une tradition mahométane assurait-elle que le serpent qui séduisit Ève fut relégué à Coufa.

Du moins les Coufites, s'ils étaient peu endurants, avaient l'esprit fin. Ils envoyèrent des députés à la cour d'Almamoun pour se plaindre d'un officier du khalife. Les députés s'emportèrent jusqu'à de grosses injures. Le khalife, indigné, loua la justice de l'officier. « Votre Majesté a raison, reprit un des Coufites, et nous avons tort. Mais ne faut-il pas que la justice s'étende partout? Coufa ne peut jouir seule du bonheur de posséder un tel homme. Pour que tous vos peuples vous bénissent également, envoyez ailleurs cet officier. »

[1] Voy. d'Herbelot, Biblioth. orient., art. Mesr.

HISTOIRE DU PETIT BOSSU

Il y avait autrefois à Casgar [1], à l'extrémité de la Grande-Tartarie, un tailleur qui avait une très-belle femme, qu'il aimait beaucoup et dont il était aimé de même. Un jour qu'il travaillait, un petit bossu vint s'asseoir à l'entrée de sa boutique, et se mit à chanter en jouant du tambour de basque. Le tailleur prit plaisir à l'entendre, et résolut de l'emmener dans sa maison pour réjouir sa femme ; il se dit à lui-même : Avec ses chansons il nous divertira tous deux ce soir. Il lui en fit la proposition, et, le bossu l'ayant acceptée, il ferma sa boutique et le mena chez lui.

Dès qu'ils y furent arrivés, la femme du tailleur, qui avait déjà mis le couvert, parce qu'il était temps de souper, servit un bon plat de poisson qu'elle avait préparé. Ils se mirent tous trois à table ; mais, en mangeant, le bossu avala, par malheur, une grosse arête ou un os, dont il mourut en peu de moments, sans que le tailleur et sa femme y pussent remédier. Ils furent l'un et l'autre d'autant plus effrayés de cet accident, qu'il était arrivé chez eux, et qu'ils avaient à craindre que, si la justice venait à le savoir, on ne les punît comme des assassins. Le mari néanmoins trouva un expédient pour se défaire du corps mort; il fit réflexion qu'un médecin juif demeurait dans le voisinage ; là-dessus il forma un projet, et, pour commencer à l'exécuter, sa femme et lui prirent le bossu, l'un par les pieds, l'autre par la tête, et le portèrent jusqu'au logis du médecin. Ils frappèrent à sa porte, où aboutissait un escalier très-roide, par où l'on montait à sa chambre. Une servante descend aussitôt, même sans lumière, ouvre, et demande ce qu'ils souhaitent. « Remontez, s'il vous plaît, répondit le tailleur, et dites à votre maître que nous lui amenons un homme bien malade, pour qu'il lui ordonne quelque remède. Tenez, ajouta-t-il en lui mettant en main une pièce d'argent, donnez-lui cela par avance, afin qu'il soit persuadé que nous n'avons pas dessein de lui faire perdre sa peine. » Pendant que la servante remonta pour faire part au médecin juif d'une si bonne nouvelle, le tailleur et sa femme portèrent promptement le corps du bossu au haut de l'escalier, le laissèrent là, et retournèrent chez eux en diligence.

Cependant la servante dit à son maître qu'un homme et une femme l'attendaient à la porte, et le priaient de descendre pour voir un malade qu'ils avaient amené, et elle lui remit entre les mains l'argent qu'elle avait reçu. Le médecin se laissa transporter de joie : se voyant payé d'avance, il crut que c'était une bonne pratique qu'on lui amenait et qu'il ne fallait pas négliger. « Prends vite de la lumière, dit-il à sa servante, et suis-moi. » En disant cela, il s'avança vers l'escalier avec précipitation, et n'attendit point qu'on l'éclairât ; mais, venant à rencontrer le bossu, il lui donna du pied dans les côtes si rudement, qu'il le fit rouler jusqu'au bas de l'escalier ; peu s'en fallut qu'il ne tombât et ne roulât avec lui. « Apporte donc vite de la lumière, » cria-t-il à sa servante. Enfin elle arriva ; il descendit avec elle, et, trouvant que ce qui avait roulé était un homme mort, il fut tellement effrayé de ce spectacle, qu'il invoqua tous les prophètes de sa loi. « Malheureux que je suis ! disait-il, pourquoi ai-je voulu descendre sans lumière ! J'ai achevé de tuer ce malade qu'on m'avait amené. Je suis cause de sa mort, et, si le bon âne d'Esdras [2] ne vient à mon secours, je suis perdu. Hélas ! on va bientôt m'arracher de chez moi comme un meurtrier. »

Malgré le trouble qui l'agitait, il ne laissa pas d'avoir la précaution de fermer sa porte, de peur que par hasard quelqu'un venant à passer par la rue ne s'aperçût du malheur dont il se croyait la cause. Il prit ensuite le cadavre, le porta dans la chambre de sa femme, qui faillit s'évanouir quand elle le vit entrer avec cette fatale charge. « Ah ! c'est fait de nous, s'écria-t-elle, si nous ne trouvons moyen de mettre, cette nuit, hors de chez nous ce corps mort ! Nous perdrons indubitablement la vie si nous le gardons jusqu'au jour... Quel malheur ! Comment avez-vous donc fait pour tuer cet homme ? — Il ne s'agit point de cela, repartit le juif, il s'agit de trouver un remède à un mal si pressant. »

Le médecin et sa femme délibérèrent ensemble sur le

moyen de se délivrer du corps mort pendant la nuit. Le médecin eut beau rêver, il ne trouva nul stratagème pour sortir d'embarras; mais sa femme, d'un esprit plus fertile en inventions, dit : « Il me vient une pensée : portons ce cadavre sur la terrasse de notre logis et le jetons, par la cheminée, dans la maison du musulman notre voisin. »

Ce musulman était un des pourvoyeurs du sultan : il était chargé du soin de fournir l'huile, le beurre et toutes sortes de graisses. Il avait chez lui son magasin, où les rats et les souris faisaient un grand dégât.

Le médecin juif ayant approuvé l'expédient proposé, sa femme et lui prirent le bossu, le portèrent sur le toit de leur maison; et, après lui avoir passé des cordes sous les aisselles, ils le descendirent, par la cheminée, dans la chambre du pourvoyeur, si doucement qu'il demeura planté sur ses pieds contre le mur, comme s'il eût été vivant. Lorsqu'ils sentirent qu'il était arrivé en bas, ils retirèrent les cordes et le laissèrent dans l'attitude que je viens de dire. Ils étaient à peine descendus et rentrés dans leur chambre, que le pourvoyeur entra dans la sienne. Il revenait d'un festin de noces auquel il avait été invité ce soir-là, et il avait une lanterne à la main. Il fut assez surpris de voir, à la faveur de sa lumière, un homme debout dans sa cheminée; mais comme il était naturellement courageux, et qu'il s'imagina que c'était un voleur, il se saisit d'un gros bâton, et courant droit au bossu : « Ah! ah! lui dit-il, je m'imaginais que c'étaient les rats et les souris qui mangeaient mon beurre et mes graisses; et c'est toi qui descends par la cheminée pour me voler!

Je ne crois pas qu'il te reprenne jamais envie d'y revenir. »
En achevant ces mots, il frappa le bossu de plusieurs coups
de bâton. Le cadavre tomba le nez contre terre ; le pourvoyeur redoubla ses coups ; mais, remarquant enfin que le
corps qu'il frappe est sans mouvement, il s'arrête pour le
considérer. Dès qu'il voit que c'est un cadavre, la crainte
commence à succéder à la colère. « Qu'ai-je fait, misérable ! dit-il. Je viens d'assommer un homme ! Ah ! j'ai
porté trop loin ma vengeance. Grand Dieu ! si vous n'avez
pitié de moi, c'est fait de ma vie. Maudites soient mille
fois les graisses et les huiles qui sont cause que j'ai commis une action si criminelle ! » Il demeura pâle et défait ;
il croyait déjà voir les ministres de la justice le traînant
au supplice ; il ne savait quelle résolution il devait prendre.

Le pourvoyeur du sultan de Casgar, en frappant le bossu,
n'avait pas pris garde à sa bosse : lorsqu'il s'en aperçut, il
fit des imprécations contre lui. « Maudit bossu, s'écria-t-il,
chien de bossu ! plût à Dieu que tu m'eusses volé toutes
mes graisses et que je ne t'eusse point trouvé ici : je ne
serais pas dans l'embarras où je suis pour l'amour de
toi et de ta vilaine bosse ! Étoiles qui brillez aux cieux,
ajouta-t-il, n'ayez de la lumière que pour moi dans un
danger si évident. » En disant ces paroles, il chargea le
bossu sur ses épaules, sortit de sa chambre, alla jusqu'au
bout de la rue, et, ayant posé le corps debout et appuyé
contre une boutique, il reprit le chemin de sa maison,
sans regarder derrière lui.

Quelques moments avant le jour, un marchand chrétien, qui était fort riche et qui fournissait au palais du
sultan la plupart des choses dont on y avait besoin, après

avoir passé la nuit en débauche, s'avisa de sortir de chez lui pour aller au bain. Quoiqu'il fût ivre, il ne laissa pas de remarquer que la nuit était fort avancée, et qu'on allait bientôt appeler à la prière de la pointe du jour. C'est pourquoi, précipitant ses pas, il se hâtait d'arriver au bain, de peur que quelque musulman, en allant à la mosquée, ne le rencontrât et ne le menât en prison, comme un ivrogne. Néanmoins, quand il fut au bout de la rue, il s'arrêta pour quelque besoin contre la boutique où le pourvoyeur du sultan avait mis le corps du bossu, lequel, venant à être ébranlé, tomba sur le dos du marchand. Celui-ci, dans la pensée que c'était un voleur qui l'attaquait, le renversa par terre d'un coup de poing qu'il lui déchargea sur la tête; il lui en donna beaucoup d'autres ensuite, et se mit à crier au voleur.

Le garde du quartier vint à ses cris; et, voyant que c'était un chrétien qui maltraitait un musulman (car le bossu était de notre religion) : « Quel sujet avez-vous, lui dit-il, de maltraiter ainsi un musulman ? — Il a voulu me voler, répondit le marchand, il s'est jeté sur moi pour me prendre à la gorge. — Vous vous êtes assez vengé, répliqua le garde en le tirant par le bras; ôtez-vous de là. » En même temps il tendit la main au bossu pour l'aider à se relever; mais, remarquant qu'il était mort : « Oh! oh! poursuivit-il, c'est donc ainsi qu'un chrétien a la hardiesse d'assassiner un musulman ! » En achevant ces mots, il arrêta le chrétien et le mena chez le lieutenant de police, où on le mit en prison jusqu'à ce que le juge fût levé et en état d'interroger l'accusé. Cependant le marchand chrétien revint de son ivresse; et plus il faisait de réflexions sur son aventure, moins il pouvait comprendre comment de simples coups de poing avaient été capables d'ôter la vie à un homme.

Le lieutenant de police, après avoir entendu le rapport du garde, et vu le cadavre qu'on avait apporté chez lui, interrogea le marchand chrétien, qui ne put nier le crime qu'il n'avait pas commis. Comme le bossu appartenait au sultan, car c'était un de ses bouffons, le lieutenant de police ne voulut pas faire mourir le chrétien sans avoir auparavant pris les ordres du prince. Il alla au palais, pour cet effet, rendre compte de ce qui se passait au sultan, qui lui dit : « Je n'ai point de grâce à accorder à un chrétien qui tue un musulman : allez, faites votre office. » A ces paroles, le juge de police fit dresser une potence, et envoya des crieurs par la ville, pour publier qu'on allait pendre un chrétien qui avait tué un musulman.

Enfin on tira le marchand de prison, on l'amena au pied de la potence ; et le bourreau, après lui avoir attaché la corde au cou, allait l'élever en l'air, lorsque le pourvoyeur du sultan, fendant la presse, s'avança en criant au bourreau : « Attendez, attendez, ne vous pressez pas : ce n'est pas lui qui a commis le meurtre, c'est moi. » Le lieutenant de police, qui assistait à l'exécution, se mit à interroger le pourvoyeur, qui lui raconta de point en point de quelle manière il avait tué le bossu ; et il acheva en disant qu'il avait porté son corps à l'endroit où le marchand chrétien l'avait trouvé. « Vous alliez, ajouta-t-il, faire mourir un innocent, puisqu'il ne peut avoir tué un homme qui n'était plus en vie. C'est bien assez pour moi d'avoir assassiné un musulman, sans charger encore ma conscience de la mort d'un chrétien qui n'est pas criminel. »

Le pourvoyeur du sultan de Casgar s'étant accusé lui-même publiquement d'être l'auteur de la mort du bossu, le lieutenant de police ne put se dispenser de rendre justice au marchand. « Laisse, dit-il au bourreau, laisse aller le chrétien, et pends cet homme à sa place, puisqu'il est évident, par sa propre confession, qu'il est le coupable. » Le bourreau lâcha le marchand, mit aussitôt la corde au cou du pourvoyeur; et, au moment où il allait l'expédier, il entendit la voix du médecin juif qui le priait instamment de suspendre l'exécution, et qui se faisait faire place pour parvenir jusqu'au pied de la potence.

Quand il fut devant le juge de police : « Seigneur, lui dit-il, ce musulman, que vous voulez faire pendre, n'a pas mérité la mort ; c'est moi seul qui suis criminel. Hier, pendant la nuit, un homme et une femme que je ne connais pas vinrent frapper à ma porte, avec un malade qu'ils m'amenaient; ma servante alla ouvrir sans lumière, et reçut d'eux une pièce d'argent pour me venir dire, de leur part, de prendre la peine de descendre et de voir le malade. Pendant qu'elle me parlait, ils apportèrent le malade au haut de l'escalier, puis disparurent. Je descendis sans attendre que ma servante eût allumé un flambeau, et, dans l'obscurité, venant à donner du pied contre le malade, je le fis rouler jusqu'au bas de l'escalier. Enfin je vis qu'il était mort, et que c'était le musulman bossu dont on veut aujourd'hui venger le trépas. Nous prîmes le cadavre, ma femme et moi; nous le portâmes sur notre toit, d'où nous le passâmes sur celui du pourvoyeur, notre voisin, que vous alliez faire mourir injustement, et nous le descendîmes dans sa chambre par la cheminée. Le pourvoyeur,

l'ayant trouvé chez lui, l'a traité comme un voleur, l'a
frappé et a cru l'avoir tué; mais cela n'est pas, comme
vous le voyez par ma déposition. Je suis donc le seul auteur du meurtre; et, quoique je le sois contre mon intention, j'ai résolu d'expier mon crime, pour n'avoir pas à
me reprocher la mort de deux musulmans, en souffrant
que vous ôtiez la vie au pourvoyeur du sultan, dont je
viens vous révéler l'innocence. Renvoyez-le donc, s'il vous
plaît, et me mettez à sa place, puisque personne autre
que moi n'est cause de la mort du bossu. »

Dès que le juge de police fut persuadé que le médecin
juif était le meurtrier, il ordonna au bourreau de se saisir
de sa personne et de mettre en liberté le pourvoyeur du
sultan. Le médecin avait déjà la corde au cou et allait
cesser de vivre, quand on entendit la voix du tailleur qui
priait le bourreau de ne point passer outre, et qui faisait
ranger le peuple pour s'avancer vers le lieutenant de police. Lorsqu'il fut arrivé devant celui-ci : « Seigneur, lui
dit-il, peu s'en est fallu que vous n'ayez fait perdre la vie
à trois personnes innocentes; mais, si vous voulez bien
avoir la patience de m'entendre, vous allez connaître le
véritable assassin du bossu. Si sa mort doit être expiée par
une autre, c'est par la mienne. Hier, vers la fin du jour,
comme je travaillais dans ma boutique et que j'étais en
humeur de me réjouir, le bossu, à demi ivre, arriva et
s'assit. Il chanta quelque temps, et je lui proposai de venir
passer la soirée chez moi. Il y consentit, et je l'emmenai.
Nous nous mîmes à table, et je lui servis un morceau de
poisson; comme il le mangeait, une arête ou un os s'arrêta
dans son gosier, et, quelque chose que nous ayons pu

faire, ma femme et moi, pour le soulager, il mourut en peu de temps. Nous fûmes fort affligés de sa mort ; et, de peur d'en être repris, nous portâmes le cadavre à la porte du médecin juif. Je frappai, et je dis à la servante qui vint ouvrir de remonter promptement et de prier son maître de descendre pour voir un malade que nous lui amenions ; et, afin qu'il ne refusât pas de venir, je la chargeai de lui remettre en main propre une pièce d'argent que je lui donnai. Dès qu'elle fut remontée, je portai le bossu au haut de l'escalier, sur la première marche, et nous sortîmes aussitôt, ma femme et moi, pour nous retirer chez nous. Le médecin, en voulant descendre, fit rouler le bossu, ce qui lui a fait croire qu'il était cause de sa mort. Puisque cela est ainsi, ajouta-t-il, laissez aller le médecin et faites-moi mourir. »

Le lieutenant de police et tous les spectateurs ne pouvaient assez admirer les étranges événements dont la mort du bossu avait été suivie. « Lâche donc le médecin juif, dit le juge au bourreau, et pends le tailleur, puisqu'il confesse son crime. Il faut avouer que cette histoire est bien extraordinaire et qu'elle mérite d'être écrite en lettres d'or. » Le bourreau, ayant rendu la liberté au médecin, mit la corde au cou du tailleur.

Pendant qu'il se préparait à le pendre, le sultan de Casgar, qui ne pouvait se passer longtemps du bossu, son bouffon, ayant demandé à le voir, un de ses officiers lui dit : « Sire, le bossu dont Votre Majesté est en peine, après s'être enivré hier, s'échappa du palais, contre sa coutume, pour aller courir par la ville, et on l'a trouvé mort ce matin. On a conduit devant le juge de police un homme accusé de l'avoir tué, et aussitôt le juge a fait dresser une potence. Comme on allait pendre l'accusé, un homme est arrivé, et, après celui-là, un autre, qui s'accusent eux-mêmes et se déchargent l'un l'autre. Il y a longtemps que cela dure, et le lieutenant de police est actuellement occupé à interroger un troisième homme, qui se dit le véritable assassin. »

A ce discours, le sultan de Casgar envoya un huissier sur le lieu du supplice : « Allez, lui dit-il, en toute diligence, dire au juge de police qu'il m'amène incessamment les accusés, et qu'on m'apporte aussi le corps du pauvre bossu, que je veux voir encore une fois. » L'huissier partit, arriva dans le temps que le bourreau commençait à tirer la corde pour pendre le tailleur, et cria de toute sa force que l'on arrêtât l'exécution. Le bourreau, ayant reconnu l'huissier, n'osa passer outre et lâcha le tailleur. Puis l'huissier, étant parvenu près du lieutenant de police, fit connaître la volonté du sultan. Le juge obéit, prit le chemin du palais avec le tailleur, le médecin juif, le pourvoyeur et le marchand chrétien, et fit porter par quatre de ses gens le corps du bossu.

Lorsqu'ils furent tous devant le sultan, le juge de police se prosterna aux pieds de ce prince, et, quand il fut relevé, lui raconta fidèlement tout ce qu'il savait de l'histoire du bossu. Le sultan la trouva si singulière, qu'il ordonna à son historiographe particulier de l'écrire avec toutes ses circonstances; puis, s'adressant à toutes les personnes qui étaient présentes : « Avez-vous jamais, leur dit-il, rien entendu de plus surprenant que ce qui vient d'arriver à l'occasion du bossu mon bouffon? » Le marchand chrétien, après s'être prosterné jusqu'à toucher la terre de son front, prit alors la parole : « Puissant monarque, dit-il, je sais une histoire plus étonnante que celle dont on vient de vous faire le récit ; je vais vous la raconter, si Votre Majesté veut m'en donner la permission. Les circonstances en sont telles, qu'il n'y a personne qui puisse les entendre sans en être touché. » Le sultan lui permit de la dire.

Après le marchand chrétien, le pourvoyeur du sultan, le médecin juif et le tailleur racontèrent aussi leur histoire. Ce dernier exposa les tribulations d'un jeune homme qui était tombé entre les mains d'un barbier fâcheux ; puis il dit l'histoire du barbier lui-même et de ses frères.

Nous ne rapportons ici que l'entretien comique du jeune homme et du barbier, l'histoire du troisième frère du barbier, et la scène principale de la vie de son cinquième frère.

UN BARBIER DISCRET

J'ordonnai à un de mes esclaves de me chercher un barbier qui fût habile dans sa profession et fort expéditif*.

L'esclave m'amena donc un barbier qui me dit, après m'avoir salué : « Seigneur, il me paraît à votre visage que vous ne vous portez pas bien. » Je lui répondis que je sortais de maladie. « Je souhaite, reprit-il, que

---

* C'est le jeune homme, la victime, qui parle.

Dieu vous délivre de toutes sortes de maux, et que sa grâce vous accompagne toujours. — J'espère, lui répliquai-je, qu'il exaucera ce souhait, dont je vous suis fort obligé. — Puisque vous sortez de maladie, dit-il, je prie Dieu qu'il vous conserve la santé.. Dites-moi présentement de quoi il s'agit; j'ai apporté mes rasoirs et mes lancettes : souhaitez-vous que je vous rase, ou que je vous tire du sang? — Je viens de vous dire, repris-je, que je sors de maladie; vous devez bien juger que je ne vous ai fait venir que pour me raser; dépêchez-vous et ne perdons pas le temps à discourir, car je suis pressé, et l'on m'attend à midi précis. »

Le barbier employa beaucoup de temps à déplier sa trousse et à préparer ses rasoirs : au lieu de mettre de l'eau dans son bassin, il tira de sa trousse un astrolabe fort propre, sortit de ma chambre et alla au milieu de ma cour, d'un pas grave, prendre la hauteur du soleil. Il revint avec la même gravité, et, en rentrant : « Vous serez bien aise, Seigneur, me dit-il, d'apprendre que nous sommes aujourd'hui au vendredi, dix-huitième de la lune de safar, de l'an 653 depuis la retraite de notre grand prophète de la Mecque à Médine, et de l'an 7320[3] de l'époque du grand Iskender aux deux cornes; et que la conjonction de Mars et de Mercure signifie que vous ne pouvez pas choisir un meilleur temps qu'aujourd'hui, à l'heure qu'il est, pour vous faire raser. Mais, d'un autre côté, cette même conjonction est d'un mauvais présage pour vous : elle m'apprend que vous courrez en ce jour un grand danger, non pas, il est vrai, de perdre la vie, mais de subir une incommodité qui ne vous quittera plus.

Vous devez m'être obligé de l'avis que je vous donne de prendre garde à ce malheur, je serais fâché qu'il vous arrivât. »

Jugez du dépit que j'eus d'être tombé entre les mains d'un barbier si babillard et si extravagant !... « Je me mets peu en peine, lui dis-je en colère, de vos avis et de vos prédictions. Je ne vous ai point appelé pour vous consulter sur l'astrologie ; vous êtes venu ici pour me raser : ainsi rasez-moi, ou vous retirez, que je fasse venir un autre barbier.

— Seigneur, me répondit-il avec un flegme à me faire perdre patience, quel sujet avez-vous de vous mettre en colère ? Savez-vous bien que tous les barbiers ne me ressemblent pas, et que vous n'en trouveriez pas un pareil, quand vous le feriez faire exprès ? Vous n'avez demandé qu'un barbier, et vous avez, en ma personne, le meilleur barbier de Bagdad, un médecin expérimenté, un chimiste très-profond, un astrologue qui ne se trompe point, un grammairien consommé, un parfait rhétoricien, un logicien subtil, un mathématicien accompli dans la géométrie, dans l'arithmétique, dans l'astronomie et dans tous les raffinements de l'algèbre, un historien qui sait l'histoire de tous les royaumes de l'univers. Outre cela, je possède toutes les parties de la philosophie : j'ai dans ma mémoire toutes nos lois et toutes nos traditions. Je suis poëte, architecte : mais que ne suis-je pas ? Il n'y a rien de caché pour moi dans la nature. Feu monsieur votre père, à qui je rends un tribut de mes larmes toutes les fois que je pense à lui, était bien persuadé de mon mérite : il me chérissait, me caressait et ne cessait de me citer, dans toutes les compagnies où il se trouvait, comme le premier homme du monde. Je veux par reconnaissance et par amitié pour lui m'attacher à vous, vous prendre sous ma protection, et vous garantir de tous les malheurs dont les astres pourront vous menacer. »

A ce discours, malgré ma colère, je ne pus m'empêcher de rire. « Aurez-vous donc bientôt achevé, babillard importun? et voulez-vous commencer à me raser?

— Seigneur, me répliqua le barbier, vous me faites une injure en m'appelant babillard : tout le monde, au contraire, me donne l'honorable titre de silencieux. J'avais six frères, que vous auriez pu, avec raison, appeler babillards, et, afin que vous les connaissiez, l'aîné se nommait Bakbouc, le second Bakbarah, le troisième Bakbac, le quatrième Alkouz, le cinquième Alnaschar, le sixième Schakabac. C'étaient des discoureurs importuns; mais moi, qui suis leur cadet, je suis grave et concis dans mes discours. »

..... Quel parti pouvais-je prendre en me voyant si cruellement assassiné? « Donnez-lui trois pièces d'or, dis-je à celui de mes esclaves qui faisait la dépense de ma maison, qu'il s'en aille et me laisse en repos : je ne veux plus me faire raser aujourd'hui. — Seigneur, me dit alors le barbier, qu'entendez-vous, s'il vous plaît, par ce discours? Ce n'est pas moi qui suis venu vous chercher; c'est vous qui m'avez fait venir, et, cela étant ainsi, je jure, foi de musulman, que je ne sortirai point de chez vous que je ne vous aie rasé. Si vous ne connaissez pas ce que je vaux, ce n'est pas ma faute. Feu monsieur votre père me rendait plus de justice : toutes les fois qu'il m'envoyait quérir pour lui tirer du sang, il me faisait asseoir auprès de lui, et alors c'était un charme d'entendre les belles choses que je lui disais. Je le tenais dans une admiration continuelle, je l'enlevais, et quand j'avais achevé : « Ah! s'écriait-il, vous êtes une source inépuisable de science! Personne n'approche de la profondeur de votre savoir! — Mon cher Seigneur, vous me faites plus d'honneur que je ne mérite, lui répondais-je. Si je dis quelque chose de beau, j'en suis redevable à l'audience favorable que vous avez la bonté de me donner : ce sont vos libéralités qui m'inspirèrent toutes ces pensées sublimes qui ont le bonheur de vous plaire. » Un jour qu'il était ravi d'un discours admirable que je venais de lui faire : « Qu'on lui donne, dit-il, cent pièces d'or, et qu'on le revête d'une de mes robes les plus riches. » Je reçus ce présent sur-le-champ; aussitôt je tirai l'horoscope de votre père, et je le trouvai le plus heureux du monde. Je poussai même encore plus loin la reconnaissance; car je lui tirai du sang avec les ventouses. »

Le barbier n'en demeura pas là; il enfila un autre discours, qui dura une grosse demi-heure. Fatigué de l'entendre, et chagrin de voir que le temps s'écoulait sans que j'en fusse plus avancé, je ne savais plus que lui dire. « Non, m'écriai-je, il n'est pas possible qu'il y ait au monde un autre homme qui se fasse, comme vous, un plaisir de faire enrager les gens. »

Je crus que je réussirais mieux en prenant le barbier par la douceur. « Au nom de Dieu, lui dis-je, laissez là tous vos discours, et m'expédiez promptement : une affaire de la dernière importance m'appelle hors de chez

moi, comme je vous l'ai déjà dit. » A ces mots il se mit
à rire. « Ce serait une chose bien louable, dit-il, si notre
esprit demeurait toujours dans la même situation, si nous
étions toujours sages et prudents : je veux croire néanmoins que, si vous vous êtes mis en colère contre moi,
c'est votre maladie qui a causé ce changement dans votre
humeur; c'est pourquoi vous avez besoin de quelques
instructions, et vous ne pouvez mieux faire que de suivre
l'exemple de votre père et de votre aïeul : ils venaient
me consulter dans toutes leurs affaires, et je puis dire,
sans vanité, qu'ils se louaient fort de mes conseils. Voyez-vous, Seigneur, on ne réussit presque jamais dans ce
qu'on entreprend, si l'on n'a recours aux avis des personnes éclairées. On ne devient point habile homme, dit
le proverbe, qu'on ne prenne conseil d'un habile homme.
Je vous suis tout acquis, et vous n'avez qu'à me commander.

— Je ne puis donc gagner sur vous, interrompis-je,
que vous abandonniez tous ces longs discours, qui n'aboutissent à rien qu'à me rompre la tête et qu'à m'empêcher de me trouver où j'ai affaire? Rasez-moi donc, ou
retirez-vous. » En disant cela, je me levai de dépit, en
frappant du pied contre terre.

Quand il vit que j'étais fâché tout de bon : « Seigneur,
me dit-il, ne vous fâchez pas; nous allons commencer. »
Effectivement, il me lava la tête et se mit à me raser;
mais il ne m'eut pas donné quatre coups de rasoir, qu'il
s'arrêta pour me dire : « Seigneur, vous êtes prompt;
vous devriez vous abstenir de ces emportements qui ne
viennent que du démon. Je mérite d'ailleurs que vous

ayez de la considération pour moi, à cause de mon âge, de ma science et de mes vertus éclatantes...

— Continuez de me raser, lui dis-je en l'interrompant encore, et ne parlez plus. — C'est-à-dire, reprit-il, que vous avez quelque affaire qui vous presse ; je vais parier que je ne me trompe pas. — Hé ! il y a deux heures, lui repartis-je, que je vous le dis ; vous devriez déjà m'avoir rasé. — Modérez votre ardeur, répliqua-t-il ; vous n'avez peut-être pas bien pensé à ce que vous allez faire : quand on fait les choses avec précipitation, on s'en repent presque toujours. Je voudrais que vous m'apprissiez quelle est cette affaire qui vous presse si fort ; je vous en dirais mon sentiment. Vous avez du temps de reste, puisque l'on ne vous attend qu'à midi, et qu'il ne sera midi que dans trois heures. — Je ne m'arrête point à cela, lui dis-je : les gens d'honneur et de parole préviennent le temps qu'on leur a donné ; mais je ne m'aperçois pas qu'en m'amusant à raisonner avec vous, je tombe dans le défaut des barbiers babillards : achevez vite de me raser. »

Plus je témoignais d'empressement, moins il en avait à m'obéir. Il quitta son rasoir pour prendre son astrolabe ; puis, laissant son astrolabe, il reprit son rasoir.

Le barbier quitta encore son rasoir, prit une seconde fois son astrolabe, et me laissa à demi rasé, pour aller voir quelle heure il était précisément. Il revint. « Seigneur, me dit-il, je savais bien que je ne me trompais pas ; il y a encore trois heures jusqu'à midi, j'en suis assuré, ou toutes les règles de l'astronomie sont fausses. — Juste ciel ! m'écriai-je, ma patience est à bout ; je n'y puis plus tenir. Maudit barbier, barbier de malheur, peu s'en faut que je ne me jette sur toi, et que je ne t'étrangle ! — Doucement, Monsieur, me dit-il d'un air froid, sans s'émouvoir de mon emportement, vous ne craignez donc pas de retomber malade? Ne vous emportez pas, vous allez être servi dans un moment. » En disant ces paroles, il remit son astrolabe dans sa trousse, reprit son rasoir, qu'il repassa sur le cuir qu'il avait attaché à sa ceinture, et recommença de me raser; mais, en me rasant, il ne put s'empêcher de parler. « Si vous vouliez, Seigneur, me dit-il, m'apprendre quelle est cette affaire que vous avez à midi, je vous donnerais quelque conseil dont vous pourriez vous trouver bien. » Pour le contenter, je lui dis que des amis m'attendaient à midi, pour me régaler et se réjouir avec moi du retour de ma santé.

Quand le barbier entendit parler de régal : « Dieu vous bénisse, en ce jour comme en tous les autres! s'écria-t-il. Vous me faites souvenir que j'invitai hier quatre ou cinq amis à venir manger aujourd'hui chez moi; je l'avais oublié, et je n'ai encore fait aucun préparatif. — Que cela ne vous embarrasse pas, lui dis-je; quoique j'aille manger dehors, mon garde-manger ne laisse pas d'être toujours bien garni; je vous fais présent de tout ce qui s'y trouvera : je vous donnerai même du vin tant que vous en voudrez, car j'en ai d'excellent dans ma cave; mais il faut que vous acheviez promptement de me raser; et souvenez-vous qu'au lieu que mon père vous faisait des présents pour vous entendre parler, je vous en fais, moi, pour vous faire taire. »

Il ne se contenta pas de la parole que je lui donnais. « Dieu vous récompensera, s'écria-t-il, de la grâce que vous me faites; mais montrez-moi tout à l'heure ces provisions, afin que je voie s'il y aura de quoi bien régaler mes amis : je veux qu'ils soient contents de la bonne chère que je leur ferai. — J'ai, lui dis-je, un agneau, six chapons, une douzaine de poulets, et de quoi faire quatre entrées. » Je donnai ordre à un esclave d'apporter tout cela sur-le-champ, avec quatre grandes cruches de vin. « Voilà qui est bien, reprit le barbier ; mais il faudrait des fruits et de quoi assaisonner la viande. » Je lui fis encore donner ce qu'il demandait. Il cessa de me raser, pour examiner chaque chose l'une après l'autre ; et, comme cet examen dura près d'une demi-heure, je pestais, j'enrageais ; mais j'avais beau pester et enrager, le bourreau ne s'en pressait pas davantage. Il reprit pourtant le rasoir et me rasa quelques moments ; puis, s'arrêtant tout à coup : « Je n'aurais jamais cru, Seigneur, me dit-il, que vous fussiez si libéral : je commence à connaître que feu votre père revit en vous. Certes, je ne méritais pas les grâces dont vous me comblez, et je vous assure que j'en conserverai une éternelle reconnaissance. Car, Seigneur, afin que vous le sachiez, je n'ai rien que ce qui me vient de la générosité des honnêtes gens comme vous : en quoi je ressemble à Zantout, qui frotte le monde au bain ; à Sali, qui vend des pois chiches grillés, par les rues ; à Salout, qui vend des fèves ; à Akerscha, qui vend des herbes ; à Abou-Mekarès, qui arrose les rues pour abattre la poussière ; et à Cassem, de la garde du khalife : tous ces gens-là n'engendrent point de mélancolie ; ils ne sont ni fâcheux ni querelleurs ; plus contents de leur sort que le khalife au milieu de toute sa cour, ils sont toujours gais, prêts à chanter et à danser, et ils ont chacun leur chanson et leur danse particulières, dont ils divertissent toute la ville de Bagdad; mais ce que j'estime le plus en eux, c'est qu'ils ne sont pas grands parleurs, non plus que votre esclave, qui a l'honneur de vous parler. Tenez, Seigneur, voici la chanson et la danse de Zantout, qui frotte le monde au bain; regardez-moi, et voyez si je sais bien l'imiter.

Le barbier chanta la chanson et dansa la danse de Zantout; et, quoi que je pusse dire pour l'obliger à finir ses bouffonneries, il ne cessa pas qu'il n'eût contrefait de même tous ceux qu'il avait nommés. Après cela, s'adressant à moi : « Seigneur, me dit-il, je vais faire venir chez moi tous ces honnêtes gens; si vous m'en croyez, vous serez des nôtres et vous laisserez là vos amis, qui sont peut-être de grands parleurs, qui ne feront que vous étourdir par leurs ennuyeux discours, et vous feront retomber dans une maladie pire que celle dont vous sortez; au lieu que, chez moi, vous n'aurez que du plaisir. »

Malgré ma colère, je ne pus m'empêcher de rire de ses folies. « Je voudrais, lui dis-je, n'avoir pas affaire, j'accepterais la proposition que vous me faites; j'irais de bon cœur me réjouir avec vous; mais je vous prie de m'en dispenser; je suis trop engagé aujourd'hui; je serai plus libre un autre jour, et nous ferons cette partie. Achevez de me raser, et hâtez-vous de vous en retourner : vos amis sont déjà peut-être dans votre maison. — Seigneur, reprit-il, ne me refusez pas la grâce que je vous demande. Venez vous réjouir avec la bonne compagnie que je dois avoir. Si vous vous étiez trouvé une fois avec ces gens-là, vous en seriez si content, que vous renonceriez, pour eux, à vos amis. — Ne parlons plus de cela, lui répondis-je; je ne puis être de votre festin. »

Je ne gagnai rien par la douceur. « Puisque vous ne voulez pas venir chez moi, répliqua le barbier, il faut donc que vous trouviez bon que j'aille avec vous. Je vais porter chez moi ce que vous m'avez donné; mes amis mangeront, si bon leur semble; je reviendrai aussitôt. Je ne veux pas commettre l'incivilité de vous laisser aller seul; vous méritez bien que j'aie pour vous cette complaisance. — Ciel! m'écriai-je alors, je ne pourrai donc pas me délivrer aujourd'hui d'un homme si fâcheux! Finissez vos discours importuns! Allez trouver vos amis : buvez, mangez, réjouissez-vous, et laissez-moi la liberté d'aller avec les miens. Je veux partir seul, je n'ai pas besoin que personne m'accompagne. Aussi bien il faut que je vous l'avoue; le lieu où je vais n'est pas un lieu où vous puissiez être reçu; on n'y veut que moi. — Vous vous moquez, Seigneur, repartit-il : si vos amis vous ont convié à un festin, quelle raison peut vous empêcher de me permettre de vous accompagner? Vous leur ferez plaisir, j'en suis sûr, de leur mener un homme qui a, comme moi, le mot pour rire, et qui sait divertir agréablement une compagnie. Quoi que vous me puissiez dire, la chose est résolue, je vous accompagnerai malgré vous. »

Ces paroles me jetèrent dans un grand embarras. Comment me débarrasserai-je de ce maudit barbier? disais-je en moi-même. Si je m'obstine à le contredire, nous ne finirons point notre contestation. D'ailleurs, j'entendais qu'on appelait déjà pour la première fois à la prière de midi, et qu'il était temps de partir; ainsi je résolus de ne dire mot et de feindre de consentir qu'il vînt avec moi. Alors il acheva de me raser; et, cela étant fait, je lui dis : « Prenez quelques-uns de mes gens pour emporter avec vous ces provisions, et revenez, je vous attends; je ne partirai pas sans vous. »

Il sortit enfin, et j'achevai promptement de m'habiller. J'entendis appeler à la prière pour la dernière fois : je me hâtai de me mettre en chemin; mais le malicieux barbier, qui avait jugé de mon intention, s'était contenté d'aller avec mes gens jusqu'en vue de sa maison, et de les voir entrer chez lui. Il s'était caché à un coin de la rue, pour m'observer et me suivre.

HISTOIRE DU BARBIER

TELLE QU'ELLE AVAIT ÉTÉ RACONTÉE PAR LUI-MÊME

DEVANT LE TAILLEUR

Sous le règne du khalife Mostanser Billah [4], prince si fameux par ses immenses libéralités envers les pauvres, dix voleurs infestaient les chemins des environs de Bagdad, et commettaient depuis longtemps des vols et des cruautés inouïes. Le khalife, averti d'un si grand désordre, fit venir le juge de police quelques jours avant la fête du Beyram, et lui ordonna, sous peine de la vie, de les lui amener tous les dix.

Le juge de police fit ses diligences, et mit tant de monde en campagne, que les dix voleurs furent pris le jour même du Beyram. Je me promenais alors sur les bords du Tigre [5]; je vis dix hommes, assez richement habillés, qui s'embarquaient dans un bateau. J'aurais connu que c'étaient des voleurs, pour peu que j'eusse fait attention aux gardes qui les accompagnaient; mais je ne regardai qu'eux; et, prévenu que c'étaient des gens qui allaient se réjouir et passer la fête en festin, j'entrai dans le bateau avec eux, sans dire mot, espérant qu'ils voudraient bien me souffrir dans leur compagnie. Nous descendîmes le Tigre, et l'on nous fit aborder devant le palais du khalife. J'eus le temps de rentrer en moi-même et de m'apercevoir que j'avais mal jugé des personnages. Au sortir du bateau, nous fûmes environnés d'une nouvelle troupe de gardes du juge de police, qui nous lièrent et nous menèrent devant le khalife. Je me laissai lier comme les autres, sans rien dire : que m'eût-il servi de parler et de faire quelque résistance? C'eût été le moyen de me faire maltraiter par les gardes, qui ne m'auraient pas écouté : car ce sont des brutaux qui n'entendent point raison. J'étais avec des voleurs; c'était assez pour leur faire croire que j'en devais être un.

Dès que nous fûmes devant le khalife, il ordonna le châtiment de ces dix scélérats. « Qu'on coupe, dit-il, la tête à ces dix voleurs. » Aussitôt le bourreau nous rangea sur une file, à la portée de sa main, et, par bonheur, je me trouvai le dernier. Il coupa la tête aux dix voleurs, en commençant par le premier; et quand il vint à moi, il s'arrêta. Le khalife, voyant que le bourreau ne me frappait pas, se mit en colère : « Ne t'ai-je pas commandé, lui dit-il, de couper la tête à dix voleurs? Pourquoi ne la coupes-tu qu'à neuf? — Commandeur des croyants, répondit le bourreau, Dieu me garde de n'avoir pas exécuté l'ordre de Votre Majesté! voilà dix corps par terre, et autant de têtes que j'ai coupées; elle peut les faire compter. » Lorsque le khalife eut vu lui-même que le bourreau disait vrai, il me regarda avec étonnement, et, ne me trouvant pas la physionomie d'un voleur : « Bon vieillard, me dit-il, par quelle aventure vous trouvez-vous mêlé avec des misérables qui ont mérité mille morts? » Je lui répondis :

« Commandeur des croyants, je vais vous faire un aveu véritable : j'ai vu, ce matin, entrer dans un bateau ces dix personnes dont le châtiment vient de faire éclater la justice de Votre Majesté; je me suis embarqué avec elles, persuadé que c'étaient des gens qui allaient se régaler ensemble, pour célébrer ce jour, qui est le plus solennel de notre religion. »

Le khalife ne put s'empêcher de rire de mon aventure; et il admira ma discrétion et ma persévérance à garder le silence. « Commandeur des croyants, lui dis-je, que Votre Majesté ne s'étonne pas si je me suis tu dans une occasion qui aurait excité chez un autre la démangeaison de parler. Je fais une profession particulière de me taire; et c'est par cette vertu que je me suis acquis le titre glorieux de silencieux. C'est ainsi qu'on m'appelle pour me distinguer de mes six frères. C'est le fruit que j'ai tiré de ma philosophie; enfin, cette vertu fait toute ma gloire et tout mon bonheur. — J'ai bien de la joie, me dit le khalife en souriant, qu'on vous ait donné un titre dont vous faites un si bel usage. Mais apprenez-moi quelle sorte de gens étaient vos frères : vous ressemblaient-ils ? — En aucune manière, lui repartis-je; ils étaient plus babillards les uns que les autres; et, quant à la figure, il y avait encore grande différence entre eux et moi : le premier était bossu; le second, brèche-dent; le troisième, borgne; le quatrième, aveugle; le cinquième avait les oreilles coupées, et le sixième, les lèvres fendues. Il leur est arrivé des aventures qui vous feraient juger de leur caractère, si j'avais l'honneur de les raconter à Votre Majesté. »

Comme il me parut que le calife ne demandait pas mieux que de les entendre, je poursuivis sans attendre son ordre.

On a dit plus haut que l'on avait fait un choix parmi les récits du Barbier.

HISTOIRE DE BAKBAC

TROISIÈME FRÈRE DU BARBIER

Commandeur des croyants, mon troisième frère, qui se nommait Bakbac, était aveugle, et, sa mauvaise destinée l'ayant réduit à la mendicité, il allait de porte en porte demander l'aumône. Il avait une si longue habitude de marcher seul dans les rues, qu'il n'avait pas besoin de conducteur. Il avait coutume de frapper aux portes et de ne pas répondre qu'on ne lui eût ouvert. Un jour il frappa à la porte d'une maison; le maître du logis, qui était seul, s'écria : « Qui est là ? » Mon frère ne répondit rien à ces paroles, et frappa une seconde fois. Le maître de la maison eut beau demander encore qui était à sa porte, personne ne lui répondit. Il descend, ouvre, et demande à mon frère ce qu'il veut. « Que vous me donniez quelque chose pour l'amour de Dieu, lui dit Bakbac. — Vous êtes aveugle, ce me semble ? reprit le maître de la maison. —

Hélas! oui, repartit mon frère. — Tendez la main, » lui dit le maître. Mon frère la lui présenta, croyant recevoir l'aumône; mais le maître la lui prit seulement pour l'aider à monter jusqu'à sa chambre. Bakbac s'imagina que c'était pour le faire manger avec lui, comme cela lui arrivait ailleurs assez souvent. Quand ils furent tous deux dans la chambre, le maître lui quitta la main, se mit à sa place, et lui demanda de nouveau ce qu'il souhaitait. « Je vous ai déjà dit, lui répondit Bakbac, que je vous demandais quelque chose pour l'amour de Dieu. — Bon aveugle, répliqua le maître, tout ce que je puis pour vous, c'est de souhaiter que Dieu vous rende la vue. — Vous pouviez bien me dire cela à la porte, reprit mon frère, et m'épargner la peine de monter. — Et pourquoi, innocent que vous êtes, ne répondez-vous pas dès la première fois, lorsque vous frappez et qu'on vous demande qui est là? D'où vient que vous donnez la peine aux gens de vous aller ouvrir quand on vous parle? — Que voulez-vous donc faire de moi? dit mon frère. — Je vous le répète encore, répondit le maître, je n'ai rien à vous donner. — Aidez-moi donc à descendre, comme vous m'avez aidé à monter, répliqua Bakbac. — L'escalier est devant vous, repartit le maître; descendez seul si vous voulez. » Mon frère se mit à descendre; mais, le pied venant à lui manquer au milieu de l'escalier, il se fit beaucoup de mal aux reins et à la tête, en glissant jusqu'au bas. Il se releva avec assez de peine et sortit, en se plaignant et en murmurant contre le maître de la maison, qui ne fit que rire de sa chute.

Comme il sortait du logis, deux aveugles de ses camarades, qui passaient, le reconnurent à sa voix. Ils s'arrêtèrent pour lui demander ce qu'il avait. Il leur conta ce qui lui était arrivé ; et après leur avoir dit que, toute la journée, il n'avait rien reçu : « Je vous conjure, ajouta-t-il, de m'accompagner jusque chez moi, afin que je prenne devant vous quelque chose de l'argent que nous avons tous trois en commun, pour m'acheter de quoi souper. » Les deux aveugles y consentirent ; il les mena chez lui.

Il faut savoir que le maître de la maison où mon frère avait été si maltraité était un voleur, homme naturellement adroit et malicieux. Il entendit, par sa fenêtre, ce que Bakbac avait dit à ses camarades ; c'est pourquoi il descendit, les suivit et entra avec eux dans une méchante maison où logeait mon frère. Les aveugles s'étant assis, Bakbac dit : « Frères, il faut, s'il vous plaît, fermer la porte, et prendre garde s'il n'y a pas ici quelque étranger avec nous. » A ces paroles, le voleur fut fort embarrassé ; mais, apercevant une corde qui se trouva par hasard attachée au plancher, il s'y prit et se soutint en l'air, pendant que les aveugles fermèrent la porte et firent le tour de la chambre, en tâtant partout avec leurs bâtons. Lorsque cela fut fait, et qu'ils eurent repris leurs places, il quitta la corde et alla s'asseoir doucement près de mon frère, qui, se croyant seul avec les aveugles, leur dit : « Frères, comme vous m'avez fait dépositaire de l'argent que nous recevons depuis longtemps tous trois, je veux vous faire voir que je ne suis pas indigne de la confiance que vous avez en moi. La dernière fois que nous comptâmes, vous savez que nous avions dix mille drachmes, et que nous les mîmes en dix sacs : je vais vous montrer que je n'y ai pas touché. » En disant cela, il mit la main à côté de lui, sous de vieilles hardes, tira les sacs l'un après l'autre, et, les donnant à ses camarades : « Les voilà, poursuivit-il ; vous pouvez juger, par leur pesanteur, qu'ils sont encore en leur entier ; ou bien nous allons les compter, si vous le souhaitez. » Ses camarades lui ayant répondu qu'ils se fiaient bien à lui, il ouvrit un des sacs et en tira dix drachmes ; les deux autres aveugles en tirèrent chacun autant.

Mon frère remit ensuite les dix sacs à leur place ; après quoi un des aveugles dit à Bakbac qu'il n'avait pas besoin de dépenser rien ce jour-là pour son souper ; que luimême avait assez de provisions pour eux trois, grâce à la charité des bonnes gens. En même temps il tira de son bissac du pain, du fromage et quelques fruits, mit tout cela sur une table, puis ils commencèrent à manger. Le voleur, qui était à la droite de mon frère, choisissait ce qu'il y avait de meilleur et mangeait avec eux ; mais, quelque précaution qu'il pût prendre pour ne pas faire de bruit, Bakbac l'entendit mâcher et s'écria aussitôt : « Nous sommes perdus : il y a un étranger avec nous ! » En parlant de la sorte, il étendit la main et saisit le voleur par le bras ; il se jeta sur lui, en criant : Au voleur! et en lui donnant de grands coups de poing. Les autres aveugles se mirent à crier aussi et à frapper le voleur, qui, de son côté, se défendit le mieux qu'il put. Comme il était fort et vigoureux, et qu'il avait l'avantage de voir où il adressait ses coups, il en portait de furieux tantôt à l'un et tantôt à l'autre, quand il pouvait en avoir la liberté; et il criait : Au voleur! encore plus fort que ses adversaires. Les voisins accoururent bientôt au bruit, enfoncèrent la porte, et eurent beaucoup de peine à séparer les combattants; mais enfin, en étant venus à bout, ils leur demandèrent le sujet de leur différend. « Seigneurs! s'écria mon frère, qui n'avait pas quitté le voleur, cet homme, que je tiens, est un voleur, qui est entré ici avec nous, pour nous enlever le peu d'argent que nous avons. » Le voleur, qui avait fermé les yeux dès qu'il avait vu paraître les voisins, feignit d'être aveugle et dit alors : « Seigneurs, c'est un menteur; je vous jure, par la vie du khalife, que je suis leur associé et qu'ils refusent de me donner ma part légitime. Ils se sont tous trois mis contre moi, et je demande justice. » Les voisins ne voulurent pas se mêler de leur contestation, et les menèrent tous quatre devant le juge de police.

Quand ils furent en présence de ce magistrat, le voleur, sans attendre qu'on l'interrogeât, dit, en contrefaisant toujours l'aveugle : « Seigneur, puisque vous êtes commis pour administrer la justice de la part du khalife, dont Dieu veuille faire prospérer la puissance, je vous déclarerai que nous sommes également criminels, mes trois camarades et moi. Mais, comme nous nous sommes engagés par serment à ne rien avouer que sous la bastonnade, si vous voulez savoir notre crime, vous n'avez qu'à commander qu'on nous la donne, et qu'on commence par moi. » Mon frère voulut parler; mais on lui imposa silence. On mit le voleur sous le bâton, et il eut la constance de s'en laisser donner jusqu'à vingt à trente coups; mais, faisant semblant de se laisser vaincre par la douleur, il ouvrit un œil premièrement, et bientôt après il ouvrit l'autre, en criant miséricorde et en suppliant le juge de police de faire cesser les coups. Le juge, voyant que le voleur le regardait avec les yeux ouverts, en fut fort étonné. « Méchant, lui dit-il, que signifie ce miracle? — Seigneur, répondit le voleur, je vais vous découvrir un secret important, si vous voulez me faire grâce, et me donner, pour gage que vous me tiendrez parole, l'anneau que vous avez au doigt et qui vous sert de cachet. Je suis prêt à vous révéler tout le mystère. »

Le juge fit cesser les coups de bâton, lui remit son anneau et promit de lui faire grâce. « Sur la foi de cette promesse, reprit le voleur, je vous avouerai, Seigneur, que mes camarades et moi nous voyons fort clair tous les quatre. Nous feignons d'être aveugles pour entrer librement dans les maisons. Par cet artifice, nous avons gagné dix mille drachmes en société ; j'en ai demandé aujourd'hui à mes confrères deux mille cinq cents, qui m'appartiennent pour ma part; il me les ont refusées, parce que je leur ai déclaré que je voulais me retirer, et qu'ils ont eu peur que je ne les accusasse ; et, sur mes instances à leur demander ma part, ils se sont jetés sur moi et m'ont maltraité comme l'ont vu les personnes qui nous ont amenés devant vous et que je prends à témoin. J'attends de votre justice, Seigneur, que vous me ferez livrer vous-même les deux mille cinq cents drachmes qui me sont dues. Si vous voulez que mes camarades confessent la vérité de ce que j'avance, faites-leur donner trois fois autant de coups que j'en ai reçu ; vous verrez qu'ils ouvriront les yeux comme moi. »

Mon frère et les deux autres aveugles voulurent se justifier d'une si horrible imposture ; mais le juge ne daigna pas les écouter. « Scélérats, leur dit-il, c'est donc ainsi que vous contrefaites les aveugles, que vous trompez les gens, sous prétexte d'exciter leur charité, et que vous commettez de si méchantes actions? — C'est une imposture, s'écria mon frère; il est faux qu'aucun de nous voie clair. Nous en prenons Dieu à témoin! »

Tout ce que put dire mon frère fut inutile; ses camarades et lui reçurent chacun deux cents coups de bâton. Le juge attendait toujours qu'ils ouvrissent les yeux, et attribuait à une grande obstination ce qui n'était que l'effet d'une impuissance absolue. Pendant ce temps-là, le voleur disait aux aveugles : « Pauvres gens que vous êtes, ouvrez les yeux, et n'attendez pas qu'on vous fasse mourir sous le bâton. » Puis, s'adressant au juge de police : « Seigneur, lui dit-il, je vois bien qu'ils pousseront leur malice jusqu'au bout, et que jamais ils n'ouvriront les yeux : ils veulent, sans doute, éviter la honte qu'ils auraient de lire leur condamnation dans les regards de ceux qui les verraient. Il vaut mieux leur faire grâce et envoyer quelqu'un avec moi prendre les dix mille drachmes qu'ils ont cachées. »

Le juge n'eut garde d'y manquer; il fit accompagner le voleur par un de ses gens, qui lui apporta les dix sacs. Il fit compter deux mille cinq cents drachmes au voleur, et retint le reste pour lui. A l'égard de mon frère et de ses compagnons, il eut pitié d'eux et se contenta de les bannir. Je n'eus pas plutôt appris ce qui était arrivé à mon frère, que je courus après lui. Il me raconta son malheur, et je le ramenai secrètement dans la ville. J'aurais bien pu le justifier auprès du juge de police, et faire punir le voleur comme il le méritait ; mais je n'osai l'entreprendre, de peur de m'attirer à moi-même quelque mauvaise affaire.

ALNASCHAR

ET LE PANIER DE VERRERIE

Alnaschar, tant que vécut notre père, fut très-paresseux. Au lieu de travailler pour gagner sa vie, il n'avait pas honte de la demander le soir, et de vivre, le lendemain, de ce qu'il avait reçu. Notre père mourut accablé de vieillesse, et nous laissa pour tout bien sept cents drachmes d'argent. Nous partageâmes également, de sorte que chacun en eut cent pour sa part. Alnaschar, qui n'avait jamais possédé tant d'argent à la fois, se trouva fort embarrassé de l'usage qu'il en ferait. Il se consulta longtemps lui-même là-dessus, et il se détermina enfin à employer son argent en verres, en bouteilles et autres pièces de verrerie, qu'il alla chercher chez un gros marchand. Il mit le tout dans un panier à jour, et choisit une fort petite boutique, où il s'assit, le panier devant lui, et le dos appuyé contre le mur, en attendant qu'on vînt acheter sa marchandise. Dans cette attitude, les yeux attachés sur son panier, il se mit à rêver, et dans sa rêverie il prononça les paroles suivantes, assez haut pour être entendu d'un

tailleur, son voisin : « Ce panier, dit-il, me coûte cent
drachmes, et c'est tout ce que j'ai au monde. J'en ferai
bien deux cents drachmes en le vendant en détail, et de
ces deux cents drachmes, que j'emploierai encore en verrerie, j'en ferai quatre cents. Ainsi j'amasserai, par la
suite du temps, quatre mille drachmes. De quatre mille
drachmes, j'irai aisément jusqu'à huit. Quand j'en aurai
dix mille, je laisserai aussitôt la verrerie pour me faire
joaillier. Je ferai commerce de diamants, de perles et de
toutes sortes de pierreries. Possédant alors des richesses à
souhait, j'achèterai une belle maison, de grandes terres,
des esclaves, des eunuques, des chevaux : je ferai bonne
chère et du bruit dans le monde. Je ferai venir chez moi
tout ce qui se trouvera dans la ville de joueurs d'instruments, de danseurs et de danseuses. Je n'en demeurerai
pas là, et j'amasserai, s'il plaît à Dieu, jusqu'à cent
mille drachmes. Lorsque je me verrai riche de cent mille
drachmes, je m'estimerai autant qu'un prince, et j'en-
verrai demander en mariage la fille du grand vizir, en faisant représenter à ce ministre que j'aurai entendu dire des
merveilles de la beauté, de la sagesse, de l'esprit et de
toutes les autres qualités de sa fille, et, enfin, que je lui
donnerai mille pièces d'or. Si le vizir était assez malhon-
nête pour me refuser sa fille, ce qui ne saurait arriver,
j'irais l'enlever à sa barbe, et l'amènerais, malgré lui, chez
moi. Dès que j'aurai épousé la fille du grand vizir, je lui
achèterai dix eunuques noirs, des plus jeunes et des mieux
faits. Je m'habillerai comme un prince, et, monté sur un
beau cheval, qui aura une selle de fin or avec une housse
d'étoffe d'or relevée de diamants et de perles, je marche-

rai par la ville, accompagné d'esclaves devant et derrière moi, et me rendrai à l'hôtel du vizir, aux yeux des grands et des petits, qui me feront de profondes révérences. En descendant chez le vizir, au pied de son escalier, je monterai au milieu de mes gens rangés en deux files à droite et à gauche, et le grand vizir, en me recevant comme son gendre, me cèdera sa place et se mettra au-dessous de moi pour me faire plus d'honneur. Si cela arrive, comme je l'espère, deux de mes gens auront chacun une bourse de mille pièces d'or, que je leur aurai fait apporter. J'en prendrai une, et, la lui présentant : « Voilà, lui dirai-je, les mille pièces d'or que j'ai promises. » Et, lui offrant l'autre : « Tenez, ajouterai-je, je vous en donne encore autant pour vous marquer que je suis homme de parole et que je donne plus que je ne promets. » Après une action comme celle-là, on ne parlera dans le monde que de ma générosité. Je reviendrai chez moi avec la même pompe. Ma femme m'enverra complimenter de sa part, par quelque officier, sur la visite que j'aurai faite au vizir son père; j'honorerai l'officier d'une belle robe et le renverrai avec un riche présent. Si elle s'avise de m'envoyer elle-même un présent, je ne l'accepterai pas et je congédierai le porteur. Je ne permettrai pas que ma femme sorte de son appartement, pour quelque cause que ce soit, sans m'avertir, et quand je voudrai bien entrer dans son appartement, je le ferai d'une manière qui lui imprimera du respect pour moi. Enfin, il n'y aura pas de maison mieux réglée que la mienne. Je serai toujours habillé richement. Lorsque je me retirerai avec ma femme, le soir, je serai assis à la place d'honneur, où j'affecterai un air grave, sans tourner la tête à droite ni à gauche. Je parlerai peu ; et pendant que ma femme, belle comme la pleine lune, demeurera debout devant moi, avec tous ses atours, je ne ferai pas semblant de la voir. Ses femmes, qui seront autour d'elle, me diront : « Notre cher seigneur et maître, voilà votre épouse, votre humble servante devant vous : elle est bien mortifiée de ce que vous ne daignez pas seulement la regarder ; elle est fatiguée d'être si longtemps debout ; dites-lui au moins de s'asseoir. » Je ne répondrai rien à ce discours, ce qui augmentera leur surprise et leur douleur. Elles se jetteront à mes pieds, et, après qu'elles y auront demeuré un temps considérable à me supplier de me laisser fléchir, je lèverai enfin la tête et jetterai sur elle un regard distrait ; puis je me remettrai dans la même attitude. Elles penseront que ma femme n'est ni assez bien ni assez proprement habillée ; elles la mèneront dans son cabinet pour la faire changer d'habit, et moi, cependant, je me lèverai de mon côté, et prendrai un habit plus magnifique que celui d'auparavant. Elles reviendront une seconde fois à la charge ; elles me tiendront le même discours, et je me donnerai le plaisir de ne regarder ma femme qu'après m'être laissé prier et solliciter avec autant d'instances et aussi longtemps que la première fois. Je commencerai, dès le premier jour de mes noces, à lui apprendre de quelle manière je prétends en user avec elle le reste de sa vie.

Après les cérémonies de nos noces, continua Alnaschar, je prendrai de la main d'un de mes gens, qui sera près de moi, une bourse de cinq cents pièces d'or, que je donnerai aux coiffeuses, afin qu'elles me laissent seul avec mon épouse. Je ne lui dirai pas un seul mot. Elle ne manquera pas de se plaindre de mes mépris et de mon orgueil à sa mère, femme du grand vizir, et j'en aurai la joie au cœur. Sa mère viendra me trouver, me baisera les mains avec respect et me dira : « Seigneur (car elle n'osera m'appeler son gendre, de peur de me déplaire en me parlant si familièrement), je vous supplie de ne pas dédaigner de regarder ma fille : je vous assure qu'elle ne cherche qu'à vous plaire et qu'elle vous aime de toute son âme. » Mais ma belle-mère aura beau parler, je ne lui répondrai pas une syllabe, et je demeurerai ferme dans ma gravité. Alors elle se jettera à mes pieds, me les baisera plusieurs fois et me dira : « Seigneur, cessez de lui causer une si grande mortification ; faites-lui la grâce de la regarder, de lui parler. » Tout cela ne me touchera point ; ce que voyant ma belle-mère, elle prendra un verre de vin, et, le mettant à la main de sa fille, mon épouse : « Allez, lui dira-t-elle, présentez-lui vous-même ce verre de vin ; il n'aura peut-être pas la cruauté de le refuser d'une si belle main. » Ma femme viendra avec le verre, demeurera debout et toute tremblante devant moi. Lorsqu'elle verra que je ne tournerai point la vue de son côté et que je persisterai à la dédaigner, elle me dira, les larmes aux yeux : « Mon cœur, ma chère âme, mon aimable seigneur, je vous conjure, par les faveurs dont le Ciel vous comble, de me faire la grâce de recevoir ce verre de vin de la main de votre très-humble servante. » Je me garderai bien de la regarder encore et de lui répondre. « Mon charmant époux, continuera-t-elle en redoublant ses pleurs et en m'approchant le verre de la bouche, je ne cesserai pas que je n'aie obtenu que

Par malheur il frappa si rudement son panier que toute la verrerie fut brisée en mille morceaux.

vous buviez. » Alors, fatigué de ses prières, je lui lancerai un regard terrible et lui donnerai un bon soufflet sur la joue, en la repoussant du pied si vigoureusement qu'elle ira tomber bien loin au delà du sofa. »

Mon frère était tellement absorbé dans ses visions chimériques, qu'il représenta l'action avec son pied comme si elle eût été réelle, et, par malheur, il en frappa si rudement son panier plein de verrerie, qu'il le jeta du haut de sa boutique dans la rue, de manière que toute la verrerie fut brisée en mille morceaux.

Le tailleur son voisin, qui avait entendu l'extravagance de son discours, fit un grand éclat de rire lorsqu'il vit tomber le panier. « Oh! que tu es un indigne homme! dit-il à mon frère. Ne devrais-tu pas mourir de honte de maltraiter ainsi une jeune épouse qui ne t'a donné aucun sujet de te plaindre d'elle? Il faut que tu sois bien brutal pour mépriser les pleurs et les charmes d'une si aimable personne. Si j'étais à la place du grand vizir ton beau-père, je te ferais donner cent coups de nerf de bœuf et te ferais promener par la ville avec l'éloge que tu mérites[6]. »

Après avoir entendu de si belles histoires,

Le sultan de Casgar laissa voir sur son visage un air content, qui redonna la vie au tailleur et à ses camarades. « Je ne puis disconvenir, dit-il, que je ne sois plus frappé de l'histoire du jeune boiteux[*], de celle du barbier et des

---

[*] Le jeune homme que le barbier avait poursuivi de ses indiscrétions.

aventures de ses frères, que de l'histoire de mon bouffon. Mais, avant de vous renvoyer chez vous tous les quatre et qu'on enterre le corps du bossu, je voudrais voir ce barbier, qui est cause que je vous pardonne. Puisqu'il se trouve dans ma capitale, il est aisé de contenter ma curiosité. » En même temps il dépêcha un huissier pour l'aller chercher avec le tailleur, qui savait où il pourrait être.

L'huissier et le tailleur revinrent bientôt et amenèrent le barbier, qu'ils présentèrent au sultan. Le barbier était un vieillard qui pouvait avoir quatre-vingt-dix ans. Il avait la barbe et les sourcils blancs comme neige, les oreilles pendantes et le nez fort long. Le sultan ne put s'empêcher de rire en le voyant. « Homme silencieux, lui dit-il, j'ai appris que vous saviez des histoires merveilleuses; voudriez-vous bien m'en raconter quelques-unes? — Sire, lui répondit le barbier, laissons là, s'il vous plaît, pour le présent, les histoires que je puis savoir. Je supplie très-humblement Votre Majesté de me permettre de lui demander ce que font ici devant elle ce chrétien, ce juif, ce musulman et ce bossu mort, que je vois là, étendu par terre. » Le sultan sourit de la liberté du barbier et lui répliqua : « Que vous importe? — Sire, repartit le barbier, il m'importe de faire la demande que je fais, afin que Votre Majesté sache que je ne suis pas un grand parleur, comme quelques-uns le prétendent, mais un homme justement appelé le Silencieux. »

Le sultan de Casgar eut la complaisance de satisfaire la curiosité du barbier. Il commanda qu'on lui racontât l'histoire du petit bossu, puisqu'il paraissait le souhaiter avec ardeur. Lorsque le barbier l'eut entendue, il branla la tête, comme s'il eût voulu dire qu'il y avait là-dessous quelque chose de caché qu'il ne comprenait pas. « Véritablement, s'écria-t-il, cette histoire est surprenante; mais je suis bien aise d'examiner de près ce bossu. » Il s'approcha de lui, s'assit par terre, prit la tête du bossu sur ses genoux; et, après l'avoir attentivement regardée, il fit tout à coup un si grand éclat de rire, et avec si peu de retenue, qu'il se laissa aller sur le dos à la renverse, sans considérer qu'il était devant le sultan de Casgar. Puis, se relevant sans cesser de rire : « On le dit bien, et avec raison, s'écria-t-il encore, qu'on ne meurt pas sans cause. Si jamais histoire a mérité d'être écrite en lettres d'or, c'est celle de ce bossu. »

A ces paroles, tout le monde regarda le barbier comme un bouffon, ou comme un vieillard qui avait l'esprit égaré. « Homme silencieux, lui dit le sultan, parlez-moi : qu'avez-vous donc à rire si fort? — Sire, répondit le barbier, je jure par l'humeur bienfaisante de Votre Majesté que ce bossu n'est pas mort; il est encore en vie; et je veux passer pour un extravagant si je ne vous le fais voir à l'heure même. » En achevant ces mots, il prit une boîte où il y avait plusieurs remèdes, qu'il portait sur lui pour s'en servir dans l'occasion, et il en tira une petite fiole balsamique, dont il frotta longtemps le cou du bossu. Ensuite il prit dans son étui un ferrement fort propre, qu'il lui mit entre les dents; et, après lui avoir ouvert la bouche, il lui enfonça dans le gosier de petites pincettes, avec quoi il tira le morceau de poisson et l'arête, qu'il fit voir à tout le monde. Aussitôt le bossu éternua, étendit les bras et les pieds, ouvrit les yeux et donna plusieurs autres signes de vie.

Le sultan de Casgar et tous ceux qui furent témoins d'une si belle opération furent moins surpris de voir revivre le bossu, après avoir passé une nuit entière et la plus grande partie du jour sans donner aucun signe de vie, que du mérite et de la capacité du barbier, qu'on commença, malgré ses défauts, à regarder comme un grand personnage. Le sultan, ravi de joie et d'admiration, ordonna que l'histoire du bossu fût mise par écrit avec celle du barbier, afin que la mémoire, qui méritait si bien d'être conservée, ne s'en éteignît jamais. Il n'en demeura pas là : pour que le tailleur, le médecin juif, le pourvoyeur et le marchand chrétien ne se ressouvinssent plus qu'avec plaisir de l'aventure que l'accident du bossu leur avait causée, il ne les renvoya chez eux qu'après leur avoir donné à chacun une robe fort riche, dont il les fit revêtir en sa présence. Quant au barbier, il l'honora d'une grosse pension et le retint auprès de sa personne.

NOTES

Sur l'*Histoire du Petit Bossu*.

NOTE 1 — Page 117

Casgar ou Caschgar, avant les conquêtes de Djenghiz-Khan, était la capitale du Turkestan. Elle fit partie des possessions de Djagathay, second fils du grand conquérant. Aujourd'hui Casgar est la résidence d'un khan dont l'empereur de Chine est le suzerain nominal.

Cette ville a été appelée aussi Hasikar, et, d'après le géographe arabe Aboulféda, elle portait encore le nom de Ardikand.

NOTE 2 — Page 119

Les musulmans ont imaginé qu'Esdras, délivré par miracle de la captivité où le tenait le roi d'Assyrie, s'enfuit vers Jérusalem, et qu'il s'arrêta dans un village proche de la cité sainte, y vécut de figues et de raisins, y logea parmi les ruines, et gardait attaché près de lui un âne qu'il avait monté dans sa fuite. Il paraît que cet âne était l'objet d'invocations superstitieuses.

NOTE 3 — Page 129

Il est sans doute inutile de faire remarquer au lecteur cette chronologie de fantaisie. Les Arabes, d'ailleurs, ont confondu parfois avec Alexandre de Macédoine, Dhou'l Karnaïn (*qui a deux cornes*), prince fabuleux de l'Yémen, qui aurait conquis des terres lointaines. Ces deux Alexandre ont reçu le nom de *Dhou'l Karnaïn*, parce que leur puissance s'étendait à l'orient et à l'occident.

NOTE 4 — Page 140

Mostanser Billah, qu'un annotateur des *Mille et une Nuits* a pris pour Mostasem Billah, fut le trente-sixième prince de la maison des Abbassides. Il régna de l'an 623 de l'hégire à l'an 640. Il était clément et très-libéral. Ainsi, pendant les nuits du Ramadhan, il faisait dresser à Bagdad un grand nombre de tables où chacun était admis et bien traité.

Un jour, il vit, d'une galerie de son palais, des vêtements étendus sur presque toutes les terrasses des maisons de Bagdad, et en demanda la raison ; on lui dit que ses sujets avaient lavé leurs habits et les faisaient sécher, à cause de la fête solennelle du Beyram qui était proche. Il déplora la pauvreté de tous ces gens qui ne pouvaient acheter de nouveaux vêtements pour célébrer la fête ; il ordonna de fondre des balles en or, et, avec des arbalètes, lui et les siens en lancèrent un grand nombre sur les terrasses où l'on voyait des hardes exposées au soleil.

Les historiens Mirkhond et Khondemir rapportent ce fait.

NOTE 5 — Page 140

Le Tigre prend sa source au mont Abus, dans l'Aderbidjan, qui est une province de Perse, il reçoit les eaux de l'Euphrate, et se jette dans le golfe Persique.

Les Arabes appellent ce fleuve *Diglat*, ou *Nahar Salam*, fleuve de paix, parce qu'Almansour, qui construisit Bagdad sur ses bords, nomma cette ville *Dar al Salam*, Demeure de la Paix.

NOTE 6 — Page 155

Ainsi « la farce du pot au laict, duquel vn cordoüannier se faisoit riche par resuerie, puis, le pot cassé, n'eut de quoy disner, » cette *farce* que le Bonhomme a mise en sa perfection dans *la Laitière et le Pot au lait*, se retrouve chez les Arabes, sous la forme qui convient au génie oriental, c'est-à-dire avec moins de vivacité, de plus longs et plus orgueilleux rêves, et une emphase comique.

LES AVENTURES *

DU KHALIFE HAROUN-ALRASCHID

Parfois nous sommes dans des transports de joie si extraordinaires, que nous communiquons d'abord cette passion à ceux qui nous approchent, ou que nous participons aisément à la leur. Quelquefois aussi, nous sommes dans une mélancolie si profonde, que nous sommes insupportables à nous-mêmes, et que, bien loin d'en pouvoir dire la cause si on nous la demandait, nous ne pourrions la trouver nous-mêmes si nous la cherchions.

Le khalife était, un jour, dans cette situation d'esprit, quand Djafar, son grand vizir fidèle et aimé, vint se présenter devant lui. Ce ministre le trouva seul, ce qui lui arrivait rarement, et comme il s'aperçut, en s'avançant,

---

* Les Aventures du Khalife sont au nombre de trois, distinctes l'une de l'autre ; mais ici elles sont réduites à deux : l'histoire de Sidi-Nouman n'a pas paru digne d'être rapportée.

que le khalife était enseveli dans une humeur sombre et même ne levait pas les yeux pour le regarder, il s'arrêta, en attendant que Haroun daignât les jeter sur lui.

Le khalife enfin leva les yeux vers Djafar; mais il les détourna aussitôt, en demeurant dans la même posture, aussi immobile qu'auparavant.

Comme le grand vizir ne remarqua dans les yeux du khalife rien de fâcheux qui le regardât personnellement, il prit la parole : « Commandeur des croyants, dit-il, Votre Majesté me permet-elle de lui demander d'où peut venir la mélancolie qu'elle fait paraître, et dont il m'a toujours semblé qu'elle était si peu susceptible ?

— Il est vrai, vizir, répondit le khalife en changeant de position, que je suis peu susceptible de mélancolie; et, sans toi, je ne me serais pas aperçu de celle où tu me trouves et dans laquelle je ne veux pas demeurer davantage. S'il n'y a rien de nouveau qui t'ait obligé de venir, tu me feras plaisir d'inventer quelque chose pour me la faire dissiper.

— Commandeur des croyants, reprit le grand vizir Djafar, mon devoir seul m'a obligé de me rendre ici, et je prends la liberté de rappeler à Votre Majesté qu'elle s'est imposé elle-même un devoir de s'assurer en personne de la bonne police qu'elle veut qui soit observée dans sa capitale et aux environs. Ce jour est précisément celui qu'elle a bien voulu se prescrire pour se donner cette peine; et c'est ici l'occasion la plus propre à dissiper les nuages qui offusquent la gaieté ordinaire de Votre Majesté.

— Je l'avais oublié, répliqua le khalife, et tu m'en

fais ressouvenir fort à propos : va donc changer d'habit pendant que je ferai la même chose de mon côté. »

Ils prirent chacun un habit de marchand étranger; et, sous ce déguisement, ils sortirent seuls par une porte secrète du jardin du palais, qui donnait sur la campagne. Ils firent une partie du circuit de la ville par les dehors, jusqu'aux bords du Tigre, à une distance assez éloignée de la porte de la ville qui était de ce côté-là, sans avoir rien observé qui fût contre le bon ordre. Ils traversèrent ce fleuve sur le premier bateau qui se présenta; et, après avoir achevé le tour de l'autre partie de la ville, opposée à celle qu'ils venaient de quitter, ils reprirent le chemin du pont qui en faisait la communication.

Ils passèrent ce pont, au bout duquel ils rencontrèrent un aveugle assez âgé qui demandait l'aumône. Le khalife se détourna et lui mit une pièce de monnaie d'or dans la main.

L'aveugle, à l'instant, lui prit la main et l'arrêta.

« Charitable personne, dit-il, qui que vous soyez, vous à qui Dieu a inspiré de me faire l'aumône, ne me refusez pas la grâce que je vous demande de me donner un soufflet : je l'ai mérité, et même un plus grand châtiment. »

En achevant ces paroles, il quitta la main du khalife pour lui laisser la liberté de lui donner le soufflet; mais, de peur qu'il ne passât outre sans le faire, il le prit par son habit.

Le khalife, surpris de la demande et de l'action de l'aveugle : « Bon homme, dit-il, je ne puis t'accorder ce que tu me demandes : je me garderai bien d'effacer le mérite de mon aumône par le mauvais traitement que tu prétends que je te fasse. » Et, en achevant ces paroles, il fit un effort pour que l'aveugle lâchât prise.

L'aveugle, qui s'était douté de la répugnance de son bienfaiteur, par l'expérience qu'il en avait depuis longtemps, fit un plus grand effort pour le retenir.

« Seigneur, reprit-il, pardonnez ma hardiesse et mon importunité; donnez-moi, je vous prie, un soufflet, ou reprenez votre aumône; je ne puis la recevoir qu'à cette condition, à moins de contrevenir à un serment solennel que j'ai fait devant Dieu; et, si vous en saviez la raison, vous tomberiez d'accord avec moi que la peine est très-légère. »

Le khalife, qui ne voulait pas être retardé plus longtemps, céda à l'importunité de l'aveugle et lui donna un soufflet assez léger. L'aveugle quitta prise aussitôt, en le remerciant et en le bénissant. Le khalife continua son chemin avec le grand vizir; mais, à quelques pas de là, il dit au vizir : « Il faut que le sujet qui a porté cet aveugle à se conduire ainsi avec tous ceux qui lui font l'aumône soit un sujet grave. Je serais bien aise d'en être informé : ainsi, retourne et dis-lui qui je suis, qu'il ne manque pas de se trouver demain au palais, au temps de la prière de l'après-dînée, et que je veux lui parler. »

Le grand vizir retourna sur ses pas, fit son aumône à l'aveugle; et, après lui avoir donné un soufflet, il lui transmit l'ordre, et il revint rejoindre le khalife...

Avant que Haroun-Alraschid arrivât au palais, il remarqua dans une rue par où il n'avait passé depuis longtemps, un édifice nouvellement bâti, qui lui parut être l'hôtel de quelque seigneur de la cour. Il demanda au grand vizir s'il savait à qui il appartenait. Le grand vizir répondit qu'il l'ignorait, mais qu'il allait s'en informer.

En effet, Djafar interrogea un voisin, qui lui dit que cette maison appartenait à Codja Hassan, surnommé Alhabbal, à cause de la profession de cordier que lui-même lui avait vu exercer dans une grande pauvreté; et que, sans qu'on sût par quel endroit la fortune l'avait favorisé, il avait acquis de si grands biens qu'il soutenait fort honorablement et splendidement les dépenses de cette construction.

Le grand vizir alla rejoindre le khalife et lui rendit compte de ce qu'il venait d'apprendre. « Je veux voir ce Codja Hassan-Alhabbal, lui dit le khalife; va lui dire qu'il se trouve aussi demain à mon palais, à la même heure que l'autre. » Le grand vizir ne manqua pas d'exécuter les ordres du khalife.

Le lendemain, après la prière de l'après-dînée, le khalife entra dans son appartement; et le grand vizir y introduisit aussitôt les deux personnages dont nous avons parlé, et les présenta au khalife.

Ils se prosternèrent devant le trône du sultan; et, quand ils furent relevés, le khalife demanda à l'aveugle comment il s'appelait.

« Je me nomme Baba-Abdallah, répondit l'aveugle.

— Baba-Abdallah, reprit le khalife, ta manière de demander l'aumône me parut hier si étrange que, si je n'eusse été retenu par de certaines considérations, je me fusse bien gardé d'avoir la complaisance que j'eus pour toi ; je t'aurais empêché dès lors de donner davantage au public le scandale que tu lui donnes. Je t'ai donc fait venir ici pour savoir de toi quel est le motif qui t'a poussé à faire un serment aussi indiscret que le tien; et, sur ce que tu vas me dire, je jugerai si tu as bien fait et si je dois te permettre de continuer une pratique qui me paraît d'un très-mauvais exemple. Dis-moi donc, sans me rien déguiser, d'où t'est venue cette pensée extravagante : ne me cache rien, car je veux absolument le savoir. »

Baba-Abdallah, intimidé par cette réprimande, se prosterna une seconde fois, le front contre terre, devant le trône du khalife; et, après s'être relevé : « Commandeur des croyants, dit-il aussitôt, je demande très-humblement pardon à Votre Majesté de la hardiesse avec laquelle j'ai osé exiger d'elle et la forcer de faire une chose qui, à la vérité, paraît hors du bon sens. Je reconnais mon crime : mais, comme je ne connaissais pas alors Votre Majesté, j'implore sa clémence et j'espère qu'elle aura égard à mon ignorance. Quant à ce qu'il lui plaît de traiter ce que je fais d'extravagance, j'avoue que c'en est une, et mon action doit paraître telle aux yeux des hommes; mais, à l'égard de Dieu, c'est une pénitence très-modique d'un péché énorme dont je suis coupable, et que je n'expierais pas quand tous les mortels m'accableraient de soufflets les uns après les autres. C'est de quoi Votre Majesté sera juge elle-même, quand, par le récit de mon histoire, que je vais lui raconter en obéissant à ses ordres, je lui aurai fait connaître quelle est cette faute énorme.

HISTOIRE DE L'AVEUGLE BABA-ABDALLAH

Commandeur des croyants, continua Baba-Abdallah, je suis né à Bagdad, avec quelques biens dont je devais hériter de mon père et de ma mère, qui moururent tous deux à peu de jours l'un de l'autre. Quoique je fusse dans un âge peu avancé, je n'en usai pas néanmoins comme de certains jeunes hommes qui les eussent dissipés en peu de temps par des dépenses inutiles et dans la débauche. Je n'oubliai rien, au contraire, pour les augmenter par mon industrie, par mes soins et par les peines que je me donnais. Enfin, j'étais devenu assez riche pour posséder à moi seul quatre-vingts chameaux, que je louais aux marchands des caravanes et qui me valaient de grosses sommes, à chaque voyage que je faisais en différents endroits de l'empire de Votre Majesté, où j'accompagnais mes chameaux.

Au sein de ce bonheur je conservai un violent désir de devenir encore plus riche. Un jour, je venais de Bassora à vide, avec mes chameaux, que j'y avais conduits chargés de marchandises d'embarquement pour les Indes, et je les faisais paître dans un lieu fort éloigné de toute habitation et où le bon pâturage m'avait fait arrêter, lorsqu'un derviche[1], à pied, qui allait à Bassora, vint m'aborder et s'assit auprès de moi, pour se délasser. Je lui demandai d'où il venait et où il allait. Il me fit les mêmes demandes ; et, après que nous eûmes satisfait notre curiosité de part et d'autre, nous mîmes nos provisions en commun et nous mangeâmes ensemble.

En faisant notre repas, après nous être entretenus de plusieurs choses indifférentes, le derviche me dit que, dans un lieu peu éloigné de celui où nous étions, il avait connaissance d'un trésor plein de tant de richesses que, quand mes quatre-vingts chameaux seraient chargés de l'or et des pierreries qu'on en pouvait tirer, il ne paraîtrait presque pas qu'on en eût rien enlevé.

Cette bonne nouvelle me surprit et me charma en même temps. La joie que je ressentis en moi-même faisait que je ne me possédais plus. Je ne croyais pas le derviche capable de m'en faire accroire ; ainsi je me jetai à son cou, en lui disant : « Bon derviche, je vois bien que vous vous souciez peu des biens du monde ; ainsi, à quoi peut vous servir la connaissance de ce trésor ? Vous êtes seul, et vous ne pouvez en emporter que très-peu de chose. Enseignez-moi où il est : j'en chargerai mes quatre-vingts chameaux, et je vous ferai présent de l'un d'eux, en reconnaissance du bien et du plaisir que vous m'aurez faits. »

J'offrais peu de chose, il est vrai ; mais c'était beaucoup, à ce qu'il me paraissait, à cause de l'excès d'avarice qui s'était emparé tout à coup de mon cœur, depuis qu'il m'avait fait cette confidence ; et je regardais les soixante-dix-neuf charges qui devaient rester comme presque rien, en comparaison de celle dont je me priverais en la lui abandonnant.

Le derviche, qui vit ma passion étrange pour les richesses, ne se scandalisa pourtant pas de l'offre déraisonnable que je venais de lui faire : « Mon frère, me dit-il sans s'émouvoir, vous voyez bien vous-même que ce que vous m'offrez n'est pas proportionné au bienfait que vous demandez de moi. Je pouvais me dispenser de vous parler du trésor et garder mon secret; mais ce que j'ai bien voulu vous en dire peut vous faire connaître la bonne intention que j'avais, et que j'ai encore, de vous obliger et de vous donner lieu de vous souvenir de moi à jamais, en faisant votre fortune et la mienne. J'ai donc une autre proposition plus juste et plus équitable à vous faire; c'est à vous de voir si elle vous accommode. Vous dites, continua le derviche, que vous avez quatre-vingts chameaux; je suis prêt à vous mener au trésor; nous les chargerons, vous et moi, d'autant d'or et de pierreries qu'ils en pourront porter, à condition que, quand nous les aurons chargés, vous m'en céderez la moitié avec leur charge et que vous retiendrez pour vous l'autre moitié; après quoi nous nous séparerons, et les emmènerons où bon nous semblera, vous de votre côté, moi du mien. Vous voyez que le partage n'a rien qui ne soit dans l'équité et que, si vous me faites grâce de quarante chameaux, vous aurez aussi, par mon moyen, de quoi en acheter un millier d'autres. »

Je ne pouvais disconvenir que la condition que le derviche me proposait ne fût très-équitable. Sans avoir égard néanmoins aux grandes richesses qui pouvaient m'en revenir en l'acceptant, je regardais comme une grande perte la cession de la moitié de mes chameaux, particulièrement quand je considérais que le derviche ne serait pas moins riche que moi. Enfin je payais déjà d'ingratitude un bienfait purement gratuit, que je n'avais pas encore reçu du derviche; mais il n'y avait pas à balancer : il fallait accepter la condition ou me résoudre à me repentir toute ma vie d'avoir, par ma faute, perdu l'occasion de me faire une haute fortune.

Dans le moment même, je rassemblai mes chameaux, et nous partîmes ensemble. Après avoir marché quelque temps, nous arrivâmes dans un vallon assez spacieux, mais dont l'entrée était fort étroite. Mes chameaux ne purent passer qu'un à un; mais, comme le terrain s'élargissait, ils trouvèrent moyen d'y tenir tous en troupe sans s'embarrasser. Les deux montagnes qui formaient ce vallon, et se terminaient en un demi-cercle à l'extrémité, étaient si élevées, si escarpées et si impraticables, qu'il n'y avait pas à craindre qu'aucun mortel nous pût apercevoir.

Quand nous fûmes arrivés entre ces deux montagnes : « N'allons pas plus loin, me dit le derviche; arrêtez vos chameaux et faites les coucher sur le ventre dans l'espace que vous voyez, afin que nous n'ayons pas de peine à les charger; et, quand vous aurez fait, je procèderai à l'ouverture du trésor. »

Je fis ce que le derviche m'avait dit, et je l'allai rejoindre aussitôt. Je le trouvai un fusil à la main, qui amassait un peu de bois sec pour faire du feu. Dès qu'il en eut fait, il y jeta du parfum, en prononçant quelques paroles dont je ne compris pas bien le sens, et aussitôt une grosse fumée s'éleva en l'air. Il sépara cette fumée; et, dans le

Cette ouverture exposa à mes yeux, dans un grand enfoncement
creusé dans le roc, un palais magnifique,
pratiqué plutôt par le travail des génies que par celui des hommes.

moment, bien que le roc qui était entre les deux montagnes et qui s'élevait fort haut en ligne perpendiculaire parût n'avoir aucune apparence d'ouverture, il s'en fit une, grande au moins comme une espèce de porte à deux battants, pratiquée dans le même roc et de la même matière, avec un artifice admirable.

Cette ouverture exposa à nos yeux, dans un grand enfoncement creusé dans le roc, un palais magnifique, pratiqué plutôt par le travail des génies que par celui des hommes : car il ne paraissait pas que des hommes eussent pu même s'aviser d'une entreprise si hardie et si surprenante.

Mais, commandeur des croyants, c'est après coup que je fais cette observation à Votre Majesté; car je ne la fis pas dans le moment. Je n'admirai pas même les richesses infinies que je voyais de tous côtés; et, sans m'arrêter à observer l'économie qu'on avait gardée dans l'arrangement de tant de trésors, comme l'aigle fond sur sa proie, je me jetai sur le premier tas de monnaie d'or qui se présenta devant moi, et je commençai à en mettre dans un sac dont je m'étais déjà saisi, autant que je jugeai pouvoir en porter. Les sacs étaient grands, et je les eusse volontiers emplis tous; mais il fallait les proportionner aux forces de mes chameaux.

Le derviche fit la même chose que moi; mais je m'aperçus qu'il s'attachait plutôt aux pierreries; et, comme il m'en eut fait comprendre la raison, je suivis son exemple et nous enlevâmes beaucoup plus de toute sorte de pierres précieuses que d'or monnayé. Nous achevâmes enfin d'emplir tous nos sacs, et nous en chargeâmes les chameaux. Il ne restait plus qu'à refermer le trésor et nous en aller.

Avant de partir, le derviche rentra dans le trésor ; et, comme il y avait plusieurs grands vases d'orfévrerie de toute sorte de façons, et d'autres matières précieuses, j'observai qu'il prit dans un de ces vases une petite boîte d'un certain bois qui m'était inconnu, et qu'il la mit dans son sein, après m'avoir fait voir qu'il n'y avait qu'une espèce de pommade.

Le derviche fit la même cérémonie pour fermer le trésor qu'il avait faite pour l'ouvrir ; et, après qu'il eut prononcé certaines paroles, la porte du trésor se referma et le rocher nous parut aussi entier qu'auparavant.

Alors nous partageâmes nos chameaux, que nous fîmes lever avec leurs charges. Je me mis à la tête des quarante que je m'étais réservés, et le derviche se mit à la tête des autres, que je lui avais cédés.

Nous défilâmes par où nous étions entrés dans le vallon, et nous marchâmes ensemble jusqu'au grand chemin où nous devions nous séparer, le derviche pour continuer sa route vers Bassora, et moi pour revenir à Bagdad. Pour le remercier d'un si grand bienfait, j'employai les termes les plus forts et ceux qui pouvaient lui marquer davantage ma reconnaissance de m'avoir préféré à tout autre mortel pour me faire part de tant de richesses. Nous nous embrassâmes tous deux avec bien de la joie ; et, après nous être dit adieu, nous nous éloignâmes, chacun de notre côté.

Je n'eus pas fait quelques pas pour rejoindre mes chameaux, qui marchaient toujours dans le chemin où je les avais mis, que le démon de l'ingratitude et de l'envie s'empara de mon cœur. Je déplorais la perte de mes quarante chameaux et encore plus les richesses dont ils étaient chargés. « Le derviche n'a plus besoin de toutes ces richesses, disais-je en moi-même ; il est le maître des trésors, et il en aura tant qu'il voudra. » Ainsi, je me livrai à la plus noire ingratitude, et je me déterminai tout à coup à lui enlever ses chameaux avec leurs charges.

Pour exécuter mon dessein, je commençai par faire arrêter mes chameaux ; ensuite je courus après le derviche, que j'appelai de toute ma force, pour lui faire comprendre que j'avais encore quelque chose à lui dire ; je lui fis signe de faire aussi arrêter les siens et de m'attendre. Il entendit ma voix et il s'arrêta.

Quand je l'eus rejoint : « Mon frère, lui dis-je, je ne vous ai pas eu plutôt quitté, que j'ai considéré une chose à laquelle je n'avais pas pensé auparavant et à laquelle peut-être n'avez-vous pas pensé vous-même. Vous êtes un bon derviche, accoutumé à vivre tranquillement, dégagé du soin des choses du monde et sans autre embarras que celui de servir Dieu. Vous ne savez peut-être pas à quelle peine vous vous êtes engagé en vous chargeant d'un si grand nombre de chameaux. Si vous vouliez me croire, vous n'en emmèneriez que trente, et je crois que vous aurez encore bien de la difficulté à les gouverner. Vous pouvez vous en rapporter à moi ; j'en ai l'expérience.

— Je crois que vous avez raison, reprit le derviche, qui ne se voyait pas en état de pouvoir me rien disputer ; et j'avoue, ajouta-t-il, que je n'y avais pas fait réflexion. Je commençais déjà à être inquiet sur ce que vous me représentez. Choisissez donc les dix qu'il vous plaira, emmenez-les, et allez à la garde de Dieu. »

J'en choisis dix ; et, après les avoir détournés, je les mis en chemin pour qu'ils allassent se placer à la suite des miens. Je ne croyais pas trouver dans le derviche une si grande facilité à se laisser persuader. Cela augmenta mon avidité, et je me flattai que je n'aurais pas plus de peine à en obtenir encore dix autres.

En effet, au lieu de le remercier du riche présent qu'il venait de me faire : « Mon frère, lui dis-je encore, par l'intérêt que je prends à votre repos, je ne puis me résoudre à me séparer d'avec vous sans vous prier de considérer encore une fois combien trente chameaux chargés sont difficiles à mener, pour un homme comme vous particulièrement, qui n'est pas accoutumé à ce travail. Vous vous trouveriez beaucoup mieux si vous me faisiez une grâce pareille à celle que vous venez de me faire. Ce que je vous en dis, comme vous le voyez, n'est pas tant pour l'amour de moi et pour mon intérêt que pour vous faire un plus grand plaisir. Soulagez-vous donc de ces dix autres chameaux sur un homme comme moi, à qui il ne coûte pas plus de prendre soin de cent que d'un seul. »

Mon discours fit l'effet que je souhaitais, et le derviche me céda sans aucune résistance les dix chameaux que je lui demandais, de manière qu'il ne lui en resta plus que vingt; et je me vis maître de soixante charges, dont la valeur surpassait les richesses de beaucoup de souverains. Il semble, après cela, que je devais être content.

Mais, commandeur des croyants, semblable à un hydropique, qui, plus il boit, plus il a soif, je me sentis plus enflammé qu'auparavant de l'envie de me procurer les vingt autres qui restaient encore au derviche.

Je redoublai mes sollicitations, mes prières et mes importunités, pour faire condescendre le derviche à m'en accorder encore dix des vingt. Il se rendit de bonne grâce ; et, quant aux dix autres qui lui restaient, je l'embrassai, je le baisai et lui fis tant de caresses, en le conjurant de ne me les pas refuser et de mettre, par là, le comble à l'obligation que je lui aurais éternellement, qu'il me combla de joie en m'annonçant qu'il y consentait.

« Faites-en un bon usage, mon frère, ajouta-t-il, et souvenez-vous que Dieu peut nous ôter les richesses comme il nous les donne, si nous ne nous en servons à secourir les pauvres qu'il se plaît à laisser dans l'indigence, exprès pour donner lieu aux riches de mériter par leurs aumônes une plus grande récompense dans l'autre monde. »

Mon aveuglement était si grand, que je n'étais pas en état de profiter d'un conseil si salutaire. Je ne me contentai pas de me revoir possesseur de mes quatre-vingts chameaux et de savoir qu'ils étaient chargés d'un trésor inestimable, qui devait me rendre le plus fortuné des hommes. Il me vint dans l'esprit que la petite boîte de pommade dont le derviche s'était saisi, et qu'il m'avait montrée, pouvait être quelque chose de plus précieux que toutes les richesses dont je lui étais redevable.

L'endroit où le derviche l'a prise, disais-je en moi-même, et le soin qu'il a eu de s'en saisir, me font croire qu'elle renferme quelque chose de mystérieux.

Cela me détermina à faire en sorte de l'obtenir. Je venais de l'embrasser, en lui disant adieu : « A propos, lui dis-je en retournant à lui, que voulez-vous faire de cette petite boîte de pommade? Elle me paraît si peu de chose, ajoutai-je, qu'elle ne vaut pas la peine que vous l'emportiez ; je vous prie de m'en faire présent. Aussi bien, un derviche comme vous, qui a renoncé aux vanités du monde, n'a pas besoin de pommade. »

Plût à Dieu qu'il me l'eût refusée cette boîte! Mais, quand il l'aurait voulu faire, je ne me possédais plus ; j'étais plus fort que lui et bien résolu à la lui enlever par force, afin que, pour mon entière satisfaction, il ne fût pas dit qu'il eût emporté la moindre chose du trésor, quelque grande que fût l'obligation que je lui avais.

Loin de me la refuser, le derviche la tira d'abord de son sein ; et, en me la présentant de la meilleure grâce du monde : « Tenez, mon frère, me dit-il, la voilà : qu'à cela ne tienne que vous ne soyez content. Si je puis faire davantage pour vous, vous n'avez qu'à demander : je suis prêt à vous satisfaire. »

Quand j'eus la boîte entre les mains, je l'ouvris ; et, en considérant la pommade : « Puisque vous êtes de si bonne volonté, lui dis-je, et que vous ne vous lassez pas de m'obliger, je vous prie de vouloir bien me dire quel est l'usage particulier de cette pommade.

— L'usage en est surprenant et merveilleux, repartit le derviche. Si vous appliquez un peu de cette pommade autour de l'œil gauche et sur la paupière, elle fera paraître devant vos yeux tous les trésors qui sont cachés dans le sein de la terre ; mais, si vous en appliquez de même à l'œil droit, elle vous rendra aveugle. »

Je voulais avoir moi-même l'expérience d'un effet si

admirable. « Prenez la boîte, dis-je au derviche en la lui présentant, et appliquez-moi vous-même de cette pommade à l'œil gauche : vous entendez cela mieux que moi. Je suis dans l'impatience d'avoir l'expérience d'une chose qui me paraît incroyable. »

Le derviche voulut bien se donner cette peine; il me fit fermer l'œil gauche et m'appliqua la pommade. Quand il eut fait, j'ouvris l'œil et j'éprouvai qu'il m'avait dit la vérité. Je vis, en effet, un nombre infini de trésors, remplis de richesses si prodigieuses et si diversifiées qu'il ne me serait pas possible d'en faire le détail au juste. Mais, comme j'étais obligé de tenir l'œil droit fermé avec la main et que cela me fatiguait, je priai le derviche de m'appliquer aussi de cette pommade autour de cet œil.

« Je suis prêt à le faire, me dit le derviche; mais vous devez vous souvenir, ajouta-t-il, que je vous ai averti que, si vous en mettez sur l'œil droit, vous deviendrez aveugle aussitôt. Telle est la vertu de cette pommade : il faut que vous vous y accommodiez. »

Loin de me persuader que le derviche me dît la vérité, je m'imaginai, au contraire, qu'il y avait encore quelque nouveau mystère qu'il voulait me cacher.

« Mon frère, repris-je en souriant, je vois bien que vous voulez m'en faire accroire ; il n'est pas naturel que cette pommade fasse deux effets si opposés l'un à l'autre.

— La chose est pourtant comme je vous le dis, repartit le derviche en prenant le nom de Dieu à témoin, et vous devez m'en croire sur ma parole; car je ne sais point déguiser la vérité. »

Je ne voulus pas me fier à la parole du derviche, qui

me parlait en homme d'honneur ; l'envie insurmontable de contempler à mon aise tous les trésors de la terre, et peut-être d'en jouir toutes les fois que je voudrais m'en donner le plaisir, fit que je ne voulus pas écouter ses remontrances, ni me persuader d'une chose qui cependant n'était que trop vraie, comme je l'expérimentai bientôt après, à mon grand malheur.

Dans la prévention où j'étais, j'allai m'imaginer que, si cette pommade, appliquée sur l'œil gauche, avait la vertu de me faire voir tous les trésors de la terre, elle avait peut-être la vertu de les mettre à ma disposition si on l'appliquait sur l'œil droit. Dans cette pensée, je m'obstinai à presser le derviche de m'en appliquer lui-même autour de l'œil droit; mais il refusa constamment de le faire.

« Après vous avoir fait un si grand bien, mon frère, me dit-il, je ne puis me résoudre à vous faire un si grand mal. Considérez bien vous-même quel malheur est celui d'être privé de la vue, et ne me réduisez pas à la nécessité fâcheuse de vous complaire dans une chose dont vous aurez à vous repentir toute votre vie. »

Je poussai mon opiniâtreté jusqu'au bout. « Mon frère, lui dis-je assez fermement, je vous prie de passer pardessus toutes les difficultés que vous me faites; vous m'avez accordé fort généreusement tout ce que je vous ai demandé jusqu'à présent; voulez-vous que je me sépare de vous mal satisfait, pour une chose de si peu de conséquence? Au nom de Dieu, accordez-moi cette dernière faveur. Quoi qu'il en arrive, je ne m'en prendrai pas à vous, et la faute en sera sur moi seul. »

Le derviche fit toute la résistance possible ; mais, comme il vit que j'étais en état de l'y forcer : « Puisque vous le voulez absolument, me dit-il, je vais vous contenter. »

Il prit un peu de cette pommade fatale et me l'appliqua donc sur l'œil droit, que je tenais fermé ; mais, hélas ! quand je vins à l'ouvrir, je ne vis que ténèbres épaisses de mes deux yeux, et je demeurai aveugle comme vous me voyez.

« Ah ! malheureux derviche ! m'écriai-je dans le moment, ce que vous m'avez prédit n'est que trop vrai ! Fatale curiosité, ajoutai-je, désir insatiable des richesses, dans quel abîme de malheurs m'allez-vous jeter ! Je sens bien à présent que je me les suis attirés ; mais vous, cher frère, m'écriai-je encore en m'adressant au derviche, qui êtes si charitable et si bienfaisant, entre tant de secrets merveilleux dont vous avez la connaissance, n'en avez-vous pas quelqu'un pour me rendre la vue?

— Malheureux ! me répondit alors le derviche, il n'a pas tenu à moi que tu n'aies évité ce malheur ; mais tu n'as que ce que tu mérites, et c'est l'aveuglement du cœur qui t'a attiré celui du corps. Il est vrai que j'ai des secrets : tu l'as pu connaître dans le peu de temps que j'ai été avec toi ; mais je n'en ai pas pour te rendre la vue. Adresse-toi à Dieu, si tu crois qu'il y en ait un : il n'y a que lui qui puisse te la rendre. Il t'avait donné des richesses dont tu étais indigne ; il te les a ôtées, et il va les donner, par mes mains, à des hommes qui n'en seront pas méconnaissants comme toi. »

Le derviche ne m'en dit pas davantage, et je n'avais rien à lui répliquer. Il me laissa seul, accablé de confusion et plongé dans un excès de douleur qu'on ne peut exprimer; et, après avoir rassemblé mes quatre-vingts chameaux, il les emmena et poursuivit son chemin jusqu'à Bassora.

Je le priai de ne me point abandonner en cet état malheureux et de m'aider du moins à me conduire jusqu'à la première caravane; mais il fut sourd à mes prières et à mes cris. Ainsi, privé de la vue et de tout ce que je possédais au monde, je serais mort d'affliction et de faim, si, le lendemain, une caravane qui revenait de Bassora ne m'eût bien voulu recevoir charitablement et ramener à Bagdad.

D'un état où j'étais l'égal des princes, sinon en forces et en puissance, au moins en richesses et en magnificence, je me vis réduit à la mendicité sans aucune ressource. Il fallut donc me résoudre à demander l'aumône, et c'est ce que j'ai fait jusqu'à présent; mais, pour expier mon crime envers Dieu, je m'imposai en même temps la peine d'un soufflet de la part de chaque personne charitable qui aurait compassion de ma misère.

Voilà, commandeur des croyants, le motif de ce qui parut hier si étrange à Votre Majesté et de ce qui doit m'avoir fait encourir son indignation; je lui en demande pardon encore une fois, comme étant son esclave, et je suis prêt à subir le châtiment que j'ai mérité. Si Votre Majesté daigne prononcer sur la pénitence que je me suis imposée, je suis persuadé qu'elle la trouvera trop légère et beaucoup au-dessous de mon crime.

Quand l'aveugle eut achevé son histoire, le khalife lui dit : « Baba-Abdallah, ton péché est grand; mais Dieu soit loué de ce que tu en as connu l'énormité et de ce que tu en as fait jusqu'à présent une pénitence publique. C'est assez; il faut que dorénavant tu la continues en particulier, ne cessant de demander pardon à Dieu, dans chacune des prières auxquelles tu es obligé, chaque jour, par ta religion; et, afin que tu n'en sois pas détourné par le soin de demander ta vie, je te fais une aumône, ta vie durant, de quatre drachmes d'argent par jour, de ma monnaie, que mon grand vizir te fera donner. Ainsi, ne t'en retourne pas, et attends qu'il ait exécuté mon ordre. »

A ces paroles, Baba-Abdallah se prosterna devant le trône du khalife, et, en se relevant, il le remercia et lui souhaita toute sorte de bonheur et de prospérité.

Ensuite le khalife s'adressa à l'autre personnage que le grand vizir Djafar avait fait venir.

« Codja Hassan, lui dit-il, en passant hier devant ton hôtel, il me parut si magnifique que j'eus la curiosité de savoir à qui il appartenait. J'appris que tu l'avais fait bâtir après avoir exercé un métier qui te produisait à peine de quoi vivre. On me dit aussi que tu ne te méconnais pas, que tu fais un bon usage des richesses que Dieu t'a données, et que tes voisins te louent à l'envi. Tout cela m'a fait plaisir, ajouta le khalife, et je suis bien persuadé que les voies par lesquelles il a plu à la Providence de te gratifier de ses dons doivent être extraordinaires. Je suis curieux de les apprendre de toi-même, et c'est pour me donner cette satisfaction que je t'ai fait venir. Parle-moi donc avec sincérité, afin que je me réjouisse en prenant part à ton bonheur avec plus de connaissance. Et, afin que ma curiosité ne te soit point suspecte et que tu ne croies pas que j'y prenne autre intérêt que celui que je viens de te dire, je te déclare que, loin d'y avoir aucune prétention, je te donne ma protection pour en jouir en toute sûreté. »

Sur ces assurances du khalife, Codja Hassan se prosterna devant son trône, frappa de son front le tapis dont il était couvert ; et, après qu'il se fut relevé : « Commandeur des croyants, dit-il, tout autre que moi, qui ne se serait pas senti la conscience aussi pure et aussi nette que je me la sens, aurait pu être troublé en recevant l'ordre de venir paraître devant le trône de Votre Majesté ; mais comme je n'ai jamais eu pour elle que des sentiments de respect et de vénération, et que je n'ai rien fait contre l'obéissance que je lui dois, ni contre les lois, qui ait pu m'attirer son indignation, la seule chose qui m'ait fait de la peine est la crainte dont j'ai été saisi de ne pouvoir soutenir l'éclat de Votre Majesté. Néanmoins, comme la renommée publie que le commandeur des croyants reçoit et écoute avec bonté le moindre de ses sujets, je me suis rassuré et je n'ai pas douté qu'il ne me donnât lui-même le courage et la confiance de lui procurer la satisfaction qu'il pourrait exiger de moi. C'est ce que Votre Majesté vient de me faire éprouver, en m'accordant sa puissante protection, sans savoir si je la mérite. J'espère néanmoins qu'elle demeurera dans un sentiment qui m'est si avantageux, quand, pour satisfaire à son commandement, je lui aurai fait le récit de mes aventures. »

Après ce petit compliment pour se concilier la bienveillance et l'attention du khalife, et après avoir, pendant quelques moments, rappelé dans sa mémoire ce qu'il avait à dire, Codja Hassan reprit la parole en ces termes :

HISTOIRE DE CODJA HASSAN-ALHABBAL

Commandeur des croyants, dit Codja Hassan au khalife Haroun-Alraschid, pour mieux faire entendre à Votre Majesté par quelles voies je suis parvenu à la grande prospérité dont je jouis, je dois avant toute chose commencer par lui parler de deux amis intimes, citoyens de cette même ville de Bagdad, qui vivent encore et qui peuvent rendre témoignage de la vérité : c'est à eux que je suis redevable de mon bonheur, après Dieu, le premier auteur de tout bien et de tout bonheur.

Ces deux amis s'appellent, l'un Sadi et l'autre Sad. Sadi, qui est puissamment riche, a toujours été du sentiment qu'un homme ne peut être heureux en ce monde qu'autant qu'il a des biens et de grandes richesses, pour vivre hors de la dépendance de qui que ce soit.

Sad est d'un autre sentiment : il convient qu'il faut véritablement avoir des richesses, autant qu'elles sont nécessaires à la vie ; mais il soutient que la vertu doit faire le bonheur des hommes, et qu'ils ne doivent avoir d'attache aux biens du monde que pour subvenir à leurs besoins et pour faire des libéralités selon leur pouvoir. Sad lui-même en use ainsi, et il vit très heureux et très-content dans l'état où il se trouve. Quoique Sadi, pour ainsi dire, soit infiniment plus riche que lui, leur amitié néanmoins est très-sincère, et le plus riche ne s'estime pas plus que l'autre. Ils n'ont jamais eu de contestation que sur ce seul point; en toutes choses, leur union a toujours été parfaite.

Un jour, dans leur entretien, à peu près sur la même matière, comme je l'ai appris d'eux-mêmes, Sadi prétendait que les pauvres n'étaient pauvres que parce qu'ils étaient nés dans la pauvreté, ou que, nés avec des richesses, ils les avaient perdues soit par débauche, soit par quelqu'une des fatalités imprévues qui ne sont pas extraordinaires.

« Mon opinion, disait-il, est que ces pauvres ne le sont que parce qu'ils ne peuvent parvenir à amasser une somme d'argent assez grosse pour se tirer de la misère, en employant leur industrie à la faire valoir; et mon sentiment est que, s'ils venaient à ce point et qu'ils fissent un usage convenable de cette somme, ils deviendraient non-seulement riches, mais même très-opulents avec le temps. »

Sad ne convint pas de la proposition de Sadi. « Le moyen que vous proposez, reprit-il, pour faire qu'un pauvre devienne riche, ne me paraît pas aussi certain que vous le croyez. Ce que vous en pensez est fort équivoque, et je pourrais appuyer mon sentiment contre le vôtre de plusieurs bonnes raisons qui nous mèneraient trop loin. Je crois, au moins avec autant de probabilité, qu'un pauvre peut devenir riche par tout autre moyen qu'avec une somme d'argent : on fait souvent, par un hasard, une fortune plus grande et plus surprenante qu'avec une somme d'argent telle que vous le prétendez, quelque ménagement et quelque économie que l'on apporte pour la faire multiplier par un négoce bien conduit.

— Sad, reprit Sadi, je vois bien que je ne gagnerais rien avec vous en persistant à soutenir mon opinion contre la vôtre ; je veux en faire l'expérience pour vous en convaincre, en donnant, par exemple, en pur don, une somme telle que je me l'imagine à un de ces artisans, pauvres de père en fils, qui vivent au jour la journée, et qui meurent aussi gueux que quand ils sont nés. Si je ne réussis pas, nous verrons si vous réussirez mieux de la manière que vous l'entendez. »

Quelques jours après cette contestation, il arriva que les deux amis, en se promenant, passèrent par le quartier où je travaillais de mon métier de cordier, que j'avais appris de mon père et qu'il avait appris lui-même de mon aïeul, et ce dernier de nos ancêtres. A voir mon équipage et mon habillement, ils n'eurent pas de peine à juger de ma pauvreté.

Sad, qui se souvint de l'engagement de Sadi, lui dit : « Si vous n'avez pas oublié à quoi vous vous êtes engagé avec moi, voilà un homme, ajouta-t-il en me désignant, que depuis longtemps je vois faisant le métier de cordier, et toujours dans le même état de pauvreté. C'est un sujet digne de votre libéralité, et propre à faire l'expérience dont vous parliez l'autre jour.

— Je me souviens si bien de mon engagement, reprit Sadi, que je porte sur moi de quoi faire l'expérience que vous dites, et je n'attendais que l'occasion que nous nous trouvassions ensemble et que vous en fussiez témoin.

Abordons cet homme, et sachons si véritablement il est dans le besoin.

Les deux amis vinrent à moi; et, comme je vis qu'ils voulaient me parler, je cessai mon travail. Ils me donnèrent l'un et l'autre le salut ordinaire du souhait de paix; et Sadi, en prenant la parole, me demanda comment je m'appelais.

Je leur rendis le même salut; et, pour répondre à la demande de Sadi : « Seigneur, lui dis-je, mon nom est Hassan; et, à cause de ma profession, je suis connu communément sous le nom de Hassan-Alhabbal.

— Hassan, reprit Sadi, comme il n'y a pas de métier qui ne nourrisse son maître, je ne doute pas que le vôtre ne vous fasse gagner de quoi vivre à votre aise; et même je m'étonne que, depuis le temps que vous l'exercez, vous n'ayez pas fait quelque épargne et que vous n'ayez pas acheté une bonne provision de chanvre pour faire plus de travail, tant par vous-même que par des gens à gages que vous auriez pris, pour vous aider et pour vous mettre insensiblement plus au large.

— Seigneur, lui repartis-je, vous cesserez de vous étonner que je ne fasse pas d'épargne et que je ne prenne pas le chemin que vous dites pour devenir riche, quand vous saurez qu'avec tout le travail que je puis faire, depuis le matin jusqu'au soir, j'ai de la peine à gagner de quoi me nourrir, moi et ma famille, de pain et de quelques légumes. J'ai une femme et cinq enfants, dont pas un n'est en âge de m'aider en la moindre chose; il faut les entretenir et les habiller; et dans un ménage, si petit qu'il soit, il y a toujours mille choses nécessaires dont on ne peut se passer. Quoique le chanvre ne soit pas cher, il faut néanmoins de l'argent pour en acheter, et c'est le premier que je mets à part sur le produit de la vente de mes ouvrages; sans cela, il ne serait pas possible de fournir à la dépense de ma maison. Jugez, Seigneur, ajoutai-je, s'il est possible que je fasse des épargnes pour me mettre plus au large, moi et ma famille. Il nous suffit que nous soyons contents du peu que Dieu nous donne, et qu'il nous ôte la connaissance et le désir de ce qui nous manque; mais nous trouvons que rien ne nous manque quand nous avons pour vivre ce que nous avons accoutumé d'avoir, et que nous ne sommes dans la nécessité d'implorer l'aide de personne. »

Quand j'eus fait tout ce détail à Sadi : « Hassan, me dit-il, je ne suis plus dans l'étonnement où j'étais, et je comprends toutes les raisons qui vous obligent à vous contenter de l'état où vous vous trouvez. Mais si je vous faisais présent d'une bourse de deux cents pièces d'or, n'en feriez-vous pas un bon usage, et ne croyez vous pas qu'avec cette somme vous deviendriez bientôt au moins aussi riche que les principaux de votre profession?

— Seigneur, repris-je, vous me paraissez un si honnête homme que je suis persuadé que vous ne voudriez pas vous divertir de moi, et que l'offre que vous me faites est sérieuse. J'ose donc vous dire, sans trop présumer de moi, qu'une somme beaucoup moindre me suffirait, non-seulement pour devenir aussi riche que les principaux de ma profession, mais même pour le devenir, en peu de temps, plus moi seul qu'ils ne le sont tous ensemble dans cette grande ville de Bagdad, aussi grande et aussi peuplée qu'elle l'est. »

Le généreux Sadi me fit voir sur-le-champ qu'il m'avait parlé sérieusement. Il tira la bourse de son sein ; et, en me la mettant entre les mains : « Prenez, dit-il, voilà la bourse ; vous y trouverez les deux cents pièces d'or bien comptées. Je prie Dieu qu'il y donne sa bénédiction et qu'il vous fasse la grâce d'en faire le bon usage que je souhaite ; et croyez que mon ami Sad, que voici, et moi, nous aurons un très-grand plaisir quand nous apprendrons qu'elles vous auront servi à vous rendre plus heureux que vous ne l'êtes. »

Commandeur des croyants, quand j'eus reçu la bourse et que d'abord je l'eus mise dans mon sein, je fus dans un transport de joie si grand, et je fus si fort pénétré de reconnaissance, que la parole me manqua, et qu'il ne me fut pas possible d'en donner d'autre marque à mon bienfaiteur que d'avancer la main pour lui prendre le bord de sa robe et la baiser ; mais il la retira en s'éloignant, et ils continuèrent leur chemin, lui et son ami.

En reprenant mon ouvrage, après qu'ils se furent éloignés, la première pensée qui me vint fut d'aviser où je mettrais la bourse pour qu'elle fût en sûreté. Je n'avais dans ma petite et pauvre maison ni coffre, ni armoire qui fermât, ni aucun lieu où je pusse m'assurer que ma bourse ne serait pas découverte si je l'y cachais.

Dans cette perplexité, comme j'avais coutume, avec les pauvres gens de ma sorte, de cacher le peu de monnaie que je possédais dans les plis de mon turban, je quittai mon ouvrage et je rentrai chez moi, sous prétexte de le raccommoder. Je pris si bien mes précautions que, sans que ma femme et mes enfants s'en aperçussent, je tirai dix pièces d'or de ma bourse, que je mis à part pour les dépenses les plus pressées, et j'enveloppai le reste dans les plis de la toile qui entourait mon bonnet.

La principale dépense que je fis, dès le même jour, fut d'acheter une bonne provision de chanvre. Ensuite, comme il y avait longtemps qu'on n'avait vu de viande dans ma famille, j'allai à la boucherie et j'en achetai pour le souper.

En m'en revenant, je tenais ma viande à la main, lorsqu'un milan affamé, sans que je pusse me défendre, fondit dessus et me l'eût arrachée de la main, si je n'eusse tenu ferme contre lui. Mais, hélas! j'aurais bien mieux fait de la lui lâcher, pour ne pas perdre ma bourse. Plus il trouvait en moi de résistance, plus il s'opiniâtrait à vouloir me l'enlever; il me traînait de côté et d'autre, pendant qu'il se soutenait en l'air sans quitter prise; mais il arriva malheureusement que, dans les efforts que je faisais, mon turban tomba par terre.

Aussitôt le milan lâcha prise et se jeta sur mon turban avant que j'eusse eu le temps de le ramasser, et l'enleva. Je poussai des cris si perçants que les hommes, les femmes et les enfants du voisinage en furent effrayés et joignirent leurs cris aux miens pour tâcher de faire lâcher prise au milan.

On réussit souvent, par ce moyen, à forcer ces sortes d'oiseaux voraces de laisser ce qu'ils ont enlevé; mais les cris n'épouvantèrent pas le milan; il emporta mon turban si loin que nous le perdîmes tous de vue avant qu'il l'eût lâché. Ainsi, il eût été inutile de me donner la peine et la fatigue de courir après pour le recouvrer.

Je retournai chez moi fort triste de la perte que je venais de faire de mon turban et de mon argent. Il fallut cependant en racheter un autre, ce qui fit une nouvelle diminution aux dix pièces d'or que j'avais tirées de la bourse. J'en avais déjà dépensé pour l'achat du chanvre, et ce qui me restait ne suffisait pas pour me donner lieu de remplir les belles espérances que j'avais conçues.

Ce qui me fit le plus de peine fut le peu de satisfaction que mon bienfaiteur aurait d'avoir si mal placé sa libéralité, quand il apprendrait le malheur qui m'était arrivé, qu'il regarderait peut-être comme incroyable, et par conséquent comme une vaine excuse.

Tant que dura le peu de pièces d'or qui me restaient, nous nous en ressentîmes, ma petite famille et moi ; mais je retombai bientôt dans le même état et dans la même impuissance de me tirer de misère qu'auparavant. Je n'en murmurai pourtant pas. « Dieu, disais-je, a voulu m'éprouver, en me donnant du bien dans le temps que je m'y attendais le moins ; il me l'a ôté presque dans le même temps, parce qu'il lui a plu ainsi et qu'il était à lui. Qu'il en soit loué, comme je l'avais loué jusqu'alors des bienfaits dont il m'a favorisé, tels qu'il lui avait plu aussi ! Je me soumets à sa volonté. »

J'étais dans ces sentiments pendant que ma femme, à qui je n'avais pu m'empêcher de faire part de la perte que j'avais faite et par quel endroit elle m'était venue, était inconsolable. Il m'était échappé aussi, dans le trouble où j'étais, de dire à mes voisins qu'en perdant mon turban je perdais une bourse de cent quatre-vingt-dix pièces d'or. Mais, comme ma pauvreté leur était connue et qu'ils ne pouvaient pas comprendre que j'eusse gagné une si grosse somme par mon travail, ils ne firent qu'en rire, et les enfants plus qu'eux.

Il y avait environ six mois que le milan m'avait causé le malheur que je viens de raconter à Votre Majesté, lorsque les deux amis passèrent près du quartier où je demeurais. Le voisinage fit que Sad se souvint de moi. Il dit à Sadi : « Nous ne sommes pas loin de la rue où demeure Hassan-Alhabbal; passons-y, et voyons si les deux cents pièces d'or que vous lui avez données ont contribué en quelque chose à le mettre en chemin de faire au moins une fortune meilleure que celle dans laquelle nous l'avons vu.

— Je le veux bien, reprit Sadi : il y a quelques jours, ajouta-t-il, je pensais à lui, et je me faisais un grand plaisir de la satisfaction que j'aurais en vous rendant témoin de la preuve de ma proposition. Vous allez voir un grand changement dans cet homme, et je m'attends que nous aurons de la peine à le reconnaître. »

Les deux amis s'étaient déjà détournés, et ils entraient dans la rue comme Sadi parlait encore. Sad, qui m'aperçut de loin le premier, dit à son ami : « Il me semble que vous prenez gain de cause trop tôt. Je vois Hassan-Alhabbal; mais il ne me paraît aucun changement en sa personne. Il est aussi mal habillé qu'il l'était quand nous lui avons parlé ensemble. La différence que j'y vois, c'est que son turban est un peu moins malpropre. Voyez vous-même si je me trompe. »

En approchant, Sadi, qui m'avait aperçu aussi, vit bien que Sad avait raison; et il ne savait comment expliquer le peu de changement qu'il voyait en ma personne. Il en fut même si fort étonné que ce ne fut pas lui qui me parla quand ils m'eurent abordé. Sad, après m'avoir donné le salut ordinaire : « Eh bien, Hassan, me dit-il, nous ne vous demandons pas comment vont vos petites affaires depuis que nous vous avons vu : elles ont pris sans doute un meilleur train; les deux cents pièces d'or doivent y avoir contribué.

— Seigneurs, repris-je en m'adressant à tous les deux, j'ai une grande mortification d'avoir à vous apprendre que vos vœux et vos espérances, aussi bien que les miennes, n'ont pas eu le succès que vous aviez lieu d'attendre et que je m'étais promis à moi-même. Vous aurez de la peine à ajouter foi à l'aventure extraordinaire qui m'est arrivée. Je vous assure néanmoins, en homme d'honneur, et vous devez me croire, que rien n'est plus véritable que ce que vous allez entendre. »

Alors je leur racontai mon aventure, avec les mêmes circonstances que je viens d'avoir l'honneur d'exposer à Votre Majesté.

Sadi rejeta mon discours bien loin : « Hassan, dit-il, vous vous moquez de moi et vous voulez me tromper. Ce que vous me dites est une chose incroyable. Les milans n'en veulent pas aux turbans, ils ne cherchent que de quoi contenter leur avidité. Vous avez agi comme tous les gens de votre sorte ont coutume d'agir. S'ils font un gain extraordinaire ou qu'une bonne fortune qu'ils n'attendaient pas leur arrive, ils abandonnent leur travail, ils se divertissent, ils se régalent, ils font bonne chère tant que l'argent dure; et, dès qu'ils ont tout mangé, ils se trouvent dans la même nécessité et dans les mêmes besoins qu'auparavant. Vous ne croupissez dans votre misère que parce que vous le méritez, et que vous vous rendez vous-même indigne du bien que l'on vous fait.

— Seigneur, repris-je, je souffre tous ces reproches et je suis prêt à en souffrir encore d'autres bien plus atroces que vous pourriez me faire ; mais je les souffre avec d'autant plus de patience que je ne crois en avoir mérité aucun. La chose est si publique dans le quartier, qu'il n'y a personne qui ne vous en rende témoignage. Informez-vous-en vous-même, vous trouverez que je ne vous en impose pas. J'avoue que je n'avais pas entendu dire que les milans eussent enlevé des turbans ; mais la chose m'est arrivée, comme une infinité d'autres qui ne sont jamais arrivées, et qui cependant arrivent tous les jours. »

Sad prit mon parti et il raconta à Sadi tant d'autres histoires de milans, non moins surprenantes, dont quelques-unes ne lui étaient pas inconnues, qu'à la fin celui-ci tira sa bourse de son sein. Il me compta deux cents pièces d'or dans la main, que je mis à mesure dans mon sein, faute de bourse. Quand Sadi eut achevé de me compter cette somme : « Hassan, me dit-il, je veux bien vous faire encore présent de ces deux cents pièces d'or ; mais prenez garde de les mettre dans un lieu si sûr qu'il ne vous arrive pas de les perdre aussi malheureusement que vous avez perdu les autres, et de faire en sorte qu'elles vous procurent l'avantage que les premières devraient vous avoir procuré. »

Je lui témoignai que l'obligation que je lui avais de cette seconde grâce était d'autant plus grande que je ne la méritais pas après ce qui m'était arrivé, et que je n'oublierais rien pour profiter de ce bon conseil. Je voulais poursuivre; mais il ne m'en donna pas le temps. Il me quitta, et il continua sa promenade avec son ami.

Je ne repris pas mon travail après leur départ; je rentrai chez moi, où ni ma femme ni mes enfants ne se trouvaient alors. Je mis à part dix pièces d'or des deux cents, et j'enveloppai les cent quatre-vingt-dix autres dans un linge, que je nouai. Il s'agissait de cacher le linge dans un lieu sûr. Après y avoir bien songé, je m'avisai de le mettre au fond d'un grand vase de terre, plein de son, qui était dans un coin, où je m'imaginai bien que ni ma femme ni mes enfants n'iraient le chercher. Ma femme revint peu de temps après; et, comme il ne me restait que très-peu de chanvre, je lui dis que j'allais en acheter, sans lui parler des deux amis.

Je sortis; mais, pendant que j'étais allé faire cette emplette, un vendeur de terre à décrasser dont les femmes se servent au bain vint à passer dans la rue et se fit entendre par son cri.

Ma femme, qui n'avait plus de cette terre, appelle le vendeur; et, comme elle n'avait pas d'argent, elle lui demanda s'il voulait lui donner de sa terre en échange pour du son. Le vendeur demande à voir le son; ma femme lui montre le vase; le marché se fait, il se conclut. Elle reçoit la terre à décrasser, et le vendeur emporte le vase avec le son.

Je revins, chargé de chanvre autant que j'en pouvais porter, suivi de cinq porteurs, chargés comme moi de la même marchandise, dont j'emplis une soupente que j'avais ménagée dans ma maison. Je satisfis les porteurs pour leur peine; et, après qu'ils furent partis, je pris quelques moments pour me remettre de ma lassitude. Alors je jetai les yeux du côté où j'avais laissé le vase de son, et je ne le vis plus.

Je ne puis exprimer à Votre Majesté quelle fut ma surprise, ni l'effet qu'elle produisit en moi dans ce moment. Je demandai à ma femme avec précipitation ce qu'il était devenu; et elle me raconta le marché qu'elle en avait fait, comme une chose en quoi elle croyait avoir beaucoup gagné.

« Ah! femme infortunée, m'écriai-je, vous ignorez le mal que vous nous avez fait, à moi, à vous-même et à vos enfants, en faisant un marché qui nous perd sans ressource! Vous avez cru ne vendre que du son, et, avec ce son, vous avez enrichi votre vendeur de terre à décrasser de cent quatre-vingt-dix pièces d'or, dont Sadi, accompagné de son ami, venait de me faire présent pour la seconde fois. »

Il s'en fallut peu que ma femme ne se désespérât quand elle eut appris la grande faute qu'elle avait commise par ignorance. Elle se lamenta, se frappa la poitrine, s'arracha les cheveux; et, déchirant l'habit dont elle était revêtue : « Malheureuse que je suis! s'écria-t-elle, suis-je digne de vivre après une méprise si cruelle? Où chercherai-je ce vendeur de terre? Je ne le connais pas; il n'a passé par notre rue que cette seule fois, et peut-être ne le reverrai-je jamais. Ah! mon mari, ajouta-t-elle, vous avez un grand tort; pourquoi avez-vous été si réservé à mon égard dans une affaire de cette importance? Cela ne fût pas arrivé si vous m'eussiez fait part de votre secret. »

Je ne finirais pas si je rapportais à Votre Majesté tout ce que la douleur lui mit alors dans la bouche. Elle n'ignore pas combien les femmes sont éloquentes dans leurs afflictions.

« Ma femme, lui dis-je, modérez-vous ; vous ne comprenez pas que vous nous allez attirer tous les voisins par vos cris et par vos pleurs : il n'est pas besoin qu'ils soient informés de nos disgrâces. Bien loin de prendre part à notre malheur ou de nous donner de la consolation, ils se feraient un plaisir de se railler de votre simplicité et de la mienne. Le parti le meilleur que nous ayons à prendre, c'est de dissimuler cette perte, de la supporter patiemment, de manière qu'il n'en paraisse pas la moindre chose, et de nous soumettre à la volonté de Dieu. Bénissons-le, au contraire, de ce que, de deux cents pièces d'or qu'il nous avait données, il n'en a retiré que cent quatre-vingt-dix, et qu'il nous en a laissé dix par sa libéralité, dont l'emploi que je viens de faire ne laisse pas de nous apporter du soulagement. »

Quelque bonnes que fussent mes raisons, ma femme eut bien de la peine à les goûter d'abord. Mais le temps, qui adoucit les maux les plus grands, et les moins supportables en apparence, fit qu'à la fin elle s'y rendit.

« Nous vivons pauvrement, lui disais-je, il est vrai ; mais qu'ont les riches que nous n'avons pas ? Ne respirons-nous pas le même air ? Ne jouissons-nous pas de la même lumière et de la même chaleur du soleil ? Quelques commodités qu'ils ont de plus que nous pourraient nous faire envier leur bonheur, s'ils ne mouraient pas comme nous mourons. A le bien prendre, munis de la crainte de Dieu, que nous devons avoir sur toutes choses, l'avantage qu'ils ont de plus que nous est si peu considérable que nous ne devons pas nous y arrêter. »

Je n'ennuierai pas Votre Majesté plus longtemps par mes réflexions morales. Nous nous consolâmes, ma femme et moi, et je continuai mon travail, l'esprit aussi libre que si je n'eusse pas fait des pertes si mortifiantes, à peu de temps l'une de l'autre.

La seule chose qui me chagrinait, et cela arrivait souvent, c'était quand je me demandais à moi-même comment je pourrais soutenir la présence de Sadi, lorsqu'il viendrait me demander compte de l'emploi de ses deux cents pièces d'or et de l'avancement de ma fortune par le moyen de sa libéralité : je n'y voyais, en effet, d'autre moyen que de me résoudre à une inévitable confusion, bien que cette seconde fois, non plus que la première, je n'eusse en rien contribué à ce malheur par ma faute.

Les deux amis furent plus longtemps à revenir apprendre des nouvelles de mon sort que la première fois. Sad en avait parlé souvent à Sadi; mais Sadi avait toujours différé.

« Plus nous diffèrerons, disait-il, plus Hassan se sera enrichi, et plus la satisfaction que j'en aurai sera grande. »

Sad ne pensait pas de même sur les effets probables de la libéralité de son ami.

« Vous croyez donc, reprenait-il, que votre présent aura été mieux employé par Hassan cette fois que la première? Je ne vous conseille pas de vous en trop flatter, de crainte que votre mortification n'en fût plus sensible, si vous trouviez que le contraire fût arrivé.

— Mais, répétait Sadi, il n'arrive pas tous les jours qu'un milan emporte un turban. Hassan y a été attrapé; il aura pris ses précautions pour ne pas l'être une seconde fois.

— Je n'en doute pas, répliqua Sad; mais, ajouta-t-il, tout autre accident, que nous ne pouvons imaginer, ni vous, ni moi, pourra être arrivé. Je vous le dis encore une fois : modérez votre joie, et ne préjugez en rien du bonheur de Hassan ni de son malheur. Pour vous dire ce que je pense et ce que j'ai toujours pensé, quelque mauvais gré que vous puissiez me savoir de ma persuasion, j'ai un pressentiment que vous n'aurez pas réussi, et que je réussirai mieux que vous à prouver qu'un homme pauvre peut plutôt devenir riche de toute autre manière qu'avec de l'argent. »

Un jour enfin que Sad se trouvait chez Sadi, après une longue contestation ensemble : « C'en est trop, dit Sadi; je veux apprendre dès aujourd'hui ce qui en est. Voilà le temps de la promenade; ne le perdons pas, et allons savoir lequel de nous deux aura perdu la gageure. »

Les deux amis partirent, et je les vis venir de loin. J'en fus tout ému, et je fus sur le point de quitter mon ouvrage et d'aller me cacher pour ne point paraître devant eux. Attaché à mon travail, je fis semblant de ne les avoir pas aperçus; je ne levai les yeux pour les regarder que quand ils furent tout près de moi, et qu'ayant reçu d'eux le salut de paix je ne pus honnêtement m'en dispenser; mais je baissai les yeux aussitôt; et, en leur contant ma dernière disgrâce dans toutes ses circonstances, je leur fis connaître pourquoi ils me trouvaient aussi pauvre que la première fois qu'ils m'avaient vu.

Quand j'eus achevé : « Vous pouvez me dire, ajoutai-je, que je devais cacher les cent quatre-vingt-dix pièces d'or ailleurs que dans un vase de son qui devait, le même jour, être emporté de ma maison. Mais il y avait plusieurs années que ce vase y était, qu'il servait à cet usage et que, toutes les fois que ma femme avait vendu le son, à mesure qu'il en était plein, le vase était toujours resté. Pouvais-je deviner que, ce jour-là même, en mon absence, un vendeur de terre à décrasser passerait à point nommé; que ma femme se trouverait sans argent et qu'elle ferait avec lui l'échange qu'elle a fait? Vous pourriez me dire que je devais avertir ma femme; mais je ne croirai jamais que des personnes aussi sages que je suis persuadé que vous l'êtes m'eussent donné ce conseil. Pour ce qui est de ne les avoir pas cachées ailleurs, quelle certitude pouvais-je avoir qu'elles y eussent été en plus grande sûreté? Seigneur, dis-je en m'adressant à Sadi, par un de ses secrets impénétrables que nous ne devons pas approfondir, il n'a pas plu à Dieu que votre libéralité servît à m'enrichir. Il me veut pauvre et non pas riche. Je ne laisse pas de vous avoir la même obligation que si votre présent m'avait été profitable, selon vos souhaits. »

Je me tus, et Sadi, qui prit la parole, me dit : « Hassan, quand je voudrais me persuader que tout ce que vous venez de nous dire est aussi vrai que vous prétendez nous le faire croire, et que vous ne parlez pas ainsi pour cacher vos débauches ou votre mauvaise économie, comme cela pourrait être, je me garderais bien néanmoins de passer outre et de m'opiniâtrer à faire une expérience capable de me ruiner. Je ne regrette pas les quatre cents pièces d'or dont je me suis privé pour essayer de vous tirer de la pauvreté; je l'ai fait pour Dieu, sans attendre d'autre récompense de votre part que le plaisir de vous avoir fait du bien. Si quelque chose était capable de m'en faire repentir, ce serait de m'être adressé à vous plutôt qu'à un autre, qui peut-être en aurait mieux profité. » Et, en se tournant du côté de son ami : « Sad, continua-t-il, vous pouvez connaître, par ce que je viens de dire, que je ne vous donne pas entièrement gain de cause. Il vous est pourtant libre de faire l'expérience de ce que vous prétendez contre moi depuis si longtemps. Faites-moi voir si par d'autres moyens que l'argent on peut faire la fortune d'un homme pauvre, de la manière que je l'entends et que vous l'entendez, et ne cherchez pas un autre sujet que Hassan. Quoi que vous puissiez lui donner, je ne puis me persuader qu'il devienne plus riche qu'il n'a pu faire avec quatre cents pièces d'or. »

Sad tenait un morceau de plomb dans la main, qu'il montrait à Sadi.

« Vous m'avez vu, reprit-il, ramasser à mes pieds ce morceau de plomb; je vais le donner à Hassan; vous verrez ce qu'il lui vaudra. »

Sadi fit un éclat de rire, en se moquant de Sad.

« Un morceau de plomb! s'écria-t-il. Hé! que peut-il valoir à Hassan qu'une obole, et que fera-t-il avec une obole? »

Sad, en me présentant le morceau de plomb, me dit : « Laissez rire Sadi, et prenez ce plomb. Vous nous direz, un jour, des nouvelles du bonheur qu'il vous aura porté. »

Je crus que Sad ne parlait pas sérieusement et que ce qu'il en faisait n'était que pour se divertir. Je ne laissai pas de recevoir le morceau de plomb, en le remerciant; et, pour le contenter, je le mis dans ma veste, comme par manière d'acquit. Les deux amis me quittèrent pour achever leur promenade, et je continuai mon travail.

Le soir, comme je me déshabillais pour me coucher et que j'eus ôté ma ceinture, le morceau de plomb que Sad m'avait donné, auquel je n'avais plus songé depuis, tomba par terre; je le ramassai et le mis dans le premier endroit que je trouvai.

La même nuit, il arriva qu'un pêcheur de mes voisins, en arrangeant ses filets, trouva qu'il y manquait un morceau de plomb; il n'en avait pas d'autre pour le remplacer, et il n'était plus l'heure d'en envoyer acheter, les boutiques étaient fermées. Il fallait cependant, s'il voulait avoir de quoi vivre le lendemain, lui et sa famille, qu'il allât à la pêche deux heures avant le jour. Il témoigne son chagrin à sa femme, et il l'envoie demander un morceau de plomb dans le voisinage.

La femme obéit à son mari; elle va de porte en porte, des deux côtés de la rue, et ne trouve rien. Elle le dit à son mari, qui lui demande, en lui nommant plusieurs de ses voisins, si elle avait frappé à leur porte. Elle répondit qu'oui. « Et chez Hassan-Alhabbal, ajouta-t-il, je gage que vous n'y avez pas été?

— Il est vrai, reprit la femme; je n'ai pas été jusque-là, parce qu'il y a trop loin; et, quand j'en aurais pris la peine, croyez-vous que j'eusse trouvé ce que je cherche? Quand on n'a besoin de rien, c'est justement chez lui qu'il faut aller : je le sais par expérience.

— Il n'importe, reprit le pêcheur; vous êtes une paresseuse, je veux que vous y alliez. Vous avez été cent fois chez lui sans trouver ce que vous cherchiez; vous y trouverez peut-être aujourd'hui le plomb dont j'ai besoin : encore une fois, je veux que vous y alliez. »

La femme du pêcheur sortit en murmurant et en grondant, et vint frapper à ma porte. Il y avait déjà quelque temps que je dormais; je me réveillai, en demandant ce ce qu'on voulait.

« Hassan-Alhabbal, dit la femme en haussant la voix, mon mari a besoin d'un peu de plomb pour arranger ses filets; si, par hasard, vous en avez, il vous prie de lui en donner. »

La mémoire du morceau de plomb que Sad m'avait donné m'était si récente, surtout après ce qui m'était arrivé en me déshabillant, que je ne pouvais l'avoir perdue. Je répondis à la voisine que j'en avais, qu'elle attendît un moment, et que ma femme allait lui en donner un morceau.

Ma femme, qui s'était aussi éveillée au bruit, se lève, trouve à tâtons le plomb où je lui avais enseigné qu'il était, entr'ouvre la porte et le donne à la voisine.

La femme du pêcheur, ravie de n'être pas venue en vain : « Voisine, dit-elle à ma femme, le plaisir que vous nous faites, à mon mari et à moi, est si grand, que je vous promets tout le poisson que mon mari amènera du premier coup de filet; et je vous assure qu'il ne me dédira pas. »

Le pêcheur, ravi d'avoir trouvé, contre son espérance, le plomb qui lui manquait, approuva la promesse que sa femme nous avait faite.

« Je vous sais bon gré, dit-il, d'avoir suivi en cela mon intention. »

Il acheva d'arranger ses filets et il alla à la pêche deux heures avant le jour, selon sa coutume. Il n'amena qu'un seul poisson du premier coup de filet, mais long de plus d'une coudée et gros à proportion. Il en fit ensuite plusieurs autres qui furent tous heureux; mais il s'en fallut de beaucoup que, de tout le poisson qu'il amena, il y en eût un seul qui approchât du premier.

Quand le pêcheur eut achevé sa pêche et qu'il fut revenu chez lui, le premier soin qu'il eut fut de songer à moi; et je fus extrêmement surpris, comme je travaillais, de le voir se présenter devant moi, chargé de ce poisson.

« Voisin, me dit-il, ma femme vous a promis, cette nuit, le poisson que j'amènerais du premier coup de filet, en reconnaissance du plaisir que vous nous avez fait, et j'ai approuvé sa promesse. Dieu ne m'a envoyé pour vous que ce poisson, je vous prie de l'agréer. S'il m'en eût envoyé plein mes filets, il eût de même été tout pour vous. Acceptez-le, je vous prie, tel qu'il est, comme s'il était plus considérable.

— Voisin, repris-je, le morceau de plomb que je vous ai envoyé est si peu de chose, qu'il ne méritait pas que vous le missiez à un si haut prix. Les voisins doivent se secourir les uns les autres dans leurs petits besoins; je n'ai fait pour vous que ce que je pouvais attendre de vous dans une occasion semblable. Ainsi je refuserais de recevoir votre présent si je n'étais persuadé que vous me le faites de bon cœur; je croirais même vous offenser si j'en usais de la sorte. Je le reçois donc, puisque vous le voulez ainsi, et je vous remercie. »

Nos civilités en demeurèrent là, et je portai le poisson à ma femme.

« Prenez, lui dis-je, ce poisson que le pêcheur notre voisin vient de m'apporter, en reconnaissance du morceau de plomb qu'il nous envoya demander la nuit dernière. C'est, je crois, tout ce que nous pouvons espérer de ce présent que Sad me fit hier, en me promettant qu'il me porterait bonheur. »

Ce fut alors que je lui parlai du retour des deux amis, et de ce qui s'était passé entre eux et moi.

Ma femme fut embarrassée de voir un poisson si grand et si gros.

« Que voulez-vous, dit-elle, que nous en fassions? Notre gril n'est bon que pour de petits poissons, et nous n'avons pas de vase assez grand pour le faire cuire au court-bouillon.

— C'est votre affaire, lui dis-je, accommodez-le comme il vous plaira ; qu'il soit rôti ou bouilli, j'en serai content. »
En disant ces paroles, je retournai à mon travail.

En accommodant le poisson, ma femme en tira avec les entrailles un gros diamant, qu'elle prit pour du verre quand elle l'eut nettoyé. Elle avait bien entendu parler de diamants; et, si elle en avait vu ou manié, elle n'en avait pas assez de connaissance pour en faire la distinction. Elle le donna au plus petit de nos enfants, pour en faire un jouet avec ses frères et ses sœurs, qui voulaient le voir et le manier tour à tour, en se le donnant les uns aux autres pour en admirer la beauté, l'éclat et le brillant.

Le soir, quand la lampe fut allumée, nos enfants, qui continuèrent leur jeu, en se cédant le diamant pour le considérer les uns après les autres, s'aperçurent qu'il répandait une certaine lumière à mesure que ma femme leur cachait la clarté de la lampe, en allant de çà, de là, pour achever de préparer le souper; et cela engageait les enfants à s'arracher le diamant pour en faire l'expérience. Mais les petits pleuraient quand les plus grands ne le leur laissaient pas autant de temps qu'ils voulaient, et ceux-ci étaient contraints de le leur rendre pour les apaiser.

Comme peu de chose est capable d'amuser les enfants et de causer de la dispute entre eux, et que cela leur arrive ordinairement, ni ma femme ni moi nous ne fîmes attention à ce qui faisait le sujet du bruit et du tintamarre dont ils nous étourdissaient. Ils cessèrent enfin quand les plus grands se furent mis à table, pour souper avec nous, et que ma femme eut donné aux plus petits chacun leur part.

Après le souper, les enfants se rassemblèrent et ils commencèrent le même bruit qu'auparavant. Alors je voulus savoir quelle était la cause de leur dispute. J'appelai l'aîné et je lui demandai quel sujet ils avaient de faire un tel bruit. Il me dit : « Mon père, c'est un morceau de verre qui répand de la lumière quand nous le regardons le dos tourné à la lampe. » Je demandai l'objet et j'en fis l'expérience.

Cela me parut extraordinaire : « Qu'est-ce que ce morceau de verre? » dis-je à ma femme.

« Je ne sais, dit-elle, c'est un morceau de verre que j'ai tiré du ventre du poisson en le préparant. »

Je ne m'imaginai pas, non plus qu'elle, que ce fût autre chose que du verre. Je poussai néanmoins l'expérience plus loin. Je dis à ma femme de cacher la lampe dans la cheminée; elle le fit, et je vis que le prétendu morceau de verre répandait une lumière si grande, que nous pouvions nous passer de la lampe pour nous coucher. Je la fis éteindre, et je mis moi-même le morceau de verre sur le bord de la cheminée, pour nous éclairer [2].

« Voici, dis-je, un autre avantage que le morceau de plomb que l'ami de Sadi m'a donné nous procure, en nous épargnant d'acheter de l'huile. »

Quand mes enfants virent que j'avais fait éteindre la lampe et que le morceau de verre y suppléait, à cette merveille ils poussèrent des cris d'admiration si hauts et si bruyants qu'ils retentirent bien loin dans le voisinage.

Nous augmentâmes le bruit, ma femme et moi, à force de crier pour les faire taire, et nous ne pûmes le gagner entièrement sur eux que quand ils furent couchés et qu'ils se furent endormis, après s'être longtemps entretenus, à leur manière, de la lumière merveilleuse du morceau de verre.

Nous nous couchâmes après eux, ma femme et moi; et le lendemain, de grand matin, sans penser davantage au morceau de verre, j'allai travailler, à mon ordinaire. Il ne doit pas être étrange que cela soit arrivé à un homme comme moi, qui étais accoutumé à voir du verre, et qui n'avais jamais vu de diamants; ou, si j'en avais vu, je n'avais pas cherché à en connaître la valeur.

Le prétendu morceau de verre, placé sur le bord de la cheminée, répandait une grande lumière.

Je ferai remarquer à Votre Majesté, en cet endroit, qu'entre ma maison et celle de mon voisin le plus proche il n'y avait pour toute séparation qu'une cloison de charpente et de maçonnerie très-légère. Cette maison appartenait à un juif fort riche, joaillier de profession ; et la chambre où lui et sa femme couchaient joignait à la cloison. Ils étaient déjà couchés et endormis quand mes enfants avaient fait le plus grand bruit. Cela les avait éveillés, et ils avaient été longtemps à se rendormir.

Le lendemain, la femme du juif, tant de la part de son mari qu'en son propre nom, vint se plaindre à ma femme de l'interruption de leur sommeil dès le premier somme.

« Ma bonne Rachel (c'est ainsi que s'appelait la femme du juif), lui dit ma femme, je suis bien fâchée de ce qui est arrivé, et je vous en fais mes excuses, vous savez ce que c'est que les enfants ; un rien les fait rire, de même que peu de chose les fait pleurer. Entrez, et je vous montrerai le sujet des cris dont vous vous plaignez.

La juive entra, et ma femme prit le diamant, puisque enfin c'en était un, et un d'une grande singularité. Il était encore sur la cheminée ; et, en le lui présentant : « Voyez, dit-elle ; c'est ce morceau de verre qui est cause de tout le bruit que vous avez entendu hier au soir. » Pendant que la juive, qui avait connaissance de toutes sortes de pierreries, examinait ce diamant avec admiration, elle lui raconta comment elle l'avait trouvé dans le ventre du poisson, et tout ce qui en était arrivé.

Quand ma femme eut achevé, la juive, qui savait comment elle s'appelait : « Aischah, dit-elle en lui remettant

14

le diamant entre les mains, je crois comme vous que ce n'est que du verre; mais comme il est plus beau que le verre ordinaire, que j'ai un morceau de verre à peu près semblable dont je me pare quelquefois, et qu'il y ferait un accompagnement, je l'achèterais si vous vouliez me le vendre. »

Mes enfants, qui entendirent parler de vendre leur jouet, interrompirent la conversation en se récriant, en priant leur mère de le leur garder; ce qu'elle fut contrainte de leur promettre pour les apaiser.

La juive, obligée de se retirer, sortit; et, avant de quitter ma femme, qui l'avait accompagnée jusqu'à la porte, elle la pria, en parlant bas, si elle avait dessein de vendre le morceau de verre, de ne le faire voir à personne qu'auparavant elle ne lui en eût donné avis.

Le juif était allé à sa boutique de grand matin, dans le quartier des joailliers. La juive alla l'y trouver, et elle lui annonça la découverte qu'elle venait de faire; elle lui rendit compte de la grosseur, du poids à peu près, de la beauté, de la belle eau et de l'éclat du diamant, et surtout de sa singularité, qui était de jeter de la lumière la nuit, suivant le rapport de ma femme, d'autant plus croyable qu'il était naïf.

Le juif renvoya sa femme avec ordre d'en traiter avec la mienne, de lui en offrir d'abord peu de chose, autant qu'elle le jugerait à propos, et d'augmenter à proportion de la difficulté qu'elle trouverait, et enfin de conclure le marché à quelque prix que ce fût.

La juive, selon l'ordre de son mari, parla à ma femme en particulier, sans attendre qu'elle se fût déterminée à vendre le diamant, et elle lui demanda si elle en voulait vingt pièces d'or. Pour un morceau de verre, comme elle le pensait, ma femme trouva la somme considérable. Elle ne voulut répondre néanmoins ni oui ni non. Elle dit seulement à la juive qu'elle ne pouvait l'écouter qu'elle ne m'eût parlé auparavant.

Sur ces entrefaites, je venais de quitter mon travail, et je voulais rentrer chez moi pour dîner, comme elles se parlaient à la porte. Ma femme m'arrête et me demande si je consentais à vendre le morceau de verre qu'elle avait trouvé dans le ventre du poisson, pour vingt pièces d'or que la juive, notre voisine, en offrait.

Je ne répondis pas sur-le-champ : je fis réflexion à l'assurance avec laquelle Sad m'avait promis, en me donnant le morceau de plomb, qu'il ferait ma fortune; et la juive crut que c'était parce que je méprisais la somme qu'elle avait offerte que je ne répondais rien.

« Voisin, me dit-elle, je vous en donnerai cinquante : en êtes-vous content? »

Comme je vis que de vingt pièces d'or la juive augmentait si promptement jusqu'à cinquante, je tins ferme et je lui dis qu'elle était bien éloignée du prix auquel je prétendais le vendre.

« Voisin, reprit-elle, prenez-en cent pièces d'or : c'est beaucoup. Je ne sais même si mon mari m'avouera. »

A cette nouvelle augmentation, je lui dis que je voulais en avoir cent mille pièces d'or; que je voyais bien que le diamant valait davantage; mais que, pour lui faire plaisir à elle et à son mari, comme voisins, je me bornerais à cette somme, que je voulais en avoir absolument; et que, s'ils le refusaient à ce prix-là, d'autres joailliers m'en donneraient davantage.

La juive me confirma elle-même dans ma résolution par l'empressement qu'elle témoigna de conclure le marché, en m'offrant à plusieurs reprises jusqu'à cinquante mille pièces d'or, que je refusai.

« Je ne puis, dit-elle, en offrir davantage sans le consentement de mon mari. Il reviendra ce soir; la grâce que je vous demande, c'est de vouloir bien attendre qu'il vous ait parlé et qu'il ait vu le diamant. » Ce que je lui promis.

Le soir, quand le juif fut revenu chez lui, il apprit de sa femme qu'elle n'avait rien conclu avec la mienne ni avec moi, l'offre qu'elle m'avait faite de cinquante mille pièces d'or et la grâce qu'elle m'avait demandée.

Le juif observa le temps que je quittai mon ouvrage et que je voulus rentrer chez moi. « Voisin Hassan, dit-il en m'abordant, je vous prie de me montrer le diamant que votre femme a montré à la mienne. » Je le fis entrer et je le lui montrai.

Comme il faisait fort sombre et que la lampe n'était pas encore allumée, il connut d'abord, par la lumière que le diamant répandait et par son grand éclat au milieu de ma main, qui en était éclairée, que sa femme lui avait fait un rapport fidèle. Il le prit; et, après l'avoir examiné longtemps en ne cessant de l'admirer : « Eh bien, voisin, dit-il, ma femme, à ce qu'elle m'a dit, vous en a offert cinquante mille pièces d'or; afin que vous soyez content, je vous en offre vingt mille de plus.

— Voisin, repris-je, votre femme a pu vous dire que je

l'ai mis à cent mille : ou vous me les donnerez, ou le diamant me demeurera; il n'y a pas de milieu. »

Il marchanda longtemps, dans l'espérance que je le lui donnerais à quelque chose de moins; mais il ne put rien obtenir, et la crainte qu'il eut que je ne le montrasse à d'autres joailliers, comme je l'eusse fait, le décida à ne me pas quitter sans conclure le marché au prix que je demandais. Il me dit qu'il n'avait pas les cent mille pièces d'or chez lui; mais que, le lendemain, avant qu'il fût la même heure, il me consignerait toute la somme; et il m'apporta, le même jour, deux sacs, chacun de mille pièces, pour que le marché fût conclu.

Le lendemain, je ne sais si le juif emprunta de ses amis ou s'il s'associa avec d'autres joailliers; quoi qu'il en soit, il me fit la somme de cent mille pièces d'or, qu'il m'apporta dans le temps qu'il m'en avait donné parole; et je lui mis le diamant entre les mains.

La vente du diamant ainsi terminée, et devenu riche infiniment au-dessus de mes espérances, je remerciai Dieu de sa bonté et de sa libéralité, et je serais allé me jeter aux pieds de Sad, pour lui témoigner ma reconnaissance, si j'avais su où il demeurait. J'en aurais usé de même envers Sadi, à qui j'avais la première obligation de mon bonheur, quoiqu'il n'eût pas réussi dans la bonne intention qu'il avait à mon égard.

Je songeai ensuite au bon usage que je devais faire d'une somme aussi considérable. Ma femme, l'esprit déjà rempli de la vanité ordinaire de son sexe, me proposa d'abord d'acheter de riches habillements pour elle et pour ses enfants, d'acquérir une maison et de la meubler richement.

« Ma femme, lui dis-je, ce n'est point par ces sortes de dépenses que nous devons commencer. Remettez-vous en à moi : ce que vous demandez viendra avec le temps. Quoique l'argent ne soit fait que pour être dépensé, il faut néanmoins procéder de manière que l'argent produise un fonds dont on puisse tirer sans qu'il tarisse. C'est à quoi je pense, et, dès demain, je commencerai à établir ce fonds. »

Le jour suivant, j'employai la journée à aller chez une bonne partie des gens de mon métier, qui n'étaient pas plus à leur aise que je ne l'avais été jusqu'alors; et, en leur donnant de l'argent d'avance, je les engageai à travailler pour moi à différentes sortes d'ouvrages de corderie, chacun selon son habileté et son pouvoir, avec promesse de ne pas les faire attendre et d'être exact à les bien payer de leur travail, à mesure qu'ils m'apporteraient de leurs ouvrages. Le jour d'après, j'achevai d'engager de même les autres cordiers de ce rang à travailler pour moi; et, depuis ce temps-là, tout ce qu'il y en a dans Bagdad continuent ce travail, très-contents de mon exactitude à leur tenir la parole que je leur ai donnée.

Comme ce grand nombre d'ouvriers devait produire des ouvrages à proportion, je louai des magasins en différents endroits; et, dans chacun, j'établis un commis, tant pour recevoir les ouvriers que pour vendre en gros et en détail; et, bientôt, par cette économie, je me fis un gain et un revenu considérables.

Ensuite, pour réunir en un seul endroit tant de magasins dispersés, j'achetai une grande maison, qui occupait un vaste terrain, mais qui tombait en ruine. Je la fis mettre à bas; et, à la place, je fis bâtir celle que Votre Majesté vit hier. Mais, quelque apparence qu'elle ait, elle n'est composée que de magasins, qui me sont nécessaires, et du logement dont j'ai besoin pour moi et pour ma famille.

Il y avait déjà quelque temps que j'avais abandonné mon ancienne petite maison, pour venir m'établir dans cette nouvelle, quand Sadi et Sad, qui n'avaient plus pensé à moi jusqu'alors, s'en souvinrent. Ils convinrent d'un jour de promenade; et, en passant par la rue où ils m'avaient vu, ils furent dans un grand étonnement de ne m'y pas voir occupé à mon petit train de corderie. Ils demandèrent ce que j'étais devenu, si j'étais mort ou vivant. Leur étonnement augmenta quand ils eurent appris que celui qu'ils demandaient était devenu un gros marchand, qu'on ne l'appelait plus simplement Hassan, mais Codja Hassan-Alhabbal, c'est-à-dire le marchand Hassan le cordier, et qu'il s'était fait bâtir, dans une rue qu'on leur nomma, une maison qui avait l'apparence d'un palais.

Les deux amis vinrent me chercher dans cette rue; et, dans le chemin, comme Sadi ne pouvait s'imaginer que le morceau de plomb que Sad m'avait donné fût la cause d'une si haute fortune :

« J'ai une joie parfaite, dit-il à Sad, d'avoir fait la fortune de Hassan-Alhabbal; mais je ne puis approuver qu'il m'ait fait deux mensonges pour me tirer quatre cents pièces d'or, au lieu de deux cents : car, attribuer sa fortune au morceau de plomb que vous lui donnâtes, c'est ce que je ne puis; et personne, non plus que moi, ne la lui attribuerait.

— C'est votre pensée, reprit Sad; mais ce n'est pas

la mienne, et je ne vois pas pourquoi vous voulez faire à Codja Hassan l'injustice de le prendre pour un menteur. Vous me permettrez de croire qu'il nous a dit la vérité, qu'il n'a pensé à rien moins qu'à nous la déguiser, et que c'est le morceau de plomb que je lui donnai qui est la cause unique de son bonheur. C'est un point que Codja Hassan va bientôt nous éclaircir. »

En tenant de semblables discours ces deux amis arrivèrent dans la rue où est ma maison. Ils demandèrent où elle était, on la leur montra; et, à en considérer la façade, ils eurent de la peine à croire que ce fût elle. Ils frappèrent à la porte, et mon portier ouvrit.

Sadi, qui craignait de commettre une incivilité s'il prenait la maison de quelque seigneur de marque pour celle qu'il cherchait, dit au portier : « On nous a enseigné cette maison pour celle de Codja Hassan-Alhabbal; dites-nous si nous ne nous trompons pas.

— Non, Seigneur, vous ne vous trompez pas, répondit le portier en ouvrant la porte plus grande; c'est elle-même. Entrez; il est dans la salle, et vous trouverez parmi les esclaves quelqu'un qui vous annoncera. »

Les deux amis me furent annoncés, et je les reconnus. Dès que je les vis paraître, je me levai de ma place, je courus à eux et voulus leur prendre le bord de la robe pour la baiser. Ils m'en empêchèrent, et il fallut que je souffrisse, malgré moi, qu'ils m'embrassassent. Je les invitai à monter sur un grand sofa, en leur en montrant un plus petit, à quatre personnes, qui avançait sur mon jardin. Je les priai de prendre place, et ils voulaient que je me misse à la place d'honneur.

« Seigneurs, leur dis-je, je n'ai pas oublié que je suis le pauvre Hassan-Alhabbal; et, quand je serais tout autre que je ne suis et que je ne vous aurais pas les obligations que je vous ai, je sais ce qui vous est dû : je vous supplie de ne me pas couvrir plus longtemps de confusion. »

Ils prirent la place qui leur était due, et je m'assis vis-à-vis d'eux.

Alors Sadi, m'adressant le premier la parole : « Codja Hassan, dit-il, je ne puis exprimer combien j'ai de joie de vous voir à peu près dans l'état que je souhaitais, quand je vous fis présent, sans vous en faire un reproche, des deux cents pièces d'or, tant la première que la seconde fois; et je suis persuadé que les quatre cents pièces ont fait en vous le changement merveilleux de votre fortune, que je vois avec plaisir. Une seule chose me fait de la peine, qui est que je ne comprends pas quelle raison vous pouvez avoir eue de me déguiser la vérité deux fois, en alléguant des pertes arrivées par des contretemps qui m'ont paru et qui me paraissent encore incroyables. Ne serait-ce pas que, quand nous vous vîmes la dernière fois, vous aviez encore si peu avancé vos petites affaires, tant avec les deux cents premières qu'avec les deux cents dernières pièces d'or, que vous eûtes honte d'en faire un aveu? Je veux le croire ainsi par avance, et je m'attends que vous allez me confirmer dans mon opinion. »

Sad entendit ce discours de Sadi avec grande impatience, pour ne pas dire indignation; et il le témoigna les yeux baissés, en branlant la tête. Il le laissa parler néanmoins jusqu'à la fin, sans ouvrir la bouche. Quand il eut achevé :

« Sadi, reprit-il, pardonnez si, avant que Codja vous réponde, je le préviens pour vous dire que j'admire votre prévention contre sa sincérité, et votre persistance à ne vouloir pas ajouter foi aux assurances qu'il vous a données. Je vous ai déjà dit, et je vous le répète, que je l'ai cru d'abord, sur le simple récit des deux accidents qui lui sont arrivés; et, quoi que vous en puissiez dire, je suis persuadé qu'ils sont véritables. Mais laissons-le parler; nous allons savoir par lui-même qui de nous deux lui rend justice. »

Après le discours de ces deux amis, je pris la parole, et, en la leur adressant également : « Seigneurs, leur dis-je, je me condamnerais à un silence perpétuel sur l'éclaircissement que vous me demandez, si je n'étais certain que la dispute que vous avez à mon occasion n'est pas capable de rompre le nœud d'amitié qui unit vos cœurs. Je vais donc m'expliquer, puisque vous l'exigez de moi ; mais, auparavant, je vous proteste que c'est avec la même sincérité que je vous ai exposé ci-devant ce qui m'était arrivé. »

Alors je leur racontai la chose de point en point, comme Votre Majesté l'a entendue, sans oublier la moindre circonstance.

Mes protestations ne firent pas assez d'impression sur l'esprit de Sadi pour le guérir de sa prévention. Quand j'eus cessé de parler : « Codja Hassan, reprit-il, l'aventure du poisson et du diamant trouvé dans son ventre à point nommé me paraît aussi peu croyable que l'enlèvement de votre turban par un milan et que le vase de son échangé pour de la terre à décrasser. Quoi qu'il en puisse être, je n'en suis pas moins convaincu que vous êtes non plus pauvre, mais riche, comme mon intention était que vous le devinssiez par mon moyen, et je m'en réjouis très-sincèrement. »

Comme il était tard, il se leva pour prendre congé, et Sad en même temps que lui. Je me levai de même, et, en les arrêtant : « Seigneurs, leur dis-je, trouvez bon que je vous demande une grâce et que je vous supplie de ne me la pas refuser : c'est de souffrir que j'aie l'honneur de vous donner un souper frugal et ensuite à chacun un lit, pour vous mener demain, par eau, à une petite maison de campagne que j'ai achetée pour y aller prendre l'air de temps en temps ; je vous en ramènerai par terre le même jour, chacun sur un cheval de mon écurie.

— Si Sad n'a pas d'affaire qui l'appelle ailleurs, j'y consens de bon cœur, dit Sadi.

— Je n'en ai point, reprit Sad, dès qu'il s'agit de jouir de votre compagnie. Il faut donc, continua-t-il, envoyer chez vous et chez moi avertir qu'on ne nous attende pas. »

Je leur fis venir un esclave ; et, pendant qu'ils le chargèrent de cette commission, je pris le temps de donner ordre pour le souper.

En attendant l'heure du souper, je fis voir ma maison et tout ce qui la compose à mes bienfaiteurs, qui la trouvèrent bien entendue par rapport à mon état. Je les appelai mes bienfaiteurs l'un et l'autre sans distinction, parce que, sans Sadi, Sad ne m'eût pas donné le morceau de plomb, et que, sans Sad, Sadi ne se fût pas adressé à moi pour me donner les quatre cents pièces d'or auxquelles je rapporte la source de mon bonheur. Je les ramenai dans la salle, où ils me firent plusieurs questions sur le détail de mon négoce, et je leur répondis de manière qu'ils parurent contents de ma conduite.

On vint enfin m'avertir que le souper était servi. Comme la table était mise dans une autre salle, je les y fis passer. Ils se récrièrent sur l'illumination dont elle était éclairée, sur la propreté du lieu, sur le buffet et sur les mets qu'ils trouvèrent à leur goût. Je les régalai aussi d'un concert de voix et d'instruments pendant le repas, et, quand on eut desservi, d'une troupe de danseurs et danseuses, et d'autres divertissements, en tâchant de leur faire connaître, autant qu'il m'était possible, combien j'étais pénétré de reconnaissance à leur égard.

Le lendemain, comme j'avais fait convenir Sadi et Sad de partir de grand matin, afin de jouir de la fraîcheur, nous nous rendîmes sur le bord de la rivière avant que le soleil fût levé. Nous nous embarquâmes sur un bateau très-propre et garni de tapis, qu'on nous tenait prêt; et à la faveur de six bons rameurs et du courant de l'eau, environ en une heure et demie de navigation, nous abordâmes à ma maison de campagne.

En mettant pied à terre, les deux amis s'arrêtèrent, moins pour en considérer la beauté par le dehors que pour en admirer la situation avantageuse, pour les belles vues, ni trop bornées, ni trop étendues, qui la rendaient agréable de tous les côtés. Je les menai dans les appartements, je leur en fis remarquer les accompagnements, les dépendances et les commodités, qui la leur firent trouver toute riante et très-charmante.

Nous entrâmes ensuite dans le jardin, où ce qui leur plut davantage fut une forêt d'orangers et de citronniers de toutes espèces, chargés de fruits et de fleurs, dont l'air était embaumé, plantés par allées, à distance égale, et arrosés par une rigole perpétuelle, d'arbre en arbre, d'une eau vive détournée de la rivière. L'ombrage, la fraîcheur dans la plus grande ardeur du soleil, le doux murmure de l'eau, le ramage harmonieux d'une infinité d'oiseaux et plusieurs autres agréments les frappèrent de manière qu'ils s'arrêtaient presque à chaque pas, tantôt pour me témoigner l'obligation qu'ils m'avaient de les avoir amenés dans un lieu si délicieux, tantôt pour me féliciter de l'acquisition que j'avais faite et pour me faire d'autres compliments obligeants [3].

Je les conduisis jusqu'au bout de cette forêt, qui est fort longue et fort large, où je leur fis remarquer un bois de grands arbres qui termine mon jardin. Je les menai jusqu'à un cabinet ouvert de tous les côtés, mais ombragé par un bouquet de palmiers qui n'empêchaient pas qu'on n'y eût la vue libre, et je les invitai à y entrer et à s'y reposer sur un sofa garni de tapis et de coussins.

Deux de mes fils, que nous avions trouvés dans la maison et que j'y avais envoyés depuis quelque temps avec leur précepteur, pour y prendre l'air, nous avaient quittés pour entrer dans le bois; et, comme ils cherchaient des nids d'oiseaux, ils en aperçurent un entre les branches d'un grand arbre. Ils tentèrent d'abord d'y monter; mais, comme ils n'avaient ni la force ni l'adresse pour l'entreprendre, ils le montrèrent à un esclave que je leur avais donné, qui ne les abandonnait pas, et ils lui dirent de leur dénicher les oiseaux.

L'esclave monta sur l'arbre, et, quand il fut arrivé jusqu'au nid, il fut fort étonné de voir qu'il était pratiqué dans un turban. Il enlève le nid tel qu'il est, descend de l'arbre et fait remarquer le turban à mes enfants ; mais, comme il ne douta pas que ce ne fût une chose que je serais bien aise de voir, il le leur témoigna et il le donna à l'aîné pour me l'apporter.

Je les vis venir de loin, avec la joie ordinaire aux enfants qui ont trouvé un nid ; et, en me le présentant : « Mon père, me dit l'aîné, voyez-vous ce nid dans un turban? »

Sadi et Sad ne furent pas moins surpris que moi de la nouveauté ; mais je le fus bien plus qu'eux en reconnaissant que le turban était celui que le milan m'avait enlevé. Dans mon étonnement, après l'avoir bien examiné et tourné de tous côtés, je demandai aux deux amis : « Seigneurs, avez-vous la mémoire assez bonne pour vous souvenir que c'est là le turban que je portais le jour où vous me fîtes l'honneur de m'aborder la première fois?

— Je ne pense pas, répondit Sad, que Sadi y ait fait attention non plus que moi ; mais ni lui ni moi nous ne pourrons en douter, si les cent quatre-vingt-dix pièces d'or s'y trouvent.

— Seigneur, repris-je, ne doutez pas que ce ne soit le même turban : outre que je le reconnais fort bien, je m'aperçois aussi à la pesanteur que ce n'en est pas un autre, et vous vous en apercevrez vous-même, si vous prenez la peine de le manier. »

Je le lui présentai après en avoir ôté les oiseaux, que je donnai à mes enfants ; il le prit entre ses mains et le présenta à Sadi, pour juger du poids qu'il pouvait avoir.

« Je veux croire que c'est votre turban, me dit Sadi;
j'en serai néanmoins mieux convaincu quand je verrai les
cent quatre-vingt-dix pièces d'or en espèces.

— Au moins, Seigneurs, ajoutai-je quand j'eus repris
le turban, observez bien, je vous en supplie, avant que j'y
touche, que ce n'est pas d'aujourd'hui qu'il s'est trouvé
sur l'arbre; et que l'état où vous le voyez et le nid qui y
est si proprement accommodé, sans que main d'homme
y ait touché, sont des marques certaines qu'il s'y trouvait
depuis le jour que le milan me l'a emporté et qu'il l'a laissé
tomber ou posé sur cet arbre dont les branches ont empêché qu'il ne fût tombé jusqu'à terre. Et ne trouvez pas
mauvais que je vous fasse faire cette remarque : j'ai un
trop grand intérêt à vous ôter tout soupçon de fraude de
ma part. »

Sad me seconda dans mon dessein. « Sadi, reprit-il,
cela vous regarde, et non pas moi qui suis bien persuadé
que Codja Hassan ne nous en impose pas. »

Pendant que Sad parlait, j'ôtai la toile qui environnait
en plusieurs tours le bonnet qui faisait partie du turban,
et j'en tirai la bourse, que Sadi reconnut pour la même
qu'il m'avait donnée. Je la vidai sur le tapis devant eux
et je leur dis : « Seigneurs, voilà les pièces d'or ; comptez-
les vous-mêmes, et voyez si le compte n'y est pas. »

Sad les arrangea par dizaines jusqu'au nombre de cent
quatre-vingt-dix ; et alors Sadi, qui ne pouvait pas nier
une vérité si manifeste, prit la parole ; et, en me l'adressant : « Codja Hassan, dit-il, je conviens que ces cent
quatre-vingt-dix pièces d'or n'ont pu servir à vous enrichir ; mais les cent quatre-vingt-dix autres, que vous

avez cachées dans un vase de son, comme vous voulez me le faire accroire, ont pu y contribuer.

— Seigneur, repris-je, je vous ai dit la vérité aussi bien à l'égard de cette dernière somme qu'à l'égard de la première. Vous ne voudriez pas que je me rétractasse pour dire un mensonge.

— Codja Hassan, me dit Sad, laissez Sadi dans son opinion. Je consens de bon cœur qu'il croie que vous lui êtes redevable de la moitié de votre bonne fortune, par le moyen de la dernière somme, pourvu qu'il tombe d'accord que j'y ai contribué de l'autre moitié, par le moyen du morceau de plomb que je vous ai donné, et qu'il ne révoque pas en doute le précieux diamant trouvé dans le ventre du poisson.

— Sad, reprit Sadi, je veux ce que vous voulez, pourvu que vous me laissiez la liberté de croire qu'on n'amasse de l'argent qu'avec de l'argent.

— Quoi! repartit Sad, si le hasard voulait que je trouvasse un diamant de cinquante mille pièces d'or, et qu'on m'en donnât la somme, aurais-je acquis cette somme avec de l'argent? »

La contestation en demeura là. Nous nous levâmes, et, rentrant dans la maison, comme le dîner était servi, nous nous mîmes à table. Après le dîner, je laissai à mes hôtes la liberté de passer la grande chaleur du jour à se reposer, pendant que j'allai donner des ordres à mon concierge et à mon jardinier. Je les rejoignis, et nous nous entretînmes de choses indifférentes, jusqu'à ce que la plus grande chaleur fût passée; alors nous retournâmes au jardin, où nous restâmes à la fraîcheur presque jusqu'au coucher du soleil.

Alors les deux amis et moi nous montâmes à cheval, et, suivis d'un esclave, nous arrivâmes à Bagdad, environ à deux heures de la nuit, avec un beau clair de lune.

Je ne sais par quelle négligence de mes gens il était arrivé qu'il manquait d'orge chez moi pour les chevaux. Les magasins étaient fermés; et ils étaient trop éloignés pour en aller faire provision si tard.

En cherchant dans le voisinage, un de mes esclaves trouva un vase de son dans une boutique; il acheta le son et l'apporta avec le vase, à la charge de rapporter et de rendre le vase le lendemain. L'esclave vida le son dans l'auge; et, en l'étendant, afin que les chevaux en eussent chacun leur part, il sentit sous sa main un linge lié qui était pesant. Il m'apporta le linge, sans y toucher et dans l'état où il l'avait trouvé, et il me le présenta, en me disant que c'était peut-être le linge dont il m'avait entendu parler souvent, en racontant mon histoire à mes amis.

Plein de joie, je dis à mes bienfaiteurs : « Seigneurs, Dieu ne veut pas que vous vous sépariez d'avec moi, que vous ne soyez pleinement convaincus de la vérité dont je n'ai cessé de vous assurer. Voici, continuai-je en m'adressant à Sadi, les autres cent quatre-vingt-dix pièces d'or que j'ai reçues de votre main : je le connais au linge que vous voyez. »

Je déliai le linge et je comptai la somme devant eux. Je me fis aussi apporter le vase, je le reconnus, et je l'envoyai à ma femme pour lui demander si elle le connaissait, avec ordre de ne lui rien dire de ce qui venait d'arriver. Elle le connut d'abord, et elle m'envoya dire que c'était le même vase qu'elle avait échangé plein de son pour de la terre à décrasser.

Sadi se rendit de bonne foi ; et, revenu de son incrédulité, il dit à Sad : « Je vous cède, et je reconnais avec vous que l'argent n'est pas toujours un moyen sûr pour en amasser d'autre et pour devenir riche. »

Quand Sadi eut achevé : « Seigneur, lui dis-je, je n'oserais vous proposer de reprendre les trois cent quatre-vingts pièces qu'il a plu à Dieu de faire reparaître aujourd'hui pour vous ôter la conviction que vous aviez de ma mauvaise foi. Je suis persuadé que vous ne m'en avez pas fait présent dans l'intention que je vous les rendisse. De mon côté, je ne prétends pas en profiter, content que je suis de ce qu'il m'a envoyé d'ailleurs ; mais vous approuverez, je l'espère, que je les distribue demain aux pauvres, afin que Dieu nous en donne la récompense, à vous et à moi. »

Les deux amis couchèrent encore chez moi cette nuit-là ; et, le lendemain, après m'avoir embrassé, ils retournèrent chacun chez soi, très-contents de la réception que je leur avais faite, et d'avoir connu que je n'abusais pas du bonheur dont je leur étais redevable après Dieu. Je n'ai pas manqué d'aller les remercier chez eux, chacun en particulier, et, depuis ce temps-là, je tiens à grand honneur la permission qu'ils m'ont donnée de cultiver leur amitié et de continuer de les voir. »

Le khalife Haroun-Alraschid donnait à Codja Hassan une attention si grande, qu'il ne s'aperçut de la fin de son histoire que par son silence. Il lui dit : « Codja Hassan, depuis longtemps je n'avais rien entendu qui m'eût fait un aussi grand plaisir que les voies toutes merveilleuses par lesquelles il a plu à Dieu de te rendre heureux en ce monde. C'est à toi de continuer de lui rendre grâces, par le bon usage que tu fais de ses bienfaits. Je suis bien aise que tu saches que le diamant qui t'a enrichi est dans mon trésor ; et, de mon côté, je suis ravi d'apprendre par quel moyen il y est entré. Mais, parce qu'il se peut faire qu'il reste encore quelque doute dans l'esprit de Sadi sur la singularité de ce diamant, que je regarde comme la chose la plus précieuse et la plus admirable de tout ce que je possède, je veux que tu l'amènes avec Sad; afin que le garde de mon trésor le lui montre ; et, pour peu qu'il soit encore incrédule, qu'il reconnaisse que l'argent n'est pas toujours pour un homme pauvre un moyen certain d'acquérir de grandes richesses en peu de temps et sans beaucoup de peines. Je veux aussi que tu racontes ton histoire au garde de mon trésor, afin qu'il la fasse mettre par écrit et qu'elle soit conservée avec le diamant. »

En achevant ces paroles, comme le khalife eut témoigné par une inclination de tête à Codja Hassan et à Baba-Abdallah qu'il était content d'eux, ils prirent congé en se prosternant devant son trône ; après quoi ils se retirèrent [1].

NOTES

Sur *les Aventures du khalife Haroun-Alraschid.*

NOTE 1 — Page 169

On trouve dans l'Islam une imitation à la fois ridicule et déplorable de nos religieux, ou plutôt une singerie de l'état monastique. Ces sortes de contemplatifs musulmans ont reçu les noms arabes et persans de *Fakirs*, de *Sofis*, de *Derviches*. Il y a trente-deux ordres principaux de derviches. Les uns se livrent aux danses et aux évolutions les plus étranges; ils pirouettent jusqu'à ce que leurs forces soient épuisées : ce sont les *derviches tourneurs;* les autres, tels que certaines branches des *Rifadiyeh*, s'enfoncent dans les yeux ou dans toute autre partie du corps des pointes de fer, des épées au travers du corps, des aiguilles dans les joues; et ces manœuvres diaboliques paraissent ne leur causer aucune douleur. D'autres, qui se rattachent encore aux Rifadiyeh, charment les serpents venimeux et les mangent. Leur cheikh, aux jours de grande fête, monte à cheval et leur galope sur le corps.

Les *Schinawiyeh* ont une singulière cérémonie. Ils ouvrent leur mosquée à un âne, qui va, de lui-même, s'arrêter devant la tombe du fondateur de leur société ; puis on se presse autour du pauvre animal, et chacun lui enlève un peu de poil. Le plus prodigieux, c'est que l'âne se laisse entièrement épiler sans ruer, ni braire, ni faire le moindre mouvement.

Ceux des fakirs d'Égypte qui reconnaissent pour patron un santon appelé El-Azab promènent un veau sacré que l'on couvre d'aumônes superstitieuses.

Les règles des derviches, dont une partie est secrète, diffèrent entre elles. Ainsi les derviches errants ne jeûnent pas comme les derviches sédentaires. Ceux-ci exercent parfois une profession. Il va sans dire qu'ils prennent femme : chacun a son harem hors de la maison commune, où le cheikh seul établit son ménage.

NOTE 2 — Page 208

Ce serait une erreur de croire que les choses fabuleuses dont les *Mille et une Nuits* sont remplies sont simplement le fruit de l'imagination des conteurs. On en trouve l'origine dans les traditions merveilleuses des Arabes. Ainsi les magnificences décrites dans certains contes qui ne font pas partie de notre recueil rappellent ce que les annalistes orientaux disent des rois primitifs de l'Arabie, des Adites, par exemple, ces géants énormes. Schedad, fils d'Ad, prince d'El-Ahkhaf, avait, d'après eux, un palais en briques d'or et des jardins dont les arbres portaient des rubis, des émeraudes, en guise de fleurs et de fruits ; sur les branches étaient posés des oiseaux empaillés dont le corps recélait des parfums qui flattaient l'odorat. La pierre lumineuse de Codja Hassan n'était pas non plus d'invention nouvelle. Abraha, qui succéda à Aryat, vainqueur des Himyarites, dans le gouvernement du Yémen, fit bâtir à Sana une église où était suspendue une perle d'un éclat si admirable que la nuit elle tenait lieu de lampe.

Sans interroger une époque aussi reculée, on trouve parmi les richesses qui furent enlevées au khalife d'Égypte El-Mostanser

(XIe siècle) par le général turc Nasser-Eddoulah, et dont l'inventaire fut dressé par Aboul-Hassan Ali, son intendant :

Quatre cents cages d'or;

Six mille vases d'or pour mettre des fleurs;

Des coqs, des paons, des gazelles en or avec des incrustations de perles et de rubis;

Un palmier d'or dans une caisse d'or : les fleurs et les fruits étaient en perles et en rubis ;

Un jardin entièrement artificiel : la terre était d'ambre, les arbres d'argent, et les fruits d'or et de pierreries [1].

NOTE 3 — Page 221

Anweri, poëte persan du XIIe siècle, a célébré la beauté des environs de Bagdad, qui paraissent un jardin délicieux au seuil du désert :

« Environs enchanteurs de Bagdad, site rempli d'attraits, séjour de l'urbanité et des vertus aimables, non, il n'existe pas dans l'univers de contrée plus séduisante!

« Les regards glissent mollement sur ces prairies émaillées comme sur un riche tapis nuancé des plus vives couleurs. Le zéphyr seul souffle dans ces beaux lieux; il porte dans l'âme une douce sérénité, et de la glèbe humide des campagnes s'élève un parfum plus ravissant que l'ambre. L'air le plus pur, intimement uni à la terre végétale de ce sol favorisé, lui fait produire des fruits aussi suaves que ceux du Toba[2]; et, roulant en molécules imperceptibles, il leur communique la salubrité du Kauther[3].

« Sur les bords fleuris du Tigre, des groupes de jeunes garçons plus beaux que les Kataïens, au teint de neige, se livrent

---

[1] El-Maqrisi cité par le chevalier Marcel, dans l'*Égypte depuis la conquête des Arabes...*, p. 112.

[2] Des fruits du paradis.

[3] Fleuve du paradis. (Coran, sourate CVIII.) Suivant les commentateurs du Coran, ce fleuve roule, en guise de cailloux, des perles et des rubis; le sable de son lit est plus odorant que le musc; ses eaux sont plus douces que le lait, et l'écume en est plus brillante que les étoiles. Celui qui boit de cette eau n'a plus jamais soif.

sans cesse à mille jeux folâtres; et, dans les riantes vallées, des chœurs de jeunes filles aussi attrayantes que les beautés célèbres de Cachemire, se présentent de toutes parts à la vue enchantée. Mille petites barques éclatantes sillonnent avec rapidité la surface du fleuve, et lui donnent l'aspect d'un nouveau ciel étincelant d'innombrables feux.

« Au temps heureux de l'année où le soleil radieux brille dans le signe le plus élevé de la splendeur, lorsqu'au lever de l'aurore le zéphyr promène sur les fleurs son haleine embaumée, une pluie de perles descend des nuages dans la coupe élégante de la tulipe, et le sein de la verdure semble recéler une mine de parfum.

« Au coucher du soleil, le ciel, coloré par le reflet pourpre d'un million de roses, offre à l'œil l'image d'un parterre ravissant; et, au lever de ce bel astre, la terre, étincelante de l'émail des fleurs, semble avoir dérobé au firmament ses plus belles étoiles.

« Là, à demi cachée sous un voile de verdure, la rose, couverte des perles de la rosée, s'épanouit comme la joue vermeille des jeunes beautés du Kataï; ici, semblable à une coupe de cristal où petille un vin coloré comme l'ambre, le narcisse, mollement incliné sur sa tige, exhale les plus suaves odeurs; plus loin la tulipe aux vives couleurs étincelle comme une cassolette élégante où brûleraient le musc et l'aloès le plus précieux, tandis que de toutes parts le rossignol[1] par son gosier flexible, l'alouette par ses chants aériens, l'emportent dans leurs doux accords sur la plus belle mélodie. Tels sont les charmes que possède cette heureuse contrée. »

(*Ode en l'honneur de Maudoud, fils de Zenghi* [2].)

NOTE 4 — Page 227

Deux choses sont également certaines et contraires à l'opinion de Sadi : la richesse est un don de la Providence; elle n'est pas

---

[1] Voy. l'*Histoire de Sindbad le Marin*, p. 28.
[2] Nous reproduisons, sans y rien changer, la traduction de M. de Chézy.

nécessairement le fruit du travail ou d'un premier fonds. D'un autre côté, il ne serait pas besoin de presser beaucoup la thèse de Sad pour en faire sortir une conclusion fataliste. Toute la philosophie musulmane va se heurtant des affirmations de Sadi à celles de Sad comme d'un écueil à un autre écueil. La vérité sur le sujet traité d'une manière si curieuse dans le conte de *Codja Hassan,* c'est que Dieu est l'auteur et le distributeur souverain de la richesse, que le travail est le moyen ordinaire de s'enrichir, et que le hasard n'est rien.

HISTOIRE D'ALI BABA

ET DE QUARANTE VOLEURS EXTERMINÉS PAR UNE ESCLAVE

Dans une ville de Perse il y avait deux frères, dont l'un se nommait Cassim et l'autre Ali Baba. Comme leur père ne leur avait laissé que peu de biens et qu'il les avait partagés également, il semble que leur fortune devait être égale : le hasard néanmoins en disposa autrement.

Cassim épousa une femme qui, peu de temps après leur mariage, devint héritière d'une boutique bien garnie, d'un magasin rempli de bonnes marchandises, et de biens en fonds de terre, qui le mirent tout à coup à son aise, et le rendirent un des marchands les plus riches de la ville.

Ali Baba, au contraire, qui avait épousé une femme aussi pauvre que lui, était logé fort pauvrement, et il n'avait d'autre industrie, pour gagner sa vie et de quoi s'entretenir, lui et ses enfants, que d'aller couper du bois dans une forêt voisine et de venir le vendre à la ville, chargé sur trois ânes qui étaient tout ce qu'il possédait.

Ali Baba était, un jour, dans la forêt, et il achevait de couper à peu près assez de bois pour faire la charge de ses ânes, lorsqu'il aperçut une grande poussière qui s'élevait en l'air et qui avançait droit du côté où il était. Il regarde attentivement, et il distingue une troupe nombreuse de gens à cheval qui venaient d'un bon train.

Quoiqu'on ne parlât pas de voleurs dans le pays, Ali Baba néanmoins eut la pensée que ces cavaliers pouvaient en être. Sans considérer ce que deviendraient ses ânes, il songea à sauver sa personne. Il monta sur un gros arbre, dont les branches, à peu de hauteur, se groupaient en rond, si près les unes des autres qu'elles n'étaient séparées que par un très-petit espace. Il se posta au milieu, avec d'autant plus d'assurance qu'il pouvait voir sans être vu ; l'arbre d'ailleurs s'élevait au pied d'un rocher isolé de tous les côtés, beaucoup plus haut que l'arbre, et escarpé de manière qu'on ne pouvait le gravir par aucun endroit.

Les cavaliers, grands, puissants, tous bien montés et bien armés, arrivèrent près du rocher, où ils mirent pied à terre ; et Ali Baba, qui en compta quarante, à leur mine et à leur équipement, ne douta pas qu'ils ne fussent des voleurs. Il ne se trompait pas : en effet, c'étaient des voleurs, qui, sans faire aucun tort aux environs, allaient exercer leurs brigandages bien loin et avaient là leur rendez-vous ; et ce qu'il les vit faire le confirma dans cette opinion.

Chaque cavalier débrida son cheval, l'attacha, lui passa au cou un sac plein d'orge, qu'il avait apporté sur la croupe, puis se chargea de sa valise : la plupart des valises parurent si pesantes à Ali Baba, qu'il jugea qu'elles étaient pleines d'or et d'argent monnayé.

Le plus apparent, qu'Ali Baba prit pour le capitaine des voleurs, chargé de sa valise comme les autres, s'approcha du rocher, fort près du gros arbre où le pauvre homme s'était réfugié; et, après qu'il se fut fait un chemin au travers de quelques arbrisseaux, il prononça ces paroles si distinctement : « Sésame, ouvre-toi, » qu'Ali Baba les entendit. Dès que le capitaine des voleurs les eut prononcées, une porte s'ouvrit; et, après qu'il eut fait passer tous ses gens devant lui et qu'ils furent tous entrés, il entra aussi, et la porte se ferma.

Les voleurs demeurèrent longtemps dans le rocher; et Ali Baba, qui craignait que quelqu'un d'eux ou que tous ensemble ne sortissent s'il quittait son poste pour se sauver, fut contraint de rester sur l'arbre et d'attendre avec patience. Il fut tenté néanmoins de descendre pour se saisir de deux chevaux, d'en monter un, de mener l'autre par la bride, et de gagner la ville en chassant ses trois ânes devant lui; mais l'incertitude de l'événement fit qu'il prit le parti le plus sûr.

La porte se rouvrit enfin; les quarante voleurs sortirent; et, au lieu que le capitaine était entré le dernier, il sortit le premier; après les avoir vus défiler devant lui, Ali Baba entendit qu'il fit refermer la porte, en prononçant ces paroles : « Sésame, referme-toi. » Chacun retourna à son cheval, le rebrida, rattacha sa valise et se remit en selle. Quand le capitaine enfin vit qu'ils étaient tout prêts à partir, il se plaça à leur tête, et il reprit avec eux le chemin par où ils étaient venus.

Ali Baba ne descendit pas de l'arbre d'abord ; il dit en lui-même : « Ils peuvent avoir oublié quelque chose qui les oblige de revenir, et je me trouverais attrapé si cela arrivait. » Il les conduisit de l'œil jusqu'à ce qu'il les eut perdus de vue, et il ne descendit que longtemps après, pour plus grande sûreté. Comme il avait retenu les paroles par lesquelles le capitaine des voleurs avait fait ouvrir et refermer la porte, il eut la curiosité d'éprouver si, prononcées par lui, elles feraient le même effet. Il passa au travers des arbrisseaux et il aperçut la porte qu'ils cachaient. Il se présenta devant et dit : « Sésame, ouvre-toi ; » et dans l'instant la porte s'ouvrit toute grande.

Ali Baba s'était attendu à voir un lieu de ténèbres et d'obscurité ; mais il fut surpris d'en voir un bien éclairé, vaste et spacieux, creusé de main d'homme, en voûte fort élevée, et recevant la lumière du haut du rocher, par une ouverture pratiquée de même. Il vit de grandes provisions de bouche, des ballots de riches marchandises en piles, des étoffes de soie et de brocart, des tapis de grand prix, et surtout de l'or et de l'argent monnayés par tas et dans des sacs ou grandes bourses de cuir les unes sur les autres ; à voir toutes ces choses, il lui parut qu'il y avait non pas de longues années, mais des siècles que cette grotte servait de retraite à des voleurs qui avaient succédé les uns aux autres.

Ali Baba ne balança pas sur le parti qu'il devait prendre : il entra dans la grotte, et, dès qu'il y fut entré, la porte se referma ; mais cela ne l'inquiéta pas : il savait le secret de la faire ouvrir. Il ne s'attacha pas à l'argent, mais à l'or monnayé, et particulièrement à celui qui était dans les sacs. Il en enleva, à plusieurs fois, autant qu'il pouvait en porter et en quantité suffisante pour faire la charge de ses trois ânes. Il rassembla ses ânes qui étaient dispersés ; il les fit approcher du rocher, et les chargea des sacs, qu'il cacha en arrangeant du bois par-dessus, de manière qu'on ne pouvait les apercevoir. Quand il eut achevé, il se présenta devant la porte ; et il n'eut pas prononcé ces paroles : « Sésame, referme-toi, » qu'elle se referma ; car elle s'était fermée d'elle-même chaque fois qu'il y était entré, et était demeurée ouverte chaque fois qu'il en était sorti.

Cela fait, Ali Baba reprit le chemin de la ville : en arrivant chez lui, il fit entrer ses ânes dans une petite cour, et referma la porte avec grand soin. Il mit à bas le peu de bois qui couvrait la charge et il porta dans sa maison les sacs, qu'il posa et arrangea devant sa femme, qui était assise sur un sofa.

Sa femme mania les sacs ; et lorsqu'elle se fut aperçue qu'ils étaient pleins d'argent, elle soupçonna son mari de les avoir volés ; de sorte que, quand il eut achevé de les apporter tous, elle ne put s'empêcher de lui dire : « Ali Baba, seriez-vous assez malheureux pour...? » Ali Baba l'interrompit. « Paix ! ma femme, dit-il, ne vous alarmez pas ; je ne suis pas voleur, à moins que ce ne soit l'être que de prendre aux voleurs. Vous cesserez d'avoir cette mauvaise opinion de moi quand je vous aurai raconté ma bonne fortune. »

Il vida les sacs, qui firent un gros tas d'or dont sa femme fut éblouie ; et, quand il eut fait, il lui raconta son aventure depuis le commencement jusqu'à la fin ; en achevant, il lui recommanda sur toutes choses de garder le secret. »

La femme, revenue et guérie de son épouvante, se réjouit avec son mari du bonheur qui leur était arrivé, et elle voulut compter, pièce par pièce, tout l'or qui était devant elle.

« Ma femme, lui dit Ali Baba, vous n'êtes pas sage : que prétendez-vous faire? Quand auriez-vous achevé de compter? Je vais creuser une fosse et l'enfouir dedans ; nous n'avons pas de temps à perdre.

— Il est bon, reprit la femme, que nous sachions au moins à peu près la quantité qu'il y en a. Je vais chercher une petite mesure dans le voisinage, et je le mesurerai pendant que vous creuserez la fosse.

— Ma femme, reprit Ali Baba, ce que vous voulez faire n'est bon à rien ; vous vous en abstiendriez si vous vouliez me croire. Faites néanmoins ce qu'il vous plaira ; mais souvenez-vous de garder le secret. »

Pour se satisfaire, la femme d'Ali Baba sort, et elle va chez Cassim, son beau-frère, qui ne demeurait pas loin. Cassim n'était pas chez lui, et, à son défaut, elle s'adresse à sa femme, qu'elle prie de lui prêter une mesure pour quelques moments. La belle-sœur lui demanda si elle la voulait grande ou petite ; et la femme d'Ali Baba lui en demanda une petite.

« Très-volontiers, dit la belle-sœur ; attendez un moment, je vais vous l'apporter. »

La belle-sœur va chercher la mesure, elle la trouve ; mais, comme elle connaissait la pauvreté d'Ali Baba, curieuse de savoir quelle sorte de grain sa femme voulait mesurer, elle s'avisa d'appliquer adroitement du suif au-dessous de la mesure. Elle revint, et, en la présentant à la femme d'Ali Baba, elle s'excusa de l'avoir fait attendre sur ce qu'elle avait eu de la peine à retrouver la mesure qu'elle demandait.

La femme d'Ali Baba revint chez elle ; elle posa la mesure sur le tas d'or, l'emplit et la vida un peu plus loin sur le sofa, jusqu'à ce qu'elle eut achevé ; et elle fut contente du bon nombre de mesures qu'elle en trouva, dont elle fit part à son mari, qui venait d'achever de creuser la fosse.

Pendant qu'Ali Baba enfouit l'or, sa femme, pour marquer son exactitude et sa diligence à sa belle-sœur, lui reporte sa mesure, mais sans prendre garde qu'une pièce d'or s'était attachée au-dessous.

« Belle-sœur, dit-elle en la rendant, vous voyez que je n'ai pas gardé longtemps votre mesure ; je vous en suis bien obligée, je vous la rends. »

La femme d'Ali Baba n'eut pas tourné le dos, que la femme de Cassim regarda la mesure par le dessous ; et elle fut dans un étonnement inexprimable d'y voir une pièce d'or attachée. L'envie s'empara de son cœur dans le moment.

« Quoi ! dit-elle, Ali Baba a de l'or par mesure ! et où le misérable a-t-il pris cet or ? »

Cassim, son mari, n'était pas à la maison, comme nous l'avons dit ; il était à sa boutique, d'où il ne devait revenir que le soir. Tout le temps qu'il se fit attendre fut pour elle un siècle, dans la grande impatience où elle était de lui apprendre une nouvelle dont il ne devait pas être moins surpris qu'elle.

A l'arrivée de Cassim chez lui : « Cassim, lui dit sa femme, vous croyez être riche ; vous vous trompez : Ali Baba l'est infiniment plus que vous ; il ne compte pas son or, comme vous : il le mesure. »

Cassim demanda l'explication de cette énigme, et elle lui en donna l'éclaircissement, en lui apprenant de quelle adresse elle s'était servie pour faire cette découverte ; et elle lui montra la pièce de monnaie qu'elle avait trouvée attachée au-dessous de la mesure : pièce si ancienne, que le nom du prince qui y était marqué lui était inconnu.

Loin d'être sensible au bonheur qui pouvait être arrivé à son frère pour le tirer de la misère, Cassim en conçut une jalousie mortelle. Il en passa presque la nuit sans dormir. Le lendemain, il alla chez lui avant que le soleil fût levé. Il ne le traita pas de frère ; il avait oublié ce nom depuis qu'il avait épousé la riche veuve.

« Ali Baba, dit-il en l'abordant, vous êtes bien réservé dans vos affaires ; vous faites le pauvre, le misérable, le gueux ; et vous mesurez l'or !

— Mon frère, reprit Ali Baba, je ne sais de quoi vous voulez me parler. Expliquez-vous.

— Ne faites pas l'ignorant, » repartit Cassim. Et, en lui montrant la pièce d'or que sa femme lui avait mise entre les mains : « Combien avez-vous de pièces, ajouta-t-il, semblables à celle-ci, que ma femme a trouvée attachée au-dessous de la mesure que la vôtre vint lui emprunter hier ? »

A ce discours, Ali Baba connut que Cassim et la femme de Cassim (par un entêtement de sa propre femme) savaient déjà ce qu'il avait un si grand intérêt à tenir caché ; mais la faute était faite : elle ne pouvait se réparer. Sans donner à son frère la moindre marque d'étonnement ni de chagrin, il lui avoua la chose et il lui raconta par quel hasard il avait découvert la retraite des voleurs et en quel endroit ; et il lui offrit, s'il voulait garder le secret, de lui faire part du trésor.

« Je le prétends bien ainsi, reprit Cassim d'un air fier ; mais, ajouta-t-il, je veux savoir aussi où est précisément ce trésor, les enseignes, les marques, et comment je pourrais y entrer moi-même, s'il m'en prenait envie ; autrement je vais vous dénoncer à la justice. Si vous le refusez, non-seulement vous n'aurez plus à en espérer : vous perdrez même ce que vous avez enlevé, au lieu que j'en aurai ma part pour vous avoir dénoncé. »

Ali Baba, plutôt par son bon naturel qu'intimidé par les menaces insolentes d'un frère barbare, l'instruisit pleinement de ce qu'il souhaitait, et même des paroles dont il fallait qu'il se servît, tant pour entrer dans la grotte que pour en sortir.

Cassim n'en demanda pas davantage à Ali Baba. Il le quitta, résolu de le prévenir ; et, plein d'espérance de s'emparer seul du trésor, il part, le lendemain, de grand matin, avant la pointe du jour, avec dix mulets chargés de grands coffres, qu'il se propose de remplir, se réservant d'en mener un plus grand nombre dans un second voyage, à proportion des charges qu'il trouverait dans la grotte. Il prend le chemin qu'Ali Baba lui avait enseigné ; il arrive près du rocher, et il reconnaît les enseignes et l'arbre sur lequel Ali Baba s'était caché. Il cherche la porte, il la trouve; et, pour la faire ouvrir, il prononce les paroles : « Sésame, ouvre-toi. » La porte s'ouvre, il entre, et aussitôt elle se referme. En examinant la grotte, il est dans une grande admiration de voir beaucoup plus de richesses qu'il ne l'avait compris par le récit d'Ali Baba; et son admiration augmente à mesure qu'il examine chaque chose en particulier. Avare et amateur des richesses comme il était, il eût passé toute la journée à se repaître les yeux de la vue de tant d'or, s'il n'eût songé qu'il était venu pour l'enlever et pour en charger ses dix mulets. Il en prend un nombre de sacs, autant qu'il en peut porter; et, en venant à la porte pour la faire ouvrir, l'esprit rempli de toute autre idée que ce qui lui importait davantage, il se trouve qu'il oublie le mot nécessaire, et, au lieu de : Sésame, il dit : « Orge, ouvre-toi; » et il est bien étonné de voir que la porte, loin de s'ouvrir, demeure fermée. Il nomme plusieurs autres noms de grains, autres que celui qu'il fallait, et la porte ne s'ouvre pas.

Cassim ne s'attendait pas à cet événement. Dans le grand danger où il se voit, la frayeur se saisit de sa personne, et plus il fait d'efforts pour se souvenir du mot de Sésame, plus il embrouille sa mémoire; et bientôt ce mot est pour lui absolument comme si jamais il n'en avait entendu parler. Il jette par terre les sacs dont il était chargé, il se promène à grands pas dans la grotte, tantôt d'un côté, tantôt de l'autre, et toutes les richesses dont il se voit environné ne le touchent plus. Laissons Cassim déplorant son sort; il ne mérite pas de compassion.

Les voleurs revinrent à leur grotte vers le midi ; et, quand ils furent à peu de distance et qu'ils eurent vu les mulets de Cassim autour du rocher, chargés de coffres, inquiets de cette nouveauté, ils avancèrent à toute bride et firent prendre la fuite aux dix mulets, que Cassim avait négligé d'attacher et qui paissaient librement ; de manière qu'ils se dispersèrent deçà et delà dans la forêt, si loin qu'ils les eurent bientôt perdus de vue.

Les voleurs ne se donnèrent pas la peine de courir après les mulets : il leur importait davantage de trouver celui à qui ils appartenaient. Pendant que quelques-uns tournent autour du rocher pour le chercher, le capitaine, avec les autres, met pied à terre et va droit à la porte, le sabre à la main, prononce les paroles, et la porte s'ouvre.

Cassim, qui entendit le bruit des chevaux du milieu de la grotte, ne douta pas de l'arrivée des voleurs, non plus que de sa perte prochaine. Résolu au moins à faire un effort pour échapper de leurs mains et se sauver, il s'était tenu prêt à se jeter dehors dès que la porte s'ouvrirait. Il ne la vit pas plutôt ouverte, après avoir entendu prononcer le mot de Sésame, qui était échappé de sa mémoire, qu'il s'élança, en sortant si brusquement, qu'il renversa le capitaine par terre. Mais il n'échappa pas aux autres voleurs, qui avaient aussi le sabre à la main et qui lui ôtèrent la vie sur-le-champ.

Le premier soin des voleurs, après cette exécution, fut d'entrer dans la grotte : ils trouvèrent près de la porte les sacs que Cassim avait commencé d'enlever pour les emporter et en charger ses mulets ; et ils les remirent à leur place, sans s'apercevoir de ceux qu'Ali Baba avait emportés au paravant. En tenant conseil et en délibérant ensemble sur cet événement, ils comprirent bien comment Cassim avait pu sortir de la grotte; mais qu'il y eût pu entrer, c'est ce qu'ils ne pouvaient s'imaginer. Il leur vint à l'esprit qu'il pouvait être descendu par le haut de la grotte; mais l'ouverture par où le jour y venait était trop élevée, et le haut du rocher était inaccessible par dehors, ils tombèrent donc d'accord que cela était hors de leur connaissance. Qu'il fût entré par la porte, c'est ce qu'ils ne pouvaient se persuader, à moins qu'il n'eût eu le secret de la faire ouvrir; mais ils tenaient pour certain qu'ils étaient les seuls qui le possédaient.

De quelque manière que la chose fût arrivée, comme il s'agissait que leurs richesses communes fussent en sûreté, ils convinrent de faire quatre quartiers du cadavre de Cassim et de les mettre près de la porte, en dedans de la grotte, deux d'un côté, deux de l'autre, pour épouvanter quiconque aurait la hardiesse de faire une pareille entreprise; eux-mêmes ne devaient revenir à la grotte que dans quelque temps, après que la puanteur du cadavre serait exhalée. Cette résolution prise, ils l'exécutèrent; et, quand ils n'eurent plus rien qui les arrêtât, ils laissèrent le lieu de leur retraite bien fermé, remontèrent à cheval et allèrent battre la campagne sur les routes fréquentées par les caravanes, pour les attaquer et exercer leurs brigandages accoutumés.

La femme de Cassim cependant fut dans une grande inquiétude quand elle vit qu'il était nuit close et que son mari n'était pas revenu. Elle alla chez Ali Baba, tout alarmée, et elle dit : « Beau-frère, vous n'ignorez pas,

comme je le crois, que Cassim, votre frère, est allé à la
forêt, et pour quel sujet. Il n'est pas encore revenu, et voilà
la nuit avancée; je crains que quelque malheur ne lui soit
arrivé. »

Ali Baba s'était douté de ce voyage de son frère, après
le discours qu'il lui avait tenu ; et c'est pour cela qu'il s'était
abstenu d'aller à la forêt ce jour même, de peur que son
frère ne s'en offusquât. Sans lui faire aucun reproche dont
elle pût s'offenser, elle ou son mari, s'il eût été vivant, il
lui dit qu'elle ne devait pas encore s'alarmer, et que
Cassim apparemment avait jugé à propos de ne rentrer
dans la ville que bien avant dans la nuit.

La femme de Cassim le crut ainsi, d'autant plus facilement qu'elle considéra combien il était important que son
mari fît la chose secrètement. Elle retourna chez elle, et
elle attendit patiemment jusqu'à minuit. Mais, après cela,
ses larmes redoublèrent, avec une douleur d'autant plus
sensible qu'elle ne pouvait la faire éclater, ni la soulager
par des cris, dont elle vit bien que la cause devait être cachée au voisinage. Alors, si sa faute était irréparable, elle
se repentit de la folle curiosité qu'elle avait eue, par une
envie condamnable, de pénétrer dans les affaires de son
beau-frère et de sa belle-sœur. Elle passa la nuit dans les
pleurs; et, dès la pointe du jour, elle courut chez eux et
elle leur annonça le sujet qui l'amenait, plutôt par ses
larmes que par ses paroles.

Ali Baba n'attendit pas que sa belle-sœur le priât de se
donner la peine d'aller voir ce que Cassim était devenu. Il
partit sur-le-champ avec ses trois ânes après lui avoir recommandé de modérer son affliction, et il alla à la forêt.

En approchant du rocher, après n'avoir vu dans le chemin ni son frère, ni les dix mulets, il fut étonné du sang répandu qu'il aperçut près de la porte, et il en prit un mauvais augure. Il se présenta devant la porte, il prononça les paroles, elle s'ouvrit, et il fut frappé du triste spectacle du corps de son frère mis en quatre quartiers. Il n'hésita pas sur le parti qu'il devait prendre pour rendre les derniers devoirs à son frère, en oubliant le peu d'amitié fraternelle que Cassim avait eu pour lui. Il trouva dans la grotte de quoi faire deux paquets des quatre quartiers, dont il chargea un de ses ânes, avec du bois pour les cacher. Il chargea les deux autres ânes de sacs pleins d'or et de bois par-dessus, comme la première fois, sans perdre de temps; et, dès qu'il eut achevé et qu'il eut commandé à la porte de se refermer, il reprit le chemin de la ville; mais il eut la précaution de s'arrêter à la sortie de la forêt, assez de temps pour ne rentrer en ville que de nuit. En arrivant, il ne fit entrer chez lui que les deux ânes chargés d'or; et, après avoir laissé à sa femme le soin de les décharger et lui avoir fait part, en peu de mots, de ce qui était arrivé à Cassim, il conduisit l'autre âne chez sa belle-sœur.

Ali Baba frappa à la porte, qui lui fut ouverte par Mordjane : cette Mordjane était une esclave adroite, entendue et féconde en inventions pour faire réussir les choses les plus difficiles ; et Ali Baba la connaissait pour telle. Quand il fut entré dans la cour, il déchargea l'âne du bois et des deux paquets; et, en prenant Mordjane à part : « Mordjane, dit-il, la première chose que je te demande, c'est un secret inviolable : tu vas voir combien il nous est nécessaire, autant à ta maîtresse qu'à moi. Voilà le corps de ton maître dans ces deux paquets; il s'agit de le faire enterrer comme s'il était mort de sa mort naturelle. Fais-moi parler à ta maîtresse, et sois attentive à ce que je lui dirai. »

Mordjane avertit sa maîtresse, et Ali Baba, qui la suivait, entra.

« Eh bien! beau-frère, demanda la belle-sœur à Ali Baba avec grande impatience, quelle nouvelle apportez-vous de mon mari? Je n'aperçois rien sur votre visage qui doive me consoler.

— Belle-sœur, répondit Ali Baba, je ne puis vous rien dire qu'auparavant vous ne me promettiez de m'écouter, depuis le commencement jusqu'à la fin, sans ouvrir la bouche. Il ne vous est pas moins important qu'à moi, dans ce qui est arrivé, de garder un grand secret, pour votre bien et pour votre repos.

— Ah! s'écria la belle-sœur sans élever la voix, ce préambule me fait connaître que mon mari n'est plus; mais en même temps je connais la nécessité du secret que vous me demandez. Il faut bien que je me fasse violence : dites, je vous écoute. »

Ali Baba raconta à sa belle-sœur tout le succès de son voyage, jusqu'à son arrivée avec le corps de Cassim.

« Belle-sœur, ajouta-t-il, voilà un sujet d'affliction pour vous, d'autant plus grand que vous vous y attendiez moins. Quoique le mal soit sans remède, si quelque chose néanmoins est capable de vous consoler, je vous offre de joindre le peu de bien que Dieu m'a envoyé au vôtre, en vous épousant et en vous assurant que ma femme n'en sera pas jalouse et que vous vivrez bien ensemble. Si la proposition vous agrée, il faut songer à faire en sorte qu'il paraisse que mon frère est mort de sa mort naturelle; c'est un soin dont il me semble que vous pouvez vous reposer sur Mordjane, et j'y contribuerai, de mon côté, de tout ce qui sera en mon pouvoir. »

Quel meilleur parti pouvait prendre la veuve de Cassim que celui qu'Ali Baba lui proposait, elle qui, avec les biens qui lui demeuraient par la mort de son premier mari, en trouvait un autre plus riche qu'elle et qui, par la découverte du trésor qu'il avait faite, pouvait le devenir davantage? Elle ne refusa pas le parti; elle le regarda, au contraire, comme un motif raisonnable de consolation. En essuyant ses larmes, qu'elle avait commencé de verser en abondance, en supprimant les cris perçants ordinaires aux femmes qui ont perdu leurs maris, elle témoigna suffisamment à Ali Baba qu'elle acceptait son offre.

Ali Baba laissa la veuve de Cassim dans cette disposition; et, après avoir recommandé à Mordjane de bien s'acquitter de son personnage, il retourna chez lui avec son âne.

Mordjane ne s'oublia pas; elle sortit en même temps qu'Ali Baba et alla chez un apothicaire qui était dans le voisinage : elle frappe à la boutique, on ouvre; elle demande d'une sorte de tablettes très-salutaires dans les maladies les plus dangereuses. L'apothicaire lui en donna pour l'argent qu'elle avait présenté, en demandant qui était malade chez son maître.

« Ah! dit-elle avec un grand soupir, c'est Cassim lui-même, mon bon maître! On n'entend rien à sa maladie; il ne parle, ni ne peut manger. »

Avec ces paroles, elle emporte les tablettes, dont véritablement Cassim n'était plus en état de faire usage.

Le lendemain, la même Mordjane vient chez le même apothicaire et demande, les larmes aux yeux, d'une essence dont on n'avait coutume de ne faire prendre aux malades qu'à la dernière extrémité; et on n'espérait rien de leur vie, si cette essence ne les faisait revivre.

« Hélas! dit-elle avec une grande affliction en la recevant des mains de l'apothicaire, je crains fort que ce remède ne fasse pas plus d'effet que les tablettes! Ah! que je perds un bon maître! »

D'un autre côté, comme on vit toute la journée Ali Baba et sa femme, d'un air triste, faire plusieurs allées et venues chez Cassim, on ne fut pas étonné, sur le soir, d'entendre des cris lamentables de la femme de Cassim et surtout de Mordjane, qui annonçaient que Cassim était mort.

Le lendemain, de grand matin, lorsque le jour ne faisait que commencer à paraître, Mordjane, qui savait qu'il y avait sur la place un bon homme de savetier fort vieux, qui ouvrait tous les jours sa boutique le premier, longtemps avant les autres, sort et va le trouver. En l'abordant et en lui donnant le bonjour, elle lui mit une pièce d'or dans la main.

Baba Moustafa, connu de tout le monde sous ce nom, Baba Moustafa, dis-je, qui était naturellement gai et qui avait toujours le mot pour rire, en regardant la pièce d'or, à cause qu'il n'était pas encore bien jour, et en voyant que c'était de l'or : « Bonne étrenne! dit-il; de quoi s'agit-il? Me voilà prêt à bien faire.

— Baba Moustafa, lui dit Mordjane, prenez ce qui vous est nécessaire pour coudre, et venez avec moi promptement ; mais à condition que je vous banderai les yeux quand nous serons dans un tel endroit. »

A ces paroles, Baba Moustafa fit le difficile.

« Oh ! oh ! reprit-il, vous voulez donc me faire faire quelque chose contre ma conscience ou contre mon honneur ? »

En lui mettant une autre pièce d'or dans la main : « Dieu garde, reprit Mordjane, que j'exige rien de vous que vous ne puissiez faire en tout honneur ! Venez seulement, et ne craignez rien. »

Baba Moustafa se laissa mener ; et Mordjane, après lui avoir bandé les yeux avec un mouchoir à l'endroit qu'elle avait marqué, le mena chez défunt son maître, et elle ne lui ôta le mouchoir que dans la chambre où elle avait mis le corps, chaque quartier à sa place. Quand elle le lui eut ôté : « Baba Moustafa, dit-elle, c'est pour vous faire coudre les pièces que voilà, que je vous ai amené. Ne perdez pas de temps ; et, quand vous aurez fait, je vous donnerai une autre pièce d'or. »

Quand Baba Moustafa eut achevé, Mordjane lui rebanda les yeux dans la même chambre ; et, après lui avoir donné la troisième pièce d'or qu'elle lui avait promise et lui avoir recommandé le secret, elle le reconduisit jusqu'à l'endroit où elle lui avait bandé les yeux en l'amenant ; et là, après lui avoir encore ôté le mouchoir, elle le laissa retourner chez lui, en le suivant du regard jusqu'à ce qu'elle ne le vît plus, afin de lui ôter la curiosité de revenir sur ses pas pour l'observer elle-même.

Mordjane avait fait chauffer de l'eau pour laver le corps de Cassim : ainsi Ali Baba, qui arriva comme elle venait de rentrer, le lava, le parfuma d'encens et l'ensevelit avec les cérémonies accoutumées. Le menuisier apporta aussi la bière, qu'Ali Baba avait pris le soin de commander.

Afin que le menuisier ne pût s'apercevoir de rien, Mordjane reçut la bière à la porte; et, après l'avoir payé et renvoyé, elle aida Ali Baba à mettre le corps dedans; quand Ali Baba eut bien cloué les planches par-dessus, elle alla à la mosquée avertir que tout était prêt pour l'enterrement. Les gens de la mosquée, employés à laver les corps morts, s'offrirent pour venir s'acquitter de leur fonction; mais elle leur dit que la chose était faite.

Mordjane ne faisait que de rentrer, quand l'iman [1] et d'autres ministres de la mosquée arrivèrent. Quatre voisins assemblés chargèrent la bière sur leurs épaules; et, en suivant l'iman, qui récitait des prières, ils la portèrent au cimetière. Mordjane, en pleurs, comme esclave du défunt, suivit, la tête nue, en poussant des cris pitoyables, en se frappant la poitrine de grands coups et en s'arrachant les cheveux; et Ali Baba marchait après, accompagné des voisins, qui se détachaient tour à tour, de temps en temps, pour relayer et soulager les autres voisins qui portaient la bière, jusqu'à ce qu'on arriva au cimetière.

Pour ce qui est de la femme de Cassim, elle resta dans sa maison, en se désolant et en poussant des cris lamentables avec les femmes du voisinage, qui, selon la coutume, accoururent pendant la cérémonie de l'enterrement, et qui, en joignant leurs lamentations aux siennes, remplirent tout le quartier de tristesse bien loin aux environs.

De la sorte, la mort funeste de Cassim fut cachée et dissimulée entre Ali Baba, sa femme, la veuve de Cassim et Mordjane, avec un ménagement si grand, que personne de la ville, loin d'en avoir connaissance, n'en eut le moindre soupçon.

Trois ou quatre jours après l'enterrement de Cassim, Ali Baba transporta le peu de meubles qu'il avait (y compris l'argent des voleurs qu'il porta de nuit) dans la maison de la veuve de son frère, pour s'y établir; ce qui fit connaître son nouveau mariage avec sa belle-sœur. Et comme ces sortes de mariage ne sont pas extraordinaires dans notre religion, personne n'en fut surpris.

Quant à la boutique de Cassim, Ali Baba, ayant un fils qui depuis quelque temps avait achevé son apprentissage chez un autre gros marchand, lequel avait toujours rendu témoignage de sa bonne conduite, lui donna cette boutique avec promesse, s'il continuait de se gouverner sagement, de ne pas tarder à le marier avantageusement, selon son état.

Laissons Ali Baba jouir des commencements de sa bonne fortune, et parlons des quarante voleurs. Ils revinrent à leur retraite de la forêt dans le temps dont ils étaient convenus; mais ils furent dans un grand étonnement de ne pas trouver le corps de Cassim, et leur surprise augmenta quand ils se furent aperçus de la diminution de leurs sacs d'or.

« Nous sommes découverts et perdus, dit le capitaine, si nous n'y prenons garde; et si nous ne cherchons promptement à y remédier, insensiblement nous allons perdre tant de richesses, que nos ancêtres et nous avons amassées avec tant de peines et de fatigues. Tout ce que nous pouvons juger du dommage qu'on nous a fait, c'est que le voleur que nous avons surpris a eu le secret de faire ouvrir la porte et que nous sommes arrivés heureusement, à point nommé, dans le temps qu'il en allait sortir. Mais il n'était pas le seul, un autre doit l'avoir comme lui. Son corps emporté et notre trésor diminué en sont des marques incontestables; et, comme il n'y a pas d'apparence que plus de deux personnes aient eu ce secret, après avoir fait périr l'une, il faut que nous fassions périr l'autre de même. Qu'en dites-vous, braves gens? n'êtes-vous pas de même avis que moi? »

La proposition du capitaine des voleurs fut trouvée si raisonnable par sa compagnie, qu'ils l'approuvèrent tous, et qu'ils tombèrent d'accord qu'il fallait abandonner toute autre entreprise, pour ne s'attacher uniquement qu'à celle-ci et ne s'en départir qu'ils n'y eussent réussi.

« Je n'en attendais pas moins de votre courage et de votre bravoure, reprit le capitaine; mais, avant toutes choses, il faut que quelqu'un de vous, hardi, adroit et entreprenant, aille à la ville, sans armes et en habit de voyageur et d'étranger, et qu'il emploie tout son savoir-faire pour découvrir si on n'y parle pas de la mort étrange de celui que nous avons massacré comme il le méritait, qui il était et en quelle maison il demeurait. C'est ce qu'il nous importe de savoir d'abord, pour ne rien faire dont nous ayons lieu de nous repentir, en nous découvrant nous-mêmes dans un pays où nous sommes inconnus depuis si longtemps et où nous avons un si grand intérêt de continuer de l'être. Mais, afin d'animer celui de vous qui s'offrira pour se charger de cette commission et l'empêcher de se tromper, en nous venant faire un rapport faux qui serait capable de causer notre ruine, je vous demande si vous ne jugez pas à propos qu'en ce cas-là il se soumette à la peine de mort. »

Sans attendre que les autres donnassent leurs suffrages : « Je m'y soumets, dit l'un des voleurs, et je fais gloire d'exposer ma vie en me chargeant de la commission. Si je n'y réussis pas, vous vous souviendrez au moins que je n'aurai manqué ni de bonne volonté ni de courage pour le bien commun de la troupe. »

Ce voleur, après avoir reçu de grandes louanges du capitaine et de ses camarades, se déguisa de manière que personne ne pouvait le prendre pour ce qu'il était. En se séparant de la troupe, il partit la nuit, et il prit si bien ses mesures qu'il entra dans la ville lorsque le jour ne faisait que commencer à paraître. Il avança jusqu'à la place, où il ne vit qu'une seule boutique ouverte, et c'était celle de Baba Moustafa.

Baba Moustafa était assis sur son siége, l'alène à la main, prêt à travailler de son métier. Le voleur l'aborda en lui souhaitant le bonjour ; et, voyant son grand âge : « Bonhomme, lui dit-il, vous commencez à travailler de grand matin ; il n'est pas possible que vous y voyiez encore clair, âgé comme vous l'êtes ; et, quand il ferait plus clair, je doute que vous ayez d'assez bons yeux pour coudre.

— Qui que vous soyez, reprit Baba Moustafa, il faut que vous ne me connaissiez pas. Si vieux que vous me voyiez, je ne laisse pas d'avoir les yeux excellents ; et vous n'en douterez pas quand vous saurez qu'il n'y a pas longtemps que j'ai cousu un mort dans un lieu où il ne faisait guère plus clair qu'il ne fait présentement. »

Le voleur eut une grande joie de s'être adressé, en arrivant, à un homme qui d'abord, comme il n'en douta pas, lui donnait de lui-même la nouvelle de ce qui l'avait amené, sans qu'il la lui demandât.

« Un mort! » reprit-il avec étonnement. Et pour le faire parler : « Pourquoi coudre un mort? ajouta-t-il. Vous voulez dire apparemment que vous avez cousu le linceul dans lequel il a été enseveli. — Non, non, reprit Baba Moustafa : je sais ce que je veux dire. Vous voudriez me faire parler; mais vous n'en saurez pas davantage. »

Le voleur n'avait pas besoin d'un éclaircissement plus ample pour être persuadé qu'il avait découvert ce qu'il était venu chercher. Il tira une pièce d'or; et, en la mettant dans la main de Baba Moustafa, il lui dit : « Je n'ai garde de vouloir entrer dans votre secret, quoique je puisse vous assurer que je ne le divulguerais pas si vous me l'aviez confié. La seule chose dont je vous prie, c'est de me faire la grâce de m'enseigner ou de venir me montrer la maison où vous avez cousu ce mort. — Quand j'aurais la volonté de vous accorder ce que vous me demandez, reprit Baba Moustafa, tenant la pièce d'or et prêt à la rendre, je vous assure que je ne pourrais pas le faire; vous devez m'en croire sur ma parole. En voici la raison : c'est qu'on m'a mené jusqu'à un certain endroit où l'on m'a bandé les yeux; de là je me suis laissé conduire jusque dans la maison, et, après avoir fait ce que je devais faire, on me ramena de la même manière jusqu'au même endroit. Vous voyez l'impossibilité où je suis de vous rendre service.

— Au moins, repartit le voleur, vous devez vous souvenir à peu près du chemin qu'on vous a fait faire, les yeux bandés. Venez, je vous prie, avec moi; je vous banderai les yeux en cet endroit-là, et nous marcherons ensemble par le même chemin et par les mêmes détours que vous pourrez vous remettre dans la mémoire; et, comme toute peine mérite récompense, voici une autre pièce d'or. Venez, faites-moi le plaisir que je vous demande. » Et en disant ces paroles il lui mit une autre pièce dans la main.

Les deux pièces d'or tentèrent Baba Moustafa; il les regarda quelque temps dans sa main sans dire mot, en se consultant pour savoir ce qu'il devait faire. Il tira enfin sa bourse de son sein, et les mettant dedans : « Je ne puis vous assurer, dit-il au voleur, que je me souvienne précisément du chemin qu'on me fit faire; mais, puisque vous le voulez ainsi, allons; je ferai ce que je pourrai pour m'en souvenir. »

Baba Moustafa se leva, à la grande satisfaction du voleur, et, sans fermer sa boutique, où il n'y avait rien de considérable à perdre, il mena le voleur avec lui jusqu'à l'endroit où Mordjane lui avait bandé les yeux. Quand ils furent arrivés : « C'est ici, dit Baba Moustafa, qu'on m'a bandé; et j'étais tourné comme vous me voyez. » Le voleur, qui avait son mouchoir prêt, lui banda les yeux, et il marcha à côté de lui, en partie le conduisant, en partie se laissant conduire par lui, jusqu'à ce qu'il s'arrêta.

« Il me semble, dit Baba Moustafa, que je n'ai point passé plus loin. » Et il se trouva véritablement devant la maison de Cassim, où Ali Baba demeurait alors. Avant de lui ôter le mouchoir de devant les yeux, le voleur fit promptement une marque à la porte avec de la craie, qu'il tenait prête; et, quand il le lui eut ôté, il lui demanda s'il savait à qui appartenait la maison. Baba Moustafa lui répondit qu'il n'était pas du quartier, et ainsi qu'il ne pouvait lui en rien dire.

Comme le voleur vit qu'il ne pouvait apprendre rien davantage de Baba Moustafa, il le remercia de la peine qu'il lui avait fait prendre; et, après qu'il l'eut quitté et laissé retourner à sa boutique, il reprit le chemin de la forêt, persuadé qu'il serait bien reçu.

Peu de temps après que le voleur et Baba Moustafa se furent séparés, Mordjane sortit de la maison d'Ali Baba pour quelque affaire; et, en revenant, elle aperçut la marque que le voleur y avait faite; elle s'arrêta pour plus d'attention. « Que signifie cette marque? dit-elle en elle-même; quelqu'un voudrait-il du mal à mon maître, ou l'a-t-on fait pour se divertir? A quelque intention qu'on l'ait pu faire, ajouta-t-elle, il est bon de se précautionner contre tout événement. » Elle prend aussitôt de la craie; et, comme les deux ou trois portes au-dessus et au-dessous étaient semblables, elle les marqua au même endroit, et elle rentra dans la maison, sans parler de ce qu'elle venait de faire, ni à son maître ni à sa maîtresse.

Le voleur cependant, qui continuait son chemin, arriva à la forêt et rejoignit sa troupe de bonne heure. Aussitôt il leur apprit le succès de son voyage, en exagérant le bonheur qu'il avait eu de trouver d'abord un homme qui lui avait appris le fait dont il venait s'informer, et le seul homme qui pût le lui apprendre. Il fut écouté avec une grande satisfaction; et le capitaine, après l'avoir loué de sa diligence : « Camarades, dit-il en s'adressant à tous, nous n'avons pas de temps à perdre; partons bien armés, sans qu'il paraisse que nous le soyons; et, quand nous serons entrés dans la ville séparément, les uns après les autres, pour ne pas donner de soupçons, rendez-vous sur la grande place, les uns d'un côté, les autres de l'autre; pendant ce temps-là j'irai reconnaître la maison avec notre camarade qui vient de nous apporter une si bonne nouvelle, et je jugerai du parti qu'il nous conviendra le mieux de prendre. »

Le discours du capitaine des voleurs fut applaudi, et ils furent bientôt en état de partir. Ils défilèrent deux à deux, trois à trois; et, en marchant à une distance raisonnable les uns des autres, ils entrèrent dans la ville sans donner aucun soupçon. Le capitaine et celui qui était venu le matin y entrèrent les derniers. Celui-ci mena le capitaine dans la rue où il avait marqué la maison d'Ali Baba; et, quand il fut devant une des portes qui avaient été marquées par Mordjane, il la lui fit voir, en lui disant que c'était celle-là. Mais en continuant leur chemin sans s'arrêter, afin de ne pas se rendre suspects, le capitaine s'aperçut que la porte qui suivait était marquée de même et au même endroit; il le fit observer à son conducteur, et il lui demanda si c'était celle-ci ou la première. Le conducteur demeura confus et il ne sut que répondre, encore moins quand il eut vu avec le capitaine que les quatre ou cinq portes qui suivaient avaient aussi la même marque. Il assura au capitaine, avec serment, qu'il n'en avait marqué qu'une. « Je ne sais, ajouta-t-il, qui peut avoir si bien imité le signe que j'avais fait : mais, dans cette confusion, j'avoue que je ne peux distinguer laquelle est celle que j'ai marquée. »

Le capitaine, qui vit son dessein avorté, se rendit à la grande place, où il fit dire à ses gens, par le premier qu'il rencontra, qu'ils avaient perdu leur peine et fait un voyage inutile, et qu'ils n'avaient qu'à reprendre le chemin de leur retraite commune. Il en donna l'exemple, et tous le suivirent, dans le même ordre qu'ils étaient venus.

Quand la troupe se fut rassemblée dans la forêt, le capitaine leur expliqua la raison pour laquelle il les avait fait revenir. Aussitôt le conducteur fut déclaré digne de mort tout d'une voix, et il s'y condamna lui-même, en reconnaissant qu'il aurait dû prendre mieux ses précautions ; et il présenta le cou avec fermeté à celui qui vint pour lui couper la tête.

Comme il s'agissait, pour la conservation de la bande, de ne pas laisser sans vengeance le tort qui lui avait été fait, un autre voleur, qui se promit de mieux réussir que celui qui venait d'être châtié, se présenta et demanda en grâce d'être préféré. Il est écouté. Il marche : il corrompt Baba Moustafa, comme le premier l'avait corrompu, et Baba Moustafa lui fait connaître la maison d'Ali Baba, les yeux bandés. Il la marque de rouge dans un endroit moins apparent, en comptant que c'était un moyen sûr pour la distinguer d'avec celles qui étaient marquées de blanc.

Mais peu de temps après Mordjane sortit de la maison, comme le jour précédent; et, quand elle revint, la marque rouge n'échappa pas à ses yeux clairvoyants. Elle fit le même raisonnement qu'auparavant, et elle marqua de rouge les portes voisines au même endroit.

Le voleur, à son retour dans la forêt, ne manqua pas de faire valoir la précaution qu'il avait prise, et qui devait infailliblement, disait-il, les empêcher de confondre la maison d'Ali Baba avec les autres. Le capitaine et ses gens croient avec lui que la chose doit réussir. Ils se rendent à la ville dans le même ordre et avec les mêmes soins qu'auparavant, armés et prêts à faire le coup qu'ils méditaient; le capitaine et le voleur, en arrivant, vont à la rue d'Ali Baba; mais ils trouvèrent la même difficulté que la première fois. Le capitaine en est indigné, et le voleur dans une confusion aussi grande que celui qui l'avait précédé avec la même commission.

Ainsi le capitaine fut contraint de se retirer encore ce jour-là avec ses gens, aussi peu satisfait que le jour d'auparavant. Le voleur, comme auteur de la méprise, subit pareillement le châtiment auquel il s'était soumis.

Le capitaine, qui vit sa troupe diminuée de deux braves sujets, craignit de la voir diminuer davantage s'il continuait de s'en rapporter à d'autres qu'à lui-même pour connaître la maison d'Ali Baba. Il s'était assuré que ses hommes n'étaient propres tous qu'à des coups de main, et nullement à agir de tête dans l'occasion. Il se chargea de la chose; il vint à la ville, et avec l'aide de Baba Moustafa, qui lui rendit le même service qu'aux deux députés de sa troupe, il ne s'amusa à faire aucune marque pour reconnaître la maison d'Ali Baba; mais il l'examina si bien, non-seulement en la considérant attentivement, mais même en passant et repassant à diverses fois par devant, qu'il ne pouvait plus s'y méprendre.

Le capitaine des voleurs, satisfait de son voyage et instruit de ce qu'il avait souhaité, retourna à la forêt; et, quand il fut arrivé dans la grotte où sa troupe l'attendait : « Camarades, dit-il, rien enfin ne peut plus nous empêcher de prendre une pleine vengeance du dommage qui nous a été fait. Je connais avec certitude la maison du coupable sur qui elle doit tomber; et, dans le chemin, j'ai songé aux moyens de la lui faire sentir si adroitement, que personne ne pourra avoir connaissance du lieu de notre retraite non plus que de notre trésor; car c'est le but que nous devons avoir dans notre entreprise : autrement, au lieu de nous être utile, elle nous serait funeste. Pour parvenir à ce but, continua le capitaine, voici ce que j'ai imaginé. Quand je vous l'aurai exposé, si quelqu'un sait un expédient meilleur, il pourra le communiquer. » Alors il leur expliqua ce qu'il prétendait faire, et comme ils lui donnèrent tous leur approbation, il les chargea, en se partageant dans les bourgs et dans les villages d'alentour et même dans les villes, d'acheter des mulets, au nombre de dix-neuf, et trente-huit grands vases de cuir à transporter de l'huile, l'un plein et les autres vides.

En deux ou trois jours, les voleurs eurent fait tout cet amas. Comme les vases vides étaient un peu étroits par la bouche pour l'exécution de son dessein, le capitaine les élargit; il cacha un de ses gens dans chaque vase, avec les armes qu'il avait jugées nécessaires; il laissa ouverte la partie qu'il avait fait découdre, afin que chaque homme pût respirer librement; il ferma les vases de manière qu'ils parussent pleins d'huile; et, pour mieux les déguiser, il les frotta par le dehors d'huile, qu'il prit du vase qui en était plein.

Les choses ainsi disposées, quand les mulets furent chargés des trente-sept voleurs, sans y comprendre le capitaine, chacun caché dans un des vases, et du vase qui était plein d'huile, leur capitaine, les conduisant, prit le chemin de la ville, dans le temps qu'il avait résolu, et y arriva à la brune, environ une heure après le coucher du soleil, comme il se l'était proposé. Il y entra et il alla droit à la maison d'Ali Baba, dans le dessein de frapper à la porte et de demander à y passer la nuit avec ses mulets, sous le bon plaisir du maître. Il n'eut pas la peine de frapper : il trouva Ali Baba à la porte, qui prenait le frais après le souper. Il fit arrêter ses mulets; et, en s'adressant à Ali Baba : « Seigneur, dit-il, j'amène l'huile que vous voyez, de bien loin, pour la vendre demain au marché; et, à l'heure qu'il est, je ne sais où aller loger. Si cela ne vous incommode pas, faites-moi le plaisir de me recevoir chez vous pour y passer la nuit : je vous en aurai obligation. »

Quoique Ali Baba eût vu dans la forêt celui qui lui parlait, et même entendu sa voix, comment eût-il pu le reconnaître pour le capitaine des quarante voleurs, sous le déguisement d'un marchand d'huile?

« Vous êtes le bienvenu, dit-il, entrez. » Et, en disant ces paroles, il lui fit place pour le laisser entrer avec ses mulets, comme il le fit.

En même temps Ali Baba appela un esclave qu'il avait,

et lui commanda, quand les mulets seraient déchargés, non-seulement de les mettre à couvert dans l'écurie, mais même de leur donner du foin et de l'orge. Il prit aussi la peine d'entrer dans la cuisine et d'ordonner à Mordjane d'apprêter promptement à souper pour l'hôte qui venait d'arriver et de lui préparer un lit dans une chambre.

De plus, pour faire à son hôte tout l'accueil possible, quand il vit que le capitaine des voleurs avait déchargé ses mulets, que les mulets avaient été menés dans l'écurie, comme il l'avait commandé, et qu'il cherchait une place pour passer la nuit à l'air, Ali Baba alla le prendre pour le faire entrer dans la salle où il recevait son monde, en lui disant qu'il ne souffrirait pas qu'il couchât dans la cour. Le capitaine des voleurs s'en excusa fort, sous prétexte de ne vouloir pas être incommode, mais, en réalité, pour avoir lieu d'exécuter avec plus de liberté ce qu'il méditait; et il ne céda aux honnêtetés d'Ali Baba qu'après de fortes instances.

Ali Baba, non content de tenir compagnie à celui qui en voulait à sa vie, jusqu'à ce que Mordjane lui eut servi le souper, continua de causer avec lui de plusieurs choses qu'il crut pouvoir lui faire plaisir; et il ne le quitta que quand il eut achevé le repas dont il l'avait régalé.

« Je vous laisse le maître, lui dit-il : vous n'avez qu'à demander toutes les choses dont vous pouvez avoir besoin; il n'y a rien chez moi qui ne soit à votre service. »

Le capitaine des voleurs se leva en même temps qu'Ali Baba et l'accompagna jusqu'à la porte; et, pendant qu'Ali Baba alla dans la cuisine pour parler à Mordjane, il passa dans la cour, sous prétexte d'aller à l'écurie voir si rien ne manquait à ses mulets.

Ali Baba, après avoir recommandé de nouveau à Mordjane de prendre un grand soin de son hôte et de ne le laisser manquer de rien : « Mordjane, ajouta-t-il, je t'avertis que demain je vais au bain avant le jour ; prends soin que mon linge de bain soit prêt et de le donner à Abdallah (c'était le nom de son esclave), et fais-moi un bon bouillon, pour que je le prenne à mon retour. » Après lui avoir donné ces ordres, il se retira pour se coucher.

Le capitaine des voleurs, cependant, à la sortie de l'écurie, alla donner à ses gens l'ordre de ce qu'ils devaient faire. En s'avançant depuis le premier vase jusqu'au dernier, il dit à chacun : « Quand je jetterai de petites pierres de la chambre où l'on me loge, ne manquez pas de vous faire ouverture en fendant le vase, depuis le haut jusqu'en bas, avec le couteau dont vous êtes muni, et d'en sortir : aussitôt je serai à vous. »

Le couteau dont il parlait était pointu et affilé pour cet usage.

Cela fait, il revint ; et, comme il se présenta à la porte de la cuisine, Mordjane prit de la lumière et elle le conduisit à la chambre qu'elle lui avait préparée, où elle le laissa, après lui avoir demandé s'il avait besoin de quelque autre chose. Pour ne pas donner de soupçon, il éteignit la lumière peu de temps après, et il se coucha tout habillé, prêt à se lever dès qu'il aurait fait son premier somme.

Mordjane n'oublia pas les ordres d'Ali Baba : elle prépare son linge de bain, elle en charge Abdallah, qui n'était pas encore allé se coucher, elle met le pot-au-feu pour le bouillon ; et, pendant qu'elle écume le pot, la lampe s'éteint. Il n'y avait plus d'huile dans la maison, et la chandelle y manquait aussi. Que faire ? Elle a besoin cependant de voir clair pour écumer son pot; elle en témoigne sa peine à Abdallah.

« Te voilà bien embarrassée, lui dit Abdallah. Va prendre de l'huile dans un des vases que voilà dans la cour. »

Mordjane remercia Abdallah de l'avis ; et, pendant qu'il va se coucher près de la chambre d'Ali-Baba, pour le suivre au bain, elle prend la cruche à l'huile et elle va dans la cour. Lorsqu'elle se fut approchée du premier vase qu'elle rencontra, le voleur qui était caché dedans demanda, à voix basse : « Est il temps ? »

Quoique le voleur eût parlé bas, Mordjane néanmoins fut frappée de la voix d'autant plus facilement que le capitaine des voleurs, dès qu'il eut déchargé ses mulets, avait ouvert non-seulement ce vase, mais même tous les autres, pour donner de l'air à ses gens, qui d'ailleurs y étaient fort mal à leur aise, sans y être cependant privés de la facilité de respirer.

Toute autre esclave que Mordjane, aussi surprise qu'elle le fut en trouvant un homme dans un vase au lieu d'y trouver de l'huile qu'elle cherchait, eût fait un vacarme capable de causer de grands malheurs. Mais Mordjane était au-dessus de ses semblables : elle comprit en un instant l'importance de garder ce secret, le danger pressant où se trouvaient Ali Baba et sa famille, et où elle se trouvait elle-même, et la nécessité d'y apporter promptement le remède, sans faire d'éclat; et, par sa perspicacité, elle en pénétra d'abord les moyens. Elle rentra donc en elle-même dans le moment; et, sans faire paraître aucune émotion, en prenant la place du capitaine des voleurs, elle répondit à la demande et elle dit : « Pas encore, mais bientôt. » Elle s'approcha du vase qui suivait, et la même demande lui fut faite ; et ainsi de suite, jusqu'à ce qu'elle arriva au dernier, qui était plein d'huile ; et, à la même demande, elle donna la même réponse.

Mordjane connut par là que son maître Ali Baba, qui avait cru ne donner à loger chez lui qu'à un marchand d'huile, y avait donné entrée à trente-huit voleurs, en y comprenant le faux marchand, leur capitaine. Elle remplit en diligence sa cruche d'huile, qu'elle prit du dernier vase; elle revint dans sa cuisine, où, après avoir mis de l'huile dans la lampe et l'avoir rallumée, elle prend une grande chaudière, elle retourne à la cour, et l'emplit de l'huile du vase. Elle la rapporte, la met sur le feu et met dessous force bois, parce que, plus tôt l'huile bouillira, plus tôt elle aura exécuté ce qui doit contribuer au salut commun de la maison, qui ne demande pas de retardement. L'huile bout enfin; elle prend la chaudière, et elle va verser dans chaque vase, depuis le premier jusqu'au dernier, assez d'huile toute bouillante, pour étouffer les voleurs et leur ôter la vie, comme elle la leur ôta.

Cette action, digne du courage de Mordjane, exécutée sans bruit, comme elle l'avait projeté, elle revient dans la cuisine, avec la chaudière vide, et ferme la porte. Elle éteint le grand feu qu'elle avait allumé, et elle n'en laisse qu'autant qu'il en faut pour achever de faire cuire le pot de bouillon d'Ali Baba. Ensuite elle souffla la lampe et elle demeura dans un grand silence, résolue à ne pas se coucher qu'elle n'eût observé ce qui arriverait, par une fenêtre de la cuisine, qui donnait sur la cour, autant que l'obscurité de la nuit pouvait le permettre.

Il n'y avait pas encore un quart d'heure que Mordjane attendait, quand le capitaine des voleurs s'éveilla. Il se lève; il regarde par la fenêtre qu'il ouvre; et, comme il n'aperçoit aucune lumière et qu'il voit régner un grand repos et un profond silence dans la maison, il donne le signal en jetant de petites pierres, dont plusieurs tombèrent sur les vases, comme il n'en douta point par le son qui lui en vint aux oreilles. Il écoute, et n'entend ni n'aperçoit rien qui lui fasse connaître que ses gens se mettent en mouvement. Il en est inquiet : il jette de petites pierres une seconde et une troisième fois. Elles tombent sur les vases, et cependant pas un des voleurs ne donne le moindre signe de vie, et il n'en peut comprendre la raison. Il descend dans la cour tout alarmé, avec le moins de bruit qu'il lui est possible ; il approche de même du premier vase, et, quand il veut demander au voleur, qu'il croit vivant, s'il dort, il sent une odeur d'huile chaude et de brûlé qui s'exhale du vase, par où il connaît que son entreprise contre Ali Baba, pour lui ôter la vie, pour piller sa maison et pour emporter, s'il pouvait, l'or que celui-ci avait enlevé à sa bande, avait échoué. Il passe au vase qui suit et à tous les uns après les autres, et il trouve que ses gens ont péri par le même sort ; d'ailleurs, par la diminution de l'huile dans le vase qu'il avait apporté plein, il connut la manière dont on s'y était pris pour le priver du secours qu'il attendait de ses gens. Au désespoir d'avoir manqué son coup, il enfila la porte du jardin d'Ali Baba, qui donnait dans la cour, et, de jardin en jardin, en passant par-dessus les murs, il se sauva.

Quand Mordjane n'entendit plus de bruit et qu'elle ne vit pas revenir le capitaine des voleurs, après avoir attendu quelque temps, elle ne douta pas du parti qu'il avait pris, plutôt que de chercher à se sauver par la porte de la maison, qui était fermée à double tour. Satisfaite et dans une grande joie d'avoir si bien réussi à mettre toute la maison en sûreté, elle se coucha enfin et elle s'endormit.

Ali Baba cependant sortit avant le jour et alla au bain, suivi de son esclave, sans rien savoir de l'événement étonnant qui était arrivé chez lui pendant qu'il dormait, au sujet duquel Mordjane n'avait pas jugé à propos de l'éveiller, avec d'autant plus de raison qu'elle n'avait pas de temps à perdre au moment du danger et qu'il était inutile de troubler son repos, après qu'elle eut détourné ce danger.

Lorsqu'il revint des bains et qu'il rentra chez lui, le soleil levé, Ali Baba fut surpris de voir encore les vases d'huile à leur place et que le marchand ne se fût pas rendu au marché avec ses mulets, il en demanda la raison à Mordjane, qui lui était venue ouvrir et qui avait laissé toutes choses dans l'état où il les voyait, pour lui en donner le spectacle et lui expliquer plus sensiblement ce qu'elle avait fait pour sa conservation.

« Mon bon maître, dit Mordjane en répondant à Ali Baba, Dieu vous conserve, vous et toute votre maison !

Vous apprendrez mieux ce que vous désirez savoir, quand vous aurez vu ce que j'ai à vous faire voir : prenez la peine de venir avec moi. »

Ali Baba suivit Mordjane. Après avoir fermé la porte, elle le mena au premier vase : « Regardez dans le vase, lui dit-elle, et voyez s'il y a de l'huile. »

Ali Baba regarda ; et, lorsqu'il eut vu un homme dans le vase, il se retira en arrière, tout effrayé, avec un grand cri.

« Ne craignez rien, lui dit Mordjane, l'homme que vous voyez ne vous fera pas de mal ; il en a fait, mais il n'est plus en état d'en faire, ni à vous, ni à personne : il n'a plus de vie.

— Mordjane, s'écria Ali Baba, que veut dire ce que tu viens de me faire voir ? Explique-le-moi.

— Je vous l'expliquerai, dit Mordjane ; mais modérez votre étonnement, et n'éveillez pas la curiosité des voisins de peur qu'ils n'apprennent une chose qu'il vous importe de tenir cachée. Voyez auparavant tous les autres vases. »

Ali Baba regarda dans les autres vases, les uns après les autres, depuis le premier jusqu'au dernier, où il y avait de l'huile, dont il remarqua que l'huile était notablement diminuée ; et, quand il eut fait, il demeura comme immobile, tantôt jetant les yeux sur les vases, tantôt regardant Mordjane, sans dire mot, tant sa surprise était grande. A la fin, comme si la parole lui fût revenue : « Et le marchand, demanda-t-il, qu'est-il devenu ?

— Le marchand, répondit Mordjane, est aussi peu marchand que je suis marchande. Je vous dirai qui il est et ce qu'il est devenu. Mais vous apprendrez toute l'histoire plus commodément dans votre chambre; car il est temps, pour le bien de votre santé, que vous preniez un bouillon après être sorti du bain. »

Pendant qu'Ali Baba se rendit dans sa chambre, Mordjane alla à la cuisine prendre le bouillon, et elle le lui apporta; avant de le prendre, Ali Baba lui dit : « Commence toujours à satisfaire l'impatience où je suis, et raconte-moi une histoire si étrange, avec toutes ses circonstances. »

Mordjane, pour obéir à Ali Baba, lui dit : « Seigneur, hier au soir, quand vous vous fûtes retiré pour vous coucher, je préparai votre linge de bain, comme vous veniez de me le commander, et j'en chargeai Abdallah. Ensuite je mis le pot-au-feu pour le bouillon; et, comme je l'écumais, la lampe, faute d'huile, s'éteignit tout à coup, et il n'y en avait pas une goutte dans la cruche. Je cherchai quelques bouts de chandelles, et je n'en trouvai pas un. Abdallah, qui me vit embarrassée, me fit souvenir des vases pleins d'huile qui étaient dans la cour, comme il n'en doutait pas, non plus que moi, et comme vous l'avez cru vous-même. Je pris la cruche et je courus au vase le plus voisin. Mais, comme je fus près du vase, il en sortit une voix qui me demanda : « Est-il temps ? » Je ne m'effrayai pas; mais, comprenant aussitôt la malice du faux marchand, je répondis sans hésiter : « Pas encore, mais bientôt. » Je passai au vase qui suivait; et une autre voix me fit la même demande, à laquelle je répondis de même. J'allai aux autres vases, les uns après les autres : à pareille demande, pareille réponse, et je ne trouvai que dans le dernier vase de l'huile dont j'emplis la cruche. Quand j'eus considéré qu'il y avait trente-sept voleurs au milieu de votre cour, qui n'attendaient que le signal ou que le commandement de leur chef, que vous aviez pris pour un marchand, et à qui vous aviez fait un si grand accueil, au point de mettre toute la maison en feu, je ne perdis pas de temps : je rapportai la cruche, j'allumai la lampe; et, après avoir pris la chaudière la plus grande de la cuisine, j'allai l'emplir d'huile. Je la mis sur le feu; et, quand elle fut bien bouillante, j'en allai verser, dans chaque vase où étaient les voleurs, autant qu'il en fallut pour les empêcher tous d'exécuter le pernicieux dessein qui les avait amenés. La chose ainsi terminée de la manière que je l'avais méditée, je revins dans la cuisine, j'éteignis la lampe; et, avant que je me couchasse, je me mis à examiner tranquillement, par la fenêtre, quel parti prendrait le faux marchand d'huile. Au bout de quelque temps, j'entendis que, pour signal, il jeta, de sa fenêtre, de petites pierres qui tombèrent sur les vases. Il en jeta une seconde et une troisième fois; et, comme il n'aperçut ou n'entendit aucun mouvement, il descendit, et je le vis aller de vase en vase jusqu'au dernier; après quoi l'obscurité de la nuit fit que je le perdis de vue. J'observai encore quelque temps; et, comme je vis qu'il ne revenait pas, je ne doutai pas qu'il ne se fût sauvé par le jardin, désespéré d'avoir si mal réussi. Ainsi, persuadée que la maison était en sûreté, je me couchai. »

En achevant, Mordjane ajouta : « Voilà quelle est l'histoire que vous m'avez demandée, et je suis convaincue que c'est la suite d'une observation que j'avais faite depuis deux ou trois jours, et dont je n'avais pas cru devoir vous entretenir : une fois, en revenant de la ville, de bon matin, j'aperçus que la porte de la rue était marquée de blanc, et, le jour suivant, de rouge, après la marque blanche; et, chaque fois, sans savoir à quel dessein cela pouvait avoir été fait, j'avais marqué de même, et au même endroit, deux ou trois portes de nos voisins, au-dessus et au-dessous. Si vous joignez cela avec ce qui vient d'arriver, vous trouverez que le tout a été machiné par les voleurs de la forêt, dont, je ne sais pourquoi, la troupe est diminuée de deux. Quoi qu'il en soit, la voilà réduite à trois au plus. Cela fait voir qu'ils avaient juré votre perte, et qu'il est bon que vous vous teniez sur vos gardes tant qu'il sera certain que quelqu'un d'entre eux existe au monde. Quant à moi, je n'oublierai rien pour veiller à votre conservation, comme j'y suis obligée. »

Lorsque Mordjane eut achevé, Ali Baba, pénétré de la grande obligation qu'il lui avait, lui dit : « Je ne mourrai pas que je ne t'aie récompensée comme tu le mérites. Je te dois la vie; et, pour commencer à t'en donner une marque de reconnaissance, je te donne la liberté dès à présent, en attendant que j'y mette le comble de la manière que je me le propose. Je suis persuadé avec toi que les quarante voleurs m'ont dressé ces embûches. Dieu m'a délivré par ton moyen. J'espère qu'il continuera de me préserver de leur méchanceté, et qu'en achevant de la détourner de dessus ma tête, il délivrera le monde de leur persécution et de leur engeance maudite. Ce que nous avons à faire, c'est d'enterrer incessamment les corps de ces hommes, la peste du genre humain, avec un si grand secret, que personne ne puisse rien soupçonner de leur destinée ; je vais y travailler avec Abdallah. »

Le jardin d'Ali Baba était d'une grande longueur, terminé par de grands arbres. Sans différer, il alla sous ces arbres avec son esclave creuser une fosse, assez longue et assez large pour les corps qu'ils avaient à y enterrer. Le terrain était aisé à remuer, et ils ne mirent pas un long temps à l'achever. Ils tirèrent les corps hors des vases, et ils mirent à part les armes dont les voleurs s'étaient munis. Ils transportèrent ces corps au bout du jardin, et ils les arrangèrent dans la fosse : et, après les avoir couverts de la terre qu'ils en avaient tirée, ils dispersèrent ce qui en restait aux environs, de manière que le terrain parût égal comme auparavant. Ali Baba fit cacher soigneusement les vases à l'huile et les armes; et, quant aux mulets, dont il n'avait pas besoin pour lors, il les envoya au marché à différentes fois, où il les fit vendre par son esclave.

Pendant qu'Ali Baba prenait toutes ces mesures pour ôter à la connaissance du public par quel moyen il était devenu riche en peu de temps, le capitaine des quarante voleurs était retourné à la forêt, avec une mortification inconcevable; et, dans l'agitation, ou plutôt dans la confusion où il était d'un succès si malheureux et si contraire à ce qu'il s'était promis, il était rentré dans la grotte, sans avoir pu s'arrêter à aucune résolution, dans le chemin, sur ce qu'il devait faire ou ne pas faire à Ali Baba.

La solitude où il se trouva dans cette sombre demeure lui parut affreuse. « Braves gens, s'écria-t-il, compagnons de mes veilles, de mes courses et de mes travaux, où êtes-vous ? que puis-je faire sans vous ? Vous avais-je assemblés et choisis pour vous voir périr tous à la fois par une destinée si fatale et si indigne de votre courage? Je vous regretterais moins si vous étiez morts le sabre à la main, en vaillants hommes. Quand aurai-je fait une autre troupe de gens de main comme vous? Et, quand je le voudrais, pourrais-je l'entreprendre et ne pas exposer tant d'or, tant d'argent, tant de richesses à la proie de celui qui s'est déjà enrichi d'une partie? Je ne puis et je ne dois y songer qu'auparavant je ne lui aie ôté la vie. Ce que je n'ai pu faire avec un secours si puissant, je le ferai moi seul; et, quand j'aurai pourvu à ce que ce trésor ne soit plus exposé au pillage, je travaillerai à faire en sorte qu'il ne demeure ni sans successeurs ni sans maître après moi, qu'il se conserve et qu'il s'augmente dans toute la postérité. »

Cette résolution prise, il ne fut pas embarrassé à chercher les moyens de l'exécuter; et alors, plein d'espérance et l'esprit tranquille, il s'endormit et passa la nuit assez paisiblement.

Le lendemain, le capitaine des voleurs, éveillé de grand matin, comme il se l'était proposé, prit un habit fort propre, conformément au dessein qu'il avait médité, et il vint à la ville, où il prit un logement dans un khan; et, comme il s'attendait que ce qui s'était passé chez Ali Baba pût avoir fait de l'éclat, il demanda au concierge, par manière d'entretien, s'il y avait quelque chose de nouveau dans la ville; sur quoi le concierge parla de toute autre chose que de ce qu'il lui importait de savoir. Il jugea par là que si Ali Baba gardait un si grand secret c'était parce qu'il ne voulait pas que la connaissance qu'il avait du trésor et du moyen d'y entrer fût divulguée, et parce qu'il n'ignorait pas qu'on en voulait à sa vie pour ce sujet. Cela l'anima davantage à ne rien négliger pour se défaire de lui par la même voie du secret.

Le capitaine des voleurs se pourvut d'un cheval, et transporta à son logement plusieurs sortes de riches étoffes et de toiles fines, en faisant plusieurs voyages à la forêt, avec les précautions nécessaires pour cacher le lieu où il les allait prendre. Pour débiter ces marchandises, quand il en eut amassé ce qu'il avait jugé à propos, il chercha une boutique. Il en trouva une; et, après l'avoir prise à louage du propriétaire, il la garnit et il s'y établit. La boutique qui se trouva vis-à-vis de la sienne était celle qui avait appartenu à Cassim et qui était occupée par le fils d'Ali Baba, depuis peu de temps.

Le capitaine des voleurs, qui avait pris le nom de Codja Houssain, ne manqua pas, comme nouveau venu, de faire civilité aux marchands ses voisins, selon la coutume. Mais, comme le fils d'Ali Baba était jeune, bien fait, ne manquait pas d'esprit, et que le capitaine avait occasion plus souvent de lui parler et de s'entretenir avec lui qu'avec les autres, il eut vite fait amitié avec lui. Il s'attacha bientôt à le cultiver plus fortement, plus assidûment; car, trois ou quatre jours après son établissement, il reconnut Ali Baba, qui vint voir son fils, et s'entretint avec lui, et le capitaine apprit du jeune marchand qu'Ali Baba, qui venait de le quitter, était son père. Il augmenta ses empressements auprès de lui; il le caressa, il lui fit de petits présents, il le régala même et il lui donna plusieurs fois à manger.

Le fils d'Ali Baba ne voulut pas avoir tant d'obligation à Codja Houssain sans lui rendre la pareille. Mais il était logé étroitement, et il n'avait pas la même commodité que lui pour le régaler comme il le souhaitait. Il parla de son dessein à Ali Baba, son père, en lui faisant remarquer qu'il ne serait pas séant qu'il demeurât plus longtemps sans reconnaître les honnêtetés de Codja Houssain.

Ali Baba se chargea du régal avec plaisir. « Mon fils, dit-il, il est demain vendredi[2]; c'est un jour que les gros marchands, comme Codja Houssain et comme vous, tiennent leurs boutiques fermées, promenez-vous donc avec lui l'après-dînée, et, en revenant, faites en sorte de passer devant ma maison et d'y entrer avec lui. Cela vaudra mieux qu'une invitation dans les formes. Je vais ordonner à Mordjane de faire le souper et de le tenir prêt. »

Le vendredi, le fils d'Ali Baba et Codja Houssain se trouvèrent, l'après-dînée, au rendez-vous qu'ils s'étaient donné, et ils firent leur promenade. En revenant, le fils d'Ali Baba affecta de faire passer Codja Houssain par la rue où demeurait son père; quand ils furent arrivés devant la porte de la maison, il l'arrêta, et, en frappant : « C'est, lui dit-il, la maison de mon père, lequel, sur le récit que je lui ai fait de l'amitié dont vous m'honorez, m'a chargé de lui procurer l'honneur de votre connaissance. Je vous prie d'ajouter ce plaisir à tous les autres dont je vous suis redevable. »

Bien que Codja Houssain fût arrivé au but qu'il s'était proposé, d'avoir entrée chez Ali Baba et de lui ôter la vie sans hasarder la sienne, en ne faisant pas d'éclat, il ne laissa pas néanmoins de s'excuser et de faire semblant de prendre congé du fils; mais, comme l'esclave d'Ali Baba venait d'ouvrir, le fils prit obligeamment Houssain par la main, et, en entrant le premier, il le tira et le força, en quelque manière, d'entrer comme malgré lui.

Ali Baba reçut Codja Houssain avec un visage ouvert et avec le bon accueil qu'il pouvait souhaiter. Il le remercia des bontés qu'il avait pour son fils. « L'obligation qu'il vous en a et que je vous en ai moi-même, ajouta-t-il, est d'autant plus grande, que c'est un jeune homme qui n'a pas encore l'usage du monde, et que vous ne dédaignez pas de contribuer à le former. »

Codja Houssain rendit compliment pour compliment à Ali Baba, en lui assurant que, si son fils n'avait pas encore acquis l'expérience de certains vieillards, il avait un bon sens qui lui tenait lieu de l'expérience d'une infinité d'autres.

Après un entretien de peu de durée sur d'autres sujets indifférents, Codja Houssain voulut prendre congé. Ali Baba l'arrêta. « Seigneur, dit-il, où voulez-vous aller? Je vous prie de me faire l'honneur de souper avec moi. Le repas que je veux vous donner est beaucoup au-dessous de ce que vous méritez; mais, tel qu'il est, j'espère que vous l'agréerez d'aussi bon cœur que j'ai intention de vous le donner.

— Seigneur Ali Baba, reprit Codja Houssain, je suis très-persuadé de votre bon cœur; et, si je vous demande en grâce de ne pas trouver mauvais que je me retire sans accepter votre offre obligeante, je vous supplie de croire que je ne le fais ni par mépris ni par incivilité, mais parce que j'en ai une raison que vous approuveriez si elle vous était connue.

— Et quelle peut-être cette raison, Seigneur? reprit Ali

Baba. Peut-on vous la demander? — Je puis la dire, répliqua Codja Houssain : c'est que je ne mange ni viande ni ragoût où il y ait du sel ; jugez vous-même de la contenance que je ferais à votre table. — Si vous n'avez que cette raison, insista Ali Baba, elle ne doit pas me priver de l'honneur de vous posséder à souper, à moins que vous ne le vouliez autrement. Premièrement, il n'y a pas de sel dans le pain que l'on mange chez moi : et, quant à la viande et aux ragoûts, je vous promets qu'il n'y en aura pas dans ce qui sera servi devant vous; je vais y donner ordre. Ainsi faites-moi la grâce de demeurer, je reviens à vous dans un moment. »

Ali Baba alla à la cuisine et ordonna à Mordjane de ne pas mettre de sel sur la viande qu'elle avait à servir, et de préparer promptement deux ou trois ragoûts, entre ceux qu'il lui avait commandés, où il n'y eût pas de sel.

Mordjane, qui était prête à servir, ne put s'empêcher de témoigner son mécontentement sur ce nouvel ordre et de s'en expliquer à Ali Baba. « Qui est donc, dit-elle, cet homme si difficile, qui ne mange pas de sel? Votre souper ne sera plus bon à manger, si je le sers plus tard.

— Ne te fâche pas, Mordjane, reprit Ali Baba, c'est un honnête homme. Fais ce que je te dis. »

Mordjane obéit, mais à contre-cœur. Elle eut la curiosité de connaître cet homme qui ne mangeait pas de sel. Quand elle eut achevé et qu'Abdallah eut préparé la table, elle l'aida à porter les plats. En regardant Codja Houssain, elle le reconnut d'abord pour le capitaine des voleurs, malgré son déguisement; et, en l'examinant avec attention, elle aperçut qu'il avait un poignard caché sous son habit.

« Je ne m'étonne plus, dit-elle en elle-même, que le scélérat ne veuille pas manger de sel avec mon maître; c'est son plus fier ennemi, il veut l'assassiner[3]; mais je l'en empêcherai. »

Quand Mordjane eut achevé de servir ou de faire servir par Abdallah, elle prit le temps pendant que l'on soupait et fit les préparatifs nécessaires pour l'exécution d'un coup des plus hardis; et elle venait d'achever, lorsque Abdallah vint l'avertir qu'il était temps de servir le fruit. Elle porta le fruit; et, dès qu'Abdallah eut levé ce qui était sur la table, elle le servit. Ensuite elle posa près d'Ali Baba une petite table sur laquelle elle mit le vin avec trois tasses; et, en sortant, elle emmena Abdallah avec elle, comme pour aller souper ensemble et donner à Ali Baba, selon la coutume, la liberté de s'entretenir et de se réjouir agréablement avec son hôte et de le faire bien boire.

Alors le faux Codja Houssain, ou plutôt le capitaine des quarante voleurs, crut que l'occasion favorable pour ôter la vie à Ali Baba était venue. « Je vais, dit-il en lui-même, faire enivrer le père et le fils; et le fils, à qui je veux bien donner la vie, ne m'empêchera pas d'enfoncer le poignard dans le cœur du père; je me sauverai par le jardin, comme je l'ai déjà fait, pendant que la cuisinière et l'esclave n'auront pas encore achevé de souper ou seront endormis dans la cuisine. »

Au lieu de souper, Mordjane, qui avait pénétré l'intention du faux Codja Houssain, ne lui donna pas le temps d'exécuter son méchant projet. Elle s'habilla d'un habit de danseuse fort propre, prit une coiffure convenable et se ceignit d'une ceinture d'argent doré, où elle attacha un poignard, dont la gaîne et le manche étaient de même métal ; avec cela, elle appliqua un fort beau masque sur son visage. Quand elle se fut déguisée de la sorte, elle dit à Abdallah : « Abdallah, prends ton tambour de basque, et allons donner à l'hôte de notre maître et ami de son fils le divertissement que nous lui donnons quelquefois. »

Abdallah prend le tambour de basque ; il commence à en jouer, en marchant devant Mordjane, et il entre dans la salle. Mordjane, en entrant après lui, fait une profonde révérence, d'un air délibéré et qui attire le regard, comme en demandant la permission de montrer ce qu'elle sait faire.

Comme Abdallah vit qu'Ali Baba voulait parler, il cessa de toucher le tambour de basque.

« Entre, Mordjane, entre, dit Ali Baba : Codja Houssain jugera de quoi tu es capable, et il nous dira ce qu'il en pensera. Au moins, Seigneur, dit-il à Codja Houssain en se tournant de son côté, ne croyez pas que je me mette en dépense pour vous donner ce divertissement. Je le trouve chez moi, et vous voyez que c'est mon esclave et ma cuisinière et dépensière en même temps qui me le donnent. J'espère que vous ne le trouverez pas désagréable. »

Codja Houssain ne s'attendait pas qu'Ali Baba dût ajouter ce divertissement au souper qu'il lui donnait. Cela lui fit craindre de ne pouvoir pas profiter de l'occasion qu'il croyait avoir trouvée. Au cas que cela arrivât, il se consola par l'espérance de retrouver une autre occasion en continuant de ménager l'amitié du père et du fils. Ainsi, quoiqu'il eût mieux aimé qu'Ali Baba eût bien voulu ne pas lui donner ce divertissement, il fit semblant néanmoins de lui en avoir de l'obligation, et il eut la complaisance de lui témoigner que ce qui lui faisait plaisir ne pourrait pas manquer de lui en faire aussi à lui-même.

Quand Abdallah vit qu'Ali Baba et Codja Houssain avaient cessé de parler, il recommença à toucher son tambour de basque et l'accompagna de sa voix sur un air à danser; et Mordjane, qui ne le cédait à aucune danseuse de profession, dansa de manière à se faire admirer, même de toute autre compagnie; il n'y avait peut-être que le faux Codja Houssain qui donnât peu d'attention à ce spectacle.

Après avoir dansé plusieurs danses avec le même agrément et de la même force, elle tira enfin le poignard; et, en le tenant à la main, elle exécuta une danse dans laquelle elle se surpassa par les figures différentes, par les mouvements légers, par les sauts surprenants et par les efforts merveilleux dont elle les accompagna, tantôt en présentant le poignard en avant, comme pour frapper, tantôt en faisant semblant de s'en frapper elle-même au sein.

Comme hors d'haleine enfin, elle arracha le tambour de basque des mains d'Abdallah, de la main gauche, et, en tenant le poignard de la droite, elle alla présenter le tambour de basque par le creux à Ali Baba, à l'imitation des danseurs et des danseuses de profession, qui en usent ainsi pour solliciter la libéralité de leurs spectateurs.

Ali Baba jeta une pièce d'or dans le tambour de basque de Mordjane. Mordjane s'adressa ensuite au fils d'Ali Baba, qui suivit l'exemple de son père. Codja Houssain, qui vit qu'elle allait venir aussi à lui, avait déjà tiré la bourse de son sein, pour lui faire son présent, et il y mettait la main, lorsque Mordjane, avec un courage digne de la fermeté et de la résolution qu'elle avait montrées jusqu'alors, lui enfonça le poignard au milieu du cœur, si avant qu'elle ne le retira qu'après lui avoir ôté la vie.

Ali Baba et son fils, épouvantés de cette action, poussèrent un grand cri. « Ah! malheureuse! s'écria Ali Baba, qu'as-tu fait? Est-ce pour nous perdre, moi et ma famille?

— Ce n'est pas pour vous perdre, répondit Mordjane : je l'ai fait pour votre conservation. »

Alors, en ouvrant la robe de Codja Houssain et en montrant à Ali Baba le poignard dont il était armé : « Voyez, dit-elle, à quel fier ennemi vous aviez affaire, et regardez-le bien au visage : vous y reconnaîtrez le faux marchand d'huile et le capitaine des quarante voleurs. Ne considérez-vous pas aussi qu'il n'a pas voulu manger de sel avec vous? En voulez-vous davantage pour vous persuader de son dessein pernicieux? Avant que je l'eusse vu, le soupçon m'en était venu, du moment que vous m'aviez fait connaître que vous aviez un tel convive. Je l'ai vu, et vous voyez que mon soupçon n'était pas mal fondé. »

Ali Baba, qui connut la nouvelle obligation qu'il avait à Mordjane de lui avoir conservé la vie une seconde fois, l'embrassa. « Mordjane, lui dit-il, je t'ai donné la liberté, et alors je t'ai promis que ma reconnaissance n'en demeurerait pas là et que bientôt j'y mettrais le comble. Ce temps est venu, et je te fais ma belle-fille. » Et, en s'adressant à son fils, Ali Baba ajouta : « Je vous crois assez bon fils pour ne pas trouver étrange que je vous donne Mordjane pour femme sans vous consulter. Vous ne lui avez pas moins d'obligation que moi. Vous voyez que Codja Houssain n'avait recherché votre amitié que dans le dessein de mieux réussir à m'arracher la vie par sa trahison ; et, s'il y eût réussi, vous ne devez pas douter qu'il ne vous eût sacrifié aussi à sa vengeance. Considérez de plus qu'en épousant Mordjane vous épousez le soutien de ma famille tant que je vivrai, et l'appui de la vôtre jusqu'à la fin de vos jours. »

Le fils, bien loin de témoigner aucun mécontentement, marqua qu'il consentait à ce mariage, non-seulement parce qu'il ne voulait pas désobéir à son père, mais même parce qu'il était porté à cette union par sa propre inclination.

On songea ensuite, dans la maison d'Ali Baba, à enterrer le corps du capitaine auprès de ceux des trente-sept voleurs ; et cela se fit si secrètement, qu'on n'en eut connaissance qu'après de longues années, lorsque personne ne se trouvait plus intéressé dans la publication de cette histoire mémorable.

Peu de jours après, Ali Baba célébra les noces de son fils et de Mordjane avec grande solennité et par un festin somptueux, accompagné de danses, de spectacles et des divertissements accoutumés ; et il eut la satisfaction de voir que ses amis et ses voisins qu'il avait invités et qui n'avaient point connaissance des vrais motifs du mariage, mais n'ignoraient pas d'ailleurs les belles et bonnes qualités de Mordjane, le louèrent hautement de sa générosité et de son bon cœur.

Après le mariage, Ali Baba, qui, par la crainte des voleurs, s'était abstenu de retourner à la grotte depuis qu'il en avait tiré et rapporté le corps de son frère Cassim sur un de ses trois ânes, avec l'or dont il les avait chargés, s'en abstint encore après la mort des trente-huit voleurs, en y comprenant leur capitaine, parce qu'il supposa que les deux autres, dont le destin ne lui était pas connu, étaient encore vivants.

Mais, au bout d'un an, lorsqu'il eut vu qu'il ne s'était fait aucune entreprise pour l'inquiéter, la curiosité le prit d'y faire un voyage, en prenant les précautions nécessaires pour sa sûreté. Il monta à cheval; quand il fut arrivé près de la grotte, et qu'il n'aperçut aucun vestige d'hommes ni de chevaux, il en augura bien. Il mit pied à terre; il attacha son cheval, et, en se présentant devant la porte, il prononça ces paroles : « Sésame, ouvre-toi, » qu'il n'avait pas oubliées. La porte s'ouvrit; il entra, et l'état où il trouva toutes choses dans la grotte lui fit juger que personne n'y était entré depuis environ le temps que le faux Codja Houssain était venu louer boutique dans la ville, et ainsi, que la troupe des quarante voleurs était entièrement dissipée et exterminée depuis ce temps-là. Il ne douta plus qu'il ne possédât seul le secret de faire ouvrir la grotte, et que le trésor qu'elle enfermait ne fût à sa disposition. Il s'était muni d'une valise; il la remplit d'autant d'or que son cheval en put porter, et il revint à la ville [1].

Depuis ce temps-là, Ali Baba, son fils, qu'il mena à la grotte et à qui il enseigna le secret pour y entrer, et, après eux, leur postérité, à laquelle ils firent passer le même secret, en profitant de leur fortune avec modération, vécurent dans une grande splendeur et honorés des premières dignités de la ville [5].

NOTES

Sur l'Histoire d'Ali Baba et de quarante voleurs exterminés par une esclave.

NOTE 1 — Page 253

Le mot arabe *Imam* exprime l'idée de *chef*, il sert à désigner des dignités fort inégales entre elles. Dans l'acception habituelle du mot, les imams sont les ministres ordinaires du culte mahométan : ils font la prière, ils sont chargés de la prédication, ils assistent à la circoncision, au mariage, à l'enterrement de leurs fidèles.

Sauf les usages particuliers, les funérailles musulmanes se font de cette manière : on lave le cadavre avec de l'eau parfumée ou de l'eau pure ; la tête et la barbe sont lavées avec du savon, puis couvertes d'herbes aromatiques. Le front, le nez, les mains, les pieds et les genoux sont frottés de camphre. On enveloppe ensuite le corps d'un linceul blanc, fait de plusieurs pièces nouées ensemble, et on l'étend dans la bière. L'imam prie sur le cercueil, puis des hommes qui se relayent portent rapidement le corps au cimetière. Les femmes libres ne suivent pas le convoi. Le corps, dépouillé de son linceul, est déposé dans la fosse, le côté droit tourné vers la Mekke[1].

---

[1] Voy. Castellan, *Mœurs des Othomans*, etc., avec notes de Langlès, t. V, p. 49, 220 ; Paris, 1812.

NOTE 2 — Page 278

Les Arabes avant Mahomet regardaient le vendredi comme un jour vénérable ; il est devenu le jour sacré des musulmans, qui l'appellent le *jour d'assemblée,* le *seigneur des jours.*

NOTE 3 — Page 281

Le sel est, chez les Orientaux, le symbole sacré de l'hospitalité [1]. On ne peut ôter la vie à celui dont on a mangé le sel. Aussi les brigands tels que Codja Houssain ne manquent pas de prendre leurs précautions à cet endroit.

Le fameux Yakoub-Ben-Laith, qui devait fonder la dynastie des Soffarides, et qui avait changé son métier de chaudronnier contre celui de voleur, professait jusqu'au scrupule le respect du sel. Il est vrai que Yacoub était un délicat, il laissait toujours quelque chose à ceux qu'il détroussait. Une nuit qu'il pillait silencieusement le palais d'un prince, il butta contre une pierre; vite il se baisse, croyant mettre la main sur une pierre précieuse; il la porte à ses lèvres : fatalité! c'était du sel. Non-seulement il lâcha cette malencontreuse pierre, mais il laissa là tout son butin.

NOTE 4 — Page 286

Il est inutile de dire que la conduite d'Ali-Baba n'était pas innocente. Nul ne doit s'enrichir de la dépouille d'un voleur.

NOTE 5 — Page 287

On a sans doute admiré la finesse d'esprit de Mordjane. C'est un type cher aux Arabes, qui estiment ce qui est grand, mais plus encore peut-être ce qui est ingénieux.

---

[1] C'est encore un signe d'alliance. Les Arabes appellent une alliance durable, *alliance de sel.*

A ce propos nous rapportons ici une célèbre légende[1] où l'on voit briller au plus haut point l'esprit observateur et subtil des Arabes.

LES TROIS VOYAGEURS ET LE CHAMELIER

Trois frères arabes, de haute naissance, voyageaient pour s'instruire. Ils rencontrèrent un chamelier, qui leur demanda s'ils n'avaient point vu un de ses chameaux, qui s'était sans doute égaré dans le chemin qu'ils suivaient.

L'aîné répondit : « Votre chameau n'est-il pas borgne ? — Oui, il est borgne. »

Le second lui dit : « Ne manque-t-il pas à cet animal une dent sur le devant de la bouche ? — Il est vrai. »

« Je croirais, dit le troisième, qu'il est boiteux. — Il boite en effet, répondit le chamelier. Mais apprenez-moi, je vous prie, où vous avez trouvé mon chameau. — Suivez notre chemin, » lui dirent les trois frères.

Or le chamelier suivit les jeunes gens, mais ne trouva rien.

Bientôt les voyageurs reprirent : « Votre chameau porte du blé. » Puis, après un nouveau silence : « Votre chameau a d'un côté une charge d'huile, et de l'autre une charge de miel. »

Et le chamelier, reconnaissant que tout cela était exact, pressa les trois frères de lui dire enfin où ils avaient vu l'animal égaré.

« Nous ne l'avons jamais vu ; nous n'en avons même entendu parler qu'à vous. »

Le chamelier fut indigné de cette réponse, et, dès qu'on fut arrivé dans une ville, il appela les jeunes gens devant le cadi. Celui-ci les fit jeter d'abord en prison ; puis, ayant jugé de quelle condition ils étaient, il les envoya au roi, qui les reçut fort bien.

« Cependant, leur demanda le roi, comment savez-vous tant de choses sur ce chameau que vous n'avez pas vu ?

— Nous avons observé, repartirent les Arabes, que, sur le chemin suivi par cet animal, les herbes et les chardons étaient

---

[1] Le poëte persan Mir Khosrou s'en est emparé.

broutés d'un seul côté : le chameau était donc borgne ; il avait une dent de moins, car une partie de l'herbe était restée comme au défaut de sa dent. A la piste nous reconnûmes que l'animal boitait, et qu'il portait une lourde charge, une charge de grain ; car les traces des pieds de devant et celles des pieds de derrière étaient très-proches les unes des autres. Des fourmis amassées çà et là d'un côté du chemin, et des mouches de l'autre côté, nous apprirent que le chameau devait porter de l'huile et du miel, dont quelques gouttes étaient tombées à terre. »

HISTOIRE D'ALI CODJA

MARCHAND DE BAGDAD

Sous le règne du khalife Haroun-Alraschid, il y avait à Bagdad un marchand nommé Ali Codja, qui n'était ni des plus riches, ni non plus du dernier ordre, lequel demeurait dans sa maison paternelle, sans femme et sans enfants. Dans le temps que, libre de ses actions, il vivait content de ce que son négoce lui produisait, il eut, trois jours de suite, un songe dans lequel un vieillard vénérable lui apparut avec un regard sévère, qui le réprimandait de ce qu'il ne s'était pas encore acquitté du pèlerinage de la Mekke.

Ce songe troubla Ali Codja et le mit dans un grand embarras. En bon musulman, il n'ignorait pas l'obligation où il était de faire ce pèlerinage; mais, comme il était chargé d'une maison, de meubles et d'une boutique, il avait toujours cru que c'étaient des motifs assez puissants pour s'en dispenser, en tâchant d'y suppléer par des aumônes et par d'autres bonnes œuvres. Mais, depuis le songe, sa conscience le pressait si vivement, que la crainte qu'il ne lui arrivât quelque malheur le fit résoudre de ne pas différer davantage à s'en acquitter [1].

Pour se mettre en état d'y satisfaire dans l'année qui courait, Ali Codja commença par la vente de ses meubles; il vendit ensuite sa boutique et la plus grande partie des marchandises dont elle était garnie, en réservant celles qui pouvaient être de débit à la Mekke; et, pour la maison, il trouva un locataire à qui il en fit un bail. Les choses ainsi disposées, il se trouva prêt à partir dans le temps que la caravane de Bagdad pour la Mekke se mettrait en chemin. Après qu'il eut mis à part l'argent qu'il jugea à propos d'emporter avec lui, pour sa dépense et pour d'autres besoins, la seule chose qui lui restât à faire était de mettre en sûreté une somme de mille pièces d'or, qui l'eût embarrassé dans le pèlerinage.

Ali Codja choisit un vase d'une capacité convenable; il y mit les mille pièces d'or et il acheva de le remplir d'olives. Après avoir bien bouché le vase, il le porta chez un marchand de ses amis. Il lui dit : « Mon frère, vous n'ignorez pas que, dans peu de jours, je pars pour le pèlerinage de la Mekke, avec la caravane; je vous demande en grâce de vouloir bien vous charger d'un vase d'olives que voici, et de me le conserver jusqu'à mon retour. »

Le marchand lui dit obligeamment : « Tenez, voilà la clef de mon magasin; portez-y vous-même votre vase et mettez-le où il vous plaira ; je vous promets que vous l'y retrouverez. »

Le jour du départ de la caravane de Bagdad arrivé, Ali Codja, avec un chameau chargé des marchandises dont il avait fait choix et qui lui servit de monture dans le chemin, s'y joignit ; et il arriva heureusement à la Mekke. Il y visita, avec tous les autres pèlerins, le temple, si célèbre et si fréquenté chaque année par toutes les nations musulmanes, qui y abondent de tous les endroits de la terre où elles sont répandues, en observant très-religieusement les cérémonies qui leur sont prescrites. Quand il se fut acquitté des devoirs de son pèlerinage, il exposa les marchandises qu'il avait apportées, pour les vendre et pour les échanger.

Deux marchands, qui passaient et qui virent les marchandises d'Ali Codja, les trouvèrent si belles qu'ils s'arrêtèrent pour les considérer, quoiqu'ils n'en eussent pas besoin. Quand ils eurent satisfait leur curiosité, l'un dit à l'autre, en se retirant : « Si ce marchand savait le gain qu'il ferait au Caire de ses marchandises, il les y porterait, plutôt que de les vendre ici, où elles sont à bon marché. »

Ali Codja entendit ces paroles ; et, comme il avait ouï parler mille fois des beautés de l'Égypte, il résolut sur-le-champ de profiter de l'occasion et d'en faire le voyage. Ainsi, après avoir rempaqueté et remballé ses marchandises, au lieu de retourner à Bagdad, il prit le chemin de l'Égypte, en se joignant à la caravane du Caire. Quand il fut arrivé au Caire[2], il n'eut pas lieu de se repentir du parti qu'il avait pris : il y trouva si bien son compte, qu'en très-peu de jours il eut achevé de vendre toutes ses marchandises, avec un avantage beaucoup plus grand qu'il n'avait espéré. Il en acheta d'autres, dans le dessein de passer à Damas; et, en attendant la commodité d'une caravane qui devait partir dans six semaines, il ne se contenta pas de voir tout ce qui était digne de sa curiosité dans le Caire : il alla aussi admirer les pyramides ; il remonta le Nil jusqu'à une certaine distance, et il vit les villes les plus célèbres situées sur l'un et l'autre bord.

Dans le voyage de Damas, comme le chemin de la caravane était de passer par Jérusalem[3], notre marchand de Bagdad profita de l'occasion pour visiter le temple, regardé par tous les Musulmans comme le plus saint, après celui de la Mekke, d'où cette ville prend le titre de sainte Cité.

Ali Codja trouva la ville de Damas[4] un lieu si délicieux par l'abondance de ses eaux, par ses prairies et par ses jardins enchantés, que tout ce qu'il avait lu de ses agréments dans nos histoires lui parut beaucoup au-dessous de la vérité, et qu'il y fit un long séjour. Néanmoins, comme il n'oubliait pas qu'il était de Bagdad, il en prit enfin le chemin; il arriva à Alep, où il fit encore quelque séjour ; et, de là, après avoir passé l'Euphrate, il prit le chemin de Moussoul, dans l'intention d'abréger son retour en descendant le Tigre.

Mais, quand Ali Codja fut arrivé à Moussoul, des marchands de Perse, avec lesquels il était venu d'Alep et avec qui il avait contracté une intime amitié, avaient pris un si grand ascendant sur son esprit, par leurs honnêtetés et par leurs entretiens agréables, qu'ils n'eurent pas de peine à lui persuader de ne pas abandonner leur compagnie avant d'avoir atteint Schiraz, d'où il lui serait aisé de retourner à Bagdad avec un gain considérable. Ils le menèrent par les villes de Sultanieh[5], de Reï, de Coam, de Cachan, d'Ispahan, et, de là, à Schiraz[6], d'où il eut encore la complaisance de les accompagner aux Indes et de revenir à Schiraz avec eux.

De la sorte, en comptant le séjour qu'il avait fait dans chaque ville, il y avait bientôt sept ans qu'Ali Codja était parti de Bagdad, quand enfin il résolut d'en prendre le chemin; et, jusqu'alors, l'ami auquel il avait confié le vase d'olives avant son départ, pour qu'il le lui gardât, n'avait songé ni à lui ni au vase. Dans le temps qu'il était en chemin avec une caravane partie de Schiraz, un soir que ce marchand, son ami, soupait en famille, on vint à parler d'olives, et sa femme témoigna quelque désir d'en manger, en disant qu'il y avait longtemps qu'on n'en avait vu dans la maison.

— A propos d'olives, dit le mari, vous me faites souvenir qu'Ali Codja, en allant à la Mekke il y a sept ans, m'en laissa un vase qu'il mit lui-même dans mon magasin, pour le reprendre à son retour. Mais où est Ali Codja, depuis qu'il est parti? Il est vrai qu'au retour de la caravane quelqu'un me dit qu'il avait passé en Égypte. Il faut qu'il y soit mort, puisqu'il n'est pas revenu depuis tant d'années : nous pouvons désormais manger les olives si elles sont bonnes. Qu'on me donne un plat et de la lumière; j'en irai prendre, et nous en goûterons.

— Mon mari, reprit la femme, gardez-vous bien, au nom de Dieu, de commettre une action si noire; vous savez que rien n'est plus sacré qu'un dépôt. Il y a sept ans, dites-vous, qu'Ali Codja est allé à la Mekke et qu'il n'est pas revenu; mais l'on vous a dit qu'il était allé en Égypte; et, d'Égypte, que savez-vous s'il n'est pas allé plus loin? Il suffit que vous n'ayez pas de nouvelles de sa mort : il peut revenir demain, après-demain. Quelle infamie ne serait-ce pas, pour vous et pour votre famille, s'il revenait et que vous ne lui rendissiez pas son vase dans le même état et tel qu'il vous l'a confié! Je vous déclare que je n'ai pas envie de ces olives et que je n'en mangerai pas. Si j'en ai parlé, je ne l'ai fait que par manière d'entretien. De plus, croyez-vous qu'après tant de temps les olives soient encore bonnes? Elles sont pourries et gâtées. Et, si Ali Codja revient, comme un pressentiment me le dit, et qu'il s'aperçoive que vous y avez touché, quel jugement fera-t-il de votre amitié et de votre fidélité? Abandonnez votre dessein, je vous en conjure. »

La femme ne tint un si long discours à son mari que parce qu'elle lisait son obstination sur son visage. En effet, il n'écouta pas de si bons conseils : il se leva et il alla à son magasin, avec de la lumière et un plat.

« Alors, souvenez-vous au moins, lui dit sa femme, que je ne prends pas de part à ce que vous allez faire, afin que vous ne m'en attribuiez pas la faute, s'il vous arrive de vous en repentir. »

Le marchand ferma encore les oreilles et il persista dans son dessein. Quand il est dans son magasin, il prend le vase, il le découvre et il voit les olives toutes pourries. Pour s'assurer si le dessous est aussi gâté que le dessus, il en verse dans le plat, et, de la secousse avec laquelle il les versa, quelques pièces d'or y tombèrent avec bruit.

A la vue de ces pièces, le marchand, naturellement avide et attentif, regarde dans le vase et aperçoit qu'il a versé presque toutes les olives dans le plat et que le reste est tout or en belle monnaie. Il remet dans le vase ce qu'il a versé d'olives, il le recouvre et il revient.

« Ma femme, dit-il en rentrant, vous aviez raison : les olives sont pourries, et j'ai rebouché le vase de manière qu'Ali Codja ne s'apercevra pas que j'y ai touché, si jamais il revient. — Vous eussiez mieux fait de me croire, reprit la femme, et de n'y pas toucher. Dieu veuille qu'il n'en arrive aucun mal ! »

Le marchand fut aussi peu touché de ces dernières paroles de sa femme que de la remontrance qu'elle lui avait faite. Il passa la nuit presque entière à songer au moyen de s'approprier l'or d'Ali Codja et de faire en sorte qu'il lui demeurât, dans le cas où le voyageur reviendrait et qu'il lui demandât le vase. Le lendemain, de grand matin, il va acheter des olives de l'année; il revient, il jette les vieilles du vase d'Ali Codja, il en prend l'or, il le met en sûreté; et, après avoir rempli le vase des olives qu'il vient d'acheter, il le recouvre du même couvercle et le remet à la même place où Ali Codja l'avait mis.

Environ un mois après que le marchand eut commis une action aussi lâche, et qui devait lui coûter cher, Ali Codja arriva à Bagdad de son long voyage. Comme il avait loué sa maison avant son départ, il mit pied à terre dans un khan, où il prit un logement en attendant qu'il eût signifié son arrivée à son locataire et que le locataire se fût pourvu ailleurs d'un logement.

Le lendemain, Ali Codja alla trouver le marchand son

ami, qui le reçut en l'embrassant et en lui témoignant la joie qu'il avait de son retour, après une absence de tant d'années, qui, disait-il, avait commencé de lui faire perdre l'espérance de jamais le revoir.

Après les compliments de part et d'autre, accoutumés dans une semblable rencontre, Ali Codja pria le marchand de vouloir bien lui rendre le vase d'olives qu'il avait confié à sa garde et de l'excuser de la liberté qu'il avait prise de l'en embarrasser.

« Ali Codja, mon cher ami, reprit le marchand, vous avez tort de me faire des excuses ; je n'ai été nullement embarrassé de votre vase ; et, dans une pareille occasion, j'en aurais usé avec vous de la même manière que vous en avez usé avec moi. Tenez, voilà la clef de mon magasin : allez le prendre ; vous le trouverez à la même place où vous l'avez mis. »

Ali Codja alla au magasin du marchand, il en apporta son vase ; et, après lui avoir rendu la clef, l'avoir bien remercié du plaisir qu'il en avait reçu, il retourne au khan où il avait pris logement. Il découvre le vase, et, en y mettant la main, à la hauteur où les mille pièces d'or qu'il y avait cachées devaient être, il est dans une grande surprise de ne les y pas trouver. Il crut se tromper ; et, pour se tirer hors de peine promptement, il prend une partie des plats et autres vases de sa cuisine de voyage, et il verse tout le vase d'olives, sans y trouver une seule pièce d'or. Il demeura immobile d'étonnement ; et, en élevant les mains et les yeux au ciel : « Est-il possible, s'écria-t-il qu'un homme que je regardais comme mon bon ami m'ait fait une infidélité si insigne ! »

Ali Codja, sensiblement alarmé par la crainte d'avoir fait une perte si considérable, revient chez le marchand. « Mon ami, lui dit-il, ne soyez pas surpris de ce que je reviens sur mes pas : j'avoue que j'ai reconnu le vase d'olives que j'ai repris dans votre magasin pour celui que j'y avais mis ; mais, avec les olives, j'y avais mis mille pièces d'or que je n'y trouve pas. Peut-être en avez-vous eu besoin et vous en êtes-vous servi pour votre négoce. Si cela est, elles sont à votre service. Je vous prie seulement de me tirer hors de peine et de m'en donner une reconnaissance, après quoi vous me les rendrez à votre commodité. »

Le marchand, qui s'était attendu qu'Ali Codja viendrait lui faire ce compliment, avait médité aussi ce qu'il devait lui répondre. « Ali Codja, mon ami, dit-il, quand vous m'avez apporté votre vase d'olives, y ai-je touché ? Ne vous ai-je pas donné la clef de mon magasin ? Ne l'y avez-vous pas porté vous-même, et ne l'avez-vous pas retrouvé à la même place où vous l'aviez mis, dans le même état et couvert de même ? Si vous y aviez mis de l'or, vous devez l'y avoir trouvé. Vous m'avez dit qu'il y avait des olives, je l'ai cru. Voilà tout ce que j'en sais. Vous m'en croirez si vous voulez ; mais je n'y ai pas touché. »

Ali Codja prit toutes les voies de douceur pour faire en sorte que le marchand se rendît justice à lui-même. « Je n'aime, dit-il, que la paix, et je serais fâché d'en venir à des extrémités qui ne vous feraient pas honneur dans le monde et dont je ne me servirais qu'avec un regret extrême. Songez que des marchands comme nous doivent abandonner tout intérêt pour conserver leur bonne réputation. Encore une fois, je serais au désespoir si votre opiniâtreté m'obligeait de prendre les voies de la justice, moi qui ai toujours mieux aimé perdre quelque chose de mon droit que d'y recourir.

— Ali Codja, reprit le marchand, vous convenez que vous avez mis chez moi un vase d'olives en dépôt; vous l'avez repris, vous l'avez emporté, et vous venez me demander mille pièces d'or! M'avez-vous dit qu'elles fussent dans le vase? J'ignore même qu'il y ait des olives; vous ne me les avez pas montrées. Je m'étonne que vous ne me demandiez pas des perles ou des diamants plutôt que de l'or. Croyez-moi : retirez-vous, et ne faites pas assembler le monde devant ma boutique. »

Quelques-uns s'y étaient déjà arrêtés; et ces dernières paroles du marchand, prononcées du ton d'un homme qui sortait hors des bornes de la modération, firent que non-seulement il s'y en arrêta un plus grand nombre, mais même que les marchands voisins sortirent de leurs boutiques et vinrent pour prendre connaissance de la dispute qui était entre lui et Ali Codja, et tâcher de les mettre d'accord. Quand Ali Codja leur eut exposé le sujet, les plus apparents demandèrent au marchand ce qu'il avait à répondre.

Le marchand avoua qu'il avait gardé le vase d'Ali Codja dans son magasin; mais il nia qu'il y eût touché, et il fit serment qu'il ne savait qu'il y eût des olives que parce qu'Ali Codja le lui avait dit, et qu'il les prenait tous à témoin de l'affront et de l'insulte qu'il venait lui faire jusque chez lui.

« Vous vous l'attirez vous-même, l'affront, dit alors Ali

Codja en prenant le marchand par le bras ; mais, puisque vous en usez si méchamment, je vous cite à la loi de Dieu : voyons si vous aurez le front de dire la même chose devant le cadi [7]. »

A cette sommation, à laquelle tout bon musulman doit obéir à moins de se rendre rebelle à la religion, le marchand n'eut pas la hardiesse de faire résistance. « Allons, dit-il, c'est ce que je vous demande : nous verrons qui a tort, de vous ou de moi. »

Ali Codja amena le marchand devant le tribunal du cadi, où il l'accusa de lui avoir volé un dépôt de mille pièces d'or, en exposant le fait de la manière que nous venons de voir. Le cadi lui demanda s'il avait des témoins. Il répondit que c'était une précaution qu'il n'avait pas prise, parce qu'il avait cru que celui à qui il confiait son dépôt était son ami, et que jusqu'alors il l'avait reconnu pour honnête homme.

Le marchand ne dit autre chose pour sa défense que ce qu'il avait déjà dit à Ali Codja et en présence de ses voisins ; et il acheva en disant qu'il était prêt à affirmer par serment, non-seulement qu'il était faux qu'il eût pris les mille pièces d'or, comme on l'en accusait, mais même qu'il n'en avait aucune connaissance. Le cadi exigea de lui le serment ; après quoi il le renvoya absous.

Ali Codja, extrêmement mortifié de se voir condamné à une perte si considérable, protesta contre le jugement, en déclarant au cadi qu'il en porterait sa plainte au khalife Haroun-Alraschid, qui lui ferait justice ; mais le cadi ne s'étonna point de la protestation : il la regarda comme l'effet du ressentiment ordinaire à tous ceux qui perdent leur procès, et il crut avoir fait son devoir en renvoyant absous un accusé contre lequel on ne lui avait pas produit de témoins.

Pendant que le marchand retournait chez lui, en triomphant d'Ali Codja et se réjouissant d'avoir ses mille pièces d'or à si bon marché, Ali Codja alla dresser un placet, et, dès le lendemain, il saisit le moment où le khalife devait retourner de la mosquée après la prière de midi, il se mit dans une rue, sur le chemin de Haroun-Alraschid, et, quand celui-ci passa, le marchand éleva le bras en tenant le placet à la main; un officier chargé de recevoir les suppliques, et qui marchait devant le khalife, se détacha de son rang, et vint prendre le placet pour le lui donner.

Comme Ali Codja savait que la coutume du khalife Haroun-Alraschid, en rentrant dans son palais, était de lire lui-même les placets qu'on lui présentait de la sorte, il suivit le cortége, entra dans le palais et attendit que l'officier qui avait pris le placet sortît de l'appartement du khalife. En sortant, l'officier lui dit que le khalife avait lu son placet, lui marqua l'heure à laquelle il lui donnerait audience le lendemain; et, après avoir appris de lui la demeure de l'autre marchand, il envoya lui signifier de se trouver aussi au palais le lendemain, à la même heure.

Le soir du même jour, le khalife, avec le grand vizir Djafar et Mesrour, le chef des eunuques, l'un et l'autre déguisés comme lui, alla faire sa tournée dans la ville.

En passant par une rue, le khalife entendit du bruit; il pressa le pas et il arriva à une porte qui donnait entrée dans une cour; il regarda par une fente et vit dans cette cour dix ou douze enfants, qui n'étaient pas encore retirés, et qui jouaient au clair de la lune.

Le khalife, curieux de savoir à quel jeu ces enfants jouaient, s'assit sur un banc de pierre qui se trouva à propos à côté de la porte; et, comme il continuait à regarder par la fente, il entendit qu'un des enfants, le plus vif et le plus éveillé de tous, dit aux autres : « Jouons au cadi. Je suis le cadi : amenez-moi Ali Codja et le marchand qui lui a volé mille pièces d'or. »

A ces paroles de l'enfant, le khalife se souvint du placet qui lui avait été présenté, le même jour, et qu'il avait lu; et cela le fit redoubler d'attention, pour voir quel serait le succès du jugement.

Comme l'affaire d'Ali Codja et du marchand était nouvelle et qu'elle faisait grand bruit dans la ville de Bagdad, jusque parmi les enfants, les autres enfants acceptèrent la proposition avec joie et convinrent du personnage que chacun devait jouer. Personne ne refusa à celui qui avait proposé de faire le cadi d'en remplir le rôle. Quand il eut pris séance, avec le semblant et la gravité d'un cadi, un autre, représentant un officier compétent du tribunal, introduisit deux autres camarades, dont il appela l'un Ali Codja et l'autre le marchand contre qui Ali Codja portait sa plainte.

Alors le cadi prit la parole; et, en interrogeant gravement Ali Codja : « Ali Codja, dit-il, que demandez-vous au marchand que voilà ? »

Ali Codja, après une profonde révérence, informa le cadi du fait, de point en point; et, en achevant, il conclut à ce qu'il lui plût interposer l'autorité de son jugement pour le préserver d'une perte aussi considérable.

Le cadi, après avoir écouté Ali Codja, se tourna du côté du marchand et lui demanda pourquoi il ne rendait pas à Ali Codja la somme qu'il lui demandait.

Le marchand apporta les mêmes raisons que le véritable marchand avait alléguées devant le cadi de Bagdad ; et, il demanda de même à affirmer par serment que ce qu'il disait était la vérité.

« N'allons pas si vite, reprit le cadi : avant que nous en venions à votre serment, je suis bien aise de voir le vase d'olives. Ali Codja, ajouta-t-il en s'adressant au marchand de ce nom, avez-vous apporté le vase ? » Comme il eut répondu qu'il ne l'avait pas apporté : « Allez le prendre, reprit-il, et apportez-le-moi. »

Ali Codja disparaît pour un moment ; et, en revenant, il feint de poser un vase devant le cadi, en disant que c'est le même vase qu'il avait mis chez l'accusé et qu'il a retiré de chez lui. Pour ne rien omettre de la formalité, le cadi demanda au marchand s'il reconnaissait aussi le vase. Et, comme le marchand eut témoigné par son silence qu'il ne pouvait le nier, il commanda qu'on le découvrît. Ali Codja fit semblant d'ôter le couvercle, et le cadi, en faisant semblant de regarder dans le vase : « Voilà de belles olives, dit-il ; que j'en goûte. » Il fit semblant d'en prendre une et d'en goûter, et il ajouta : « Elles sont excellentes.

« Mais, continua le cadi, il me semble que des olives gardées pendant sept ans ne devraient pas être si bonnes. Qu'on fasse venir des marchands d'olives, et qu'ils voient ce qui en est. »

Deux enfants lui furent présentés, en qualité de marchands d'olives. « Êtes-vous marchands d'olives? » leur demanda le cadi. Comme ils eurent répondu que c'était leur profession : « Dites-moi, reprit-il, savez-vous combien de temps des olives, accommodées par des gens qui s'y entendent, peuvent se conserver bonnes à manger? — Seigneur, répondirent les marchands, quelque peine que l'on prenne pour les garder, elles ne valent plus rien la troisième année : elles n'ont plus ni saveur ni couleur; elles ne sont bonnes qu'à jeter. — Si cela est, reprit le cadi, voyez le vase que voilà, et dites-moi combien il y a de temps qu'on y a mis les olives qui y sont. »

Les marchands firent semblant d'examiner les olives et d'en goûter, et témoignèrent au cadi qu'elles étaient récentes et bonnes.

« Vous vous trompez, reprit le cadi : voilà Ali Codja qui dit qu'il les a mises dans le vase il y a sept ans. — Seigneur, repartirent les marchands appelés comme experts, ce que nous pouvons assurer, c'est que les olives sont de cette année; et nous maintenons que, de tous les marchands de Bagdad, il n'y en a pas un seul qui ne rende le même témoignage que nous. »

Le marchand accusé par Ali Codja voulut ouvrir la bouche contre le témoignage des marchands experts; mais le cadi ne lui en donna pas le temps. « Tais-toi, dit-il, tu es un voleur. Qu'on le pende. » De la sorte, les enfants mirent fin à leur jeu avec une grande joie, en frappant des mains et en se jetant sur le criminel, comme pour le mener pendre.

On ne peut exprimer combien le khalife Haroun-Alraschid admira la prudence et l'esprit de l'enfant qui venait de rendre un jugement si sage sur l'affaire qui devait être plaidée devant lui le lendemain. En cessant de regarder par la fente, et en se levant, il demanda à son grand vizir, qui avait été attentif aussi à ce qui venait de se passer, s'il avait entendu le jugement que l'enfant venait de rendre, et ce qu'il en pensait. « Commandeur des croyants, répondit le grand vizir Djafar, on ne peut être plus surpris que je ne le suis d'une si grande sagesse dans un âge si peu avancé.

— Mais, reprit le khalife, sais-tu une chose, qui est que j'ai à prononcer, demain, sur la même affaire, et que le véritable Ali Codja m'en a présenté le placet aujourd'hui ? — Je l'apprends de Votre Majesté, répond le grand vizir. — Crois-tu, reprit encore le khalife, que je puisse rendre un autre jugement que celui que nous venons d'entendre ? — Si l'affaire est la même, repartit le grand vizir, il ne me paraît pas que Votre Majesté puisse y procéder d'une autre manière ni prononcer autrement. — Remarque donc bien cette maison, lui dit le khalife; et amène-moi demain l'enfant, afin qu'il juge la même affaire en ma présence. Mande aussi au cadi qui a renvoyé absous le marchand voleur, de se trouver au palais, afin qu'il apprenne son devoir de l'exemple d'un enfant, et qu'il se corrige. Je veux aussi que tu prennes le soin de faire avertir Ali Codja d'apporter son vase d'olives, et que deux marchands d'olives se trouvent à mon audience. » Le khalife lui donna cet ordre en continuant sa tournée, qu'il acheva sans rencontrer autre chose qui méritât son attention.

Le lendemain, le grand vizir Djafar vint à la maison où le khalife avait été témoin du jeu des enfants, et il demanda à parler au maître. Au défaut du maître, qui était sorti, on le fit parler à la maîtresse. Il lui demanda si elle avait des enfants. Elle répondit qu'elle en avait trois, et elle les fit venir devant lui. « Mes enfants, leur demanda le grand vizir, qui de vous faisait le cadi, hier au soir que vous jouiez ensemble? » Le plus grand, qui était l'aîné, répondit que c'était lui; et, comme il ignorait pourquoi Djafar lui faisait cette demande, il changea de couleur. « Mon fils, lui dit le grand vizir, venez avec moi; le commandeur veut vous voir. »

La mère fut dans une grande alarme, quand elle vit que le grand vizir voulait emmener son fils. Elle lui demanda : « Seigneur, est-ce pour enlever mon fils que le commandeur des croyants le demande? » Le grand vizir la rassura, en lui promettant que son fils lui serait renvoyé en moins d'une heure, et qu'elle apprendrait, à son retour, le sujet pour lequel il était appelé, et dont elle serait contente. « S'il en est ainsi, Seigneur, reprit la mère, permettez-moi qu'auparavant je lui fasse prendre un habit plus propre, et qui le rende plus digne de paraître devant le commandeur des croyants. » Et elle le lui fit prendre sans perdre de temps.

Le grand vizir emmena l'enfant, et il le présenta au khalife, à l'heure qu'il avait donnée à Ali Codja et au marchand pour les entendre.

Le khalife, qui vit l'enfant un peu interdit et voulut le préparer à ce qu'il attendait de lui : « Venez, mon fils, dit-il, approchez. Est-ce vous qui jugiez, hier, l'affaire d'Ali Codja et du marchand qui lui a volé son or? Je vous ai vu et je vous ai entendu : je suis bien content de vous. » L'enfant ne se déconcerta pas; il répondit modestement que c'était lui. « Mon fils, reprit le khalife, je veux vous faire voir aujourd'hui le véritable Ali Codja et le véritable marchand. Venez vous asseoir près de moi. »

Alors le khalife prit l'enfant par la main, monta et s'assit sur son trône; et, quand il l'eut fait asseoir près de lui, il demanda où étaient les parties. On les fit avancer et on les lui nomma, pendant qu'ils se prosternaient et qu'ils frappaient de leur front le tapis qui couvrait le trône. Quand ils se furent relevés, le khalife leur dit : « Plaidez chacun votre cause : l'enfant que voici vous écoutera et vous fera justice; et, s'il manque en quelque chose, j'y suppléerai. »

Ali Codja et le marchand parlèrent l'un après l'autre; et, quand le marchand vint à demander à faire le même serment qu'il avait fait dans son premier jugement, l'enfant dit qu'il n'était pas encore temps, et qu'auparavant il était à propos de voir le vase d'olives.

A ces paroles, Ali Codja présenta le vase, le posa aux pieds du khalife et le découvrit. Le khalife regarda les olives, et il en prit une dont il goûta. Le vase fut donné à examiner aux marchands experts qui avaient été appelés; et leur rapport fut que les olives étaient bonnes et de l'année. L'enfant leur dit qu'Ali Codja assurait qu'elles y avaient été mises il y avait sept ans; à quoi ils firent la même réponse que les enfants qui représentaient des marchands experts, comme nous l'avons vu.

Ici, quoique le marchand accusé vît bien que les deux marchands experts venaient de prononcer sa condamnation, il ne laissa pas néanmoins de vouloir alléguer quelque chose pour se justifier ; mais l'enfant se garda bien de l'envoyer pendre ; il regarda le khalife : « Commandeur des croyants, dit-il, ceci n'est pas un jeu : c'est à Votre Majesté à condamner à mort sérieusement, et non pas à moi, qui ne le fis hier que pour rire. »

Le khalife, instruit pleinement de la mauvaise foi du marchand, l'abandonna aux ministres de la justice pour le faire pendre ; ce qui fut exécuté, après qu'il eut déclaré où il avait caché les mille pièces d'or, qui furent rendues à Ali Codja. Enfin ce monarque, plein de justice et d'équité, après avoir averti le cadi d'apprendre d'un enfant à être plus exact dans sa fonction, embrassa l'enfant et le renvoya avec une bourse de cent pièces d'or, qu'il lui fit donner pour marque de sa libéralité[8].

NOTES

Sur l'*Histoire d'Ali Codja*.

NOTE 1 — Page 294

La Mekke est située dans le Hedjaz, à trois journées de la mer Rouge; c'est dans cette ville que naquit Mahomet. Longtemps avant le prétendu prophète, les Arabes païens s'y rendaient en pèlerinage, pour vénérer une pierre noire qu'ils croyaient avoir été apportée du ciel par les anges à Abraham. Mahomet s'empara de cette ancienne coutume et en fit un précepte. Tout musulman doit s'acquitter de ce pèlerinage au moins une fois dans sa vie, *si des ennemis ne le tiennent enserré*. Dès que le pèlerin a atteint le *Beled el Haram*, c'est-à-dire le territoire de la Mekke, qui s'étend à quelques lieues de la ville, il quitte ses habits et revêt un manteau de laine blanche appelé *ihram*. A peine arrivé au terme de son voyage, il va vers la Caaba, ce temple dont les historiens orientaux attribuent la construction à Abraham : la fameuse pierre noire y est enchâssée dans la muraille; sept fois il fait le tour du temple, il baise deux fois la pierre noire, puis il parcourt sept fois la vallée qui sépare les deux collines sacrées de Safa et de Méroua. Ensuite il visite le mont Arafa et encore un autre lieu. Le dixième jour, le Beyram commence avec les immolations sanglantes. Après une nouvelle promenade autour de la Caaba, le pèlerin boit de l'eau du puits de Zemzem, que les Arabes confondent avec la source d'Agar, et c'est par là que s'achève le pèlerinage.

NOTE 2 — Page 295

L'an 970 de l'ère chrétienne, on fit le tracé de la nouvelle capitale de l'Égypte, qui devait renfermer dans son enceinte la vieille ville de Fostatt. Le khalife El-Moëz-le-Din-Illah ordonna de commencer les constructions dès que la planète de Mars passerait au méridien du lieu. Du nom arabe de cette planète, *el Kaher, le Vainqueur*, dérive le nom de la ville : *El-Kahirah*. Quand le moment approcha d'exécuter l'ordre du khalife, partout les ouvriers étaient prêts, attendant le signal que devaient donner les astronomes. Des cordes munies de sonnettes suivaient l'enceinte, et devaient transmettre à tous en même temps le commandement de se mettre à l'œuvre. Cependant les astronomes chargés de guetter la planète se disputaient entre eux, et Mars allait peut-être passer inaperçu, et la future capitale manquer son horoscope, si des oiseaux, étant venus se percher sur les cordes, n'avaient fait sonner les sonnettes. Aussitôt tous les bras de se mettre en mouvement au milieu d'immenses clameurs. Les astronomes, ne sachant que penser, observent : Mars opérait son ascension. Tel est du moins le récit que plusieurs historiens arabes nous ont laissé de la fondation du Caire.

NOTE 3 — Page 296

Ce n'est pas ici le lieu de parler de Jérusalem considérée comme la ville sainte des chrétiens; nous n'en voulons dire un mot qu'au point de vue arabe.

Les Arabes appellent Jérusalem *El Qods, El Moqaddes, Beyt el Moqaddes*, la Sainte, le Sanctuaire, la Maison du Sanctuaire. Mahomet dirigea d'abord la vénération de ses fidèles vers Jérusalem; ils devaient, pour prier, se tourner du côté de cette ville; mais ensuite il jugea plus politique de prendre pour orient la Mekke, et la *kibla* y fut fixée.

Pendant la lutte que soutint l'Ommyade Abd-el-Mélek-Ben-Merouan (an 65 de l'hégire) contre le khalife de la Mekke, Abdallah-Ben-Zobeyr, il déclara que Jérusalem serait la *ville du pèlerinage,* et non plus la Mekke, dont la possession avait tant de prix pour son adversaire. La ville du Seigneur ne devait pas subir cette suprême injure.

NOTE 4 — Page 296

Damas est la capitale de la Syrie, que les Arabes désignent sous le nom de Scham. La plaine où elle s'étend est si fertile et riante que la fable musulmane y a placé le *jardin de délices.* Damas elle-même, toute somptueuse et embaumée, est appelée *odeur de paradis* dans les protocoles du Grand Seigneur.

Alep, dans la même province, est l'ancienne Berrhæa. Son château était regardé comme inexpugnable; aussi les musulmans et les Grecs se disputèrent la possession du fort et de la ville. En 1078, après la division de l'empire des Seldjoukides, Alep devint le chef-lieu d'un gouvernement et la résidence d'un sultan. De grandes caravanes la mettaient en relation avec l'Arménie, le Diarbékir, la Perse et l'Inde.

Moussoul est une des villes principales de l'Al-Djezireh, il est situé sur la rive droite du Tigre. Le pays compris *entre les deux fleuves,* c'est-à-dire entre le Tigre et l'Euphrate, était partagé par les Arabes en quatre régions (*Diar*). Une d'elles, appelée proprement *Diar al Djezireh*, avait Moussoul pour capitale.

Cette ville est un des grands marchés de l'Orient. La plupart des étoffes, des drogues et des denrées de l'Inde passent par Moussoul pour se répandre dans l'intérieur de l'Asie Mineure. Il en est de même du café de Moka et des marchandises de la Perse. On y fabrique de très-bons maroquins et beaucoup d'étoffes de coton. Moussoul a donné son nom aux mousselines, parce que c'est lui qui, recevant ces étoffes de l'Inde, les a fait parvenir en Europe. Alep envoie à Moussoul les marchandises européennes[1].

NOTE 5 — Page 297

Sultanieh, Cachan, Coam et Ispahan sont quatre villes de la province persane de l'Irak-Adjemi.

Sultanieh n'est plus qu'une ruine : on y admire les restes bien conservés d'une mosquée.

Cachan a été fondée par Zobeydah, femme de Haroun-Alraschid. Elle est pleine de scorpions; mais, disent les Persans, ces bêtes hideuses y sont douées d'intelligence : il suffit qu'un étranger, en entrant dans une maison, prononce ces paroles : *Scorpions, je suis étranger; ne me touchez point;* il n'a que faire de craindre.

Cette ville, dont la population s'est élevée à cent cinquante mille habitants, possède des fabriques d'étoffes de soie et de coton, et d'ustensiles de cuivre et de fer; elle fait le commerce du raisiné et des abricots secs.

Coam ou *Kom* a été très-peuplée; on y faisait autrefois un grand négoce de fruits, de soie, de savon, de lames de sabre, et de poteries.

Ispahan, ancienne capitale de la Perse, est situé sur le Zendehroud, dans une plaine fertile. On y trouve encore de nombreux restes de son ancienne magnificence : des ponts merveilleux, des bazars vastes et animés, des bains pavés de marbre, le Tscharbag (Quatre-Jardins), le palais des Quarante-Colonnes. Ce n'est pas sans raison que les Persans étaient fiers de cette grande cité : ils disaient qu'Ispahan était *la moitié du monde.*

Dans la même province on visite les ruines de *Reï*, qui est la Rhagès de l'Écriture.

[1] Olivier, Voyage dans l'empire othoman, Paris, 1804.

NOTE 6 — Page 297

Schiraz est le chef-lieu de la province-mère de la Perse, appelée Fars. Le pays qui l'entoure est plein d'eaux vives et de gras herbages ; mais il a perdu de son ancienne fertilité. Les habitants de Schiraz sont doués de beaucoup d'imagination ; ils aiment à se réunir près du tombeau d'un homme qui fut éloquent, ou sur les bords du Rocnabad, et tout en fumant le kalioun, ou mangeant des laitues trempées dans l'eau, ils causent et récitent des vers.

Parmi eux sont nés deux grands poëtes : Sadi et Hafiz ; l'un s'est, pour ainsi dire, exercé dans tous les genres de poésie ; l'autre a chanté le vin. Plusieurs ont pensé que l'excellent grammairien Sibouyeh était aussi né à Schiraz. *Sibouyeh* signifie : Odeur de pomme rose : gracieux nom pour un grammairien [1].

NOTE 7 — Page 303

Les cadhis sont des juges au tribunal desquels ressortissent les causes civiles ou religieuses.

Voici de quelle manière Othman, un des premiers khalifes, entendait les devoirs du juge et les dictait à Abou-Mouça-El-Aschari [2] :

« Les devoirs du juge se trouvent tous énoncés dans les commandements dont la *Sunna* [3] exige la pratique. Comprends donc ce que tu dois comprendre avant tous les autres. Prononce avec la plus grande équité dans les procès qui te sont soumis, afin que le riche ne soit point tenté de chercher à t'entraîner vers ce qui est injuste, et que le pauvre ne désespère jamais de ta justice.

---

[1] Voy. D'Herbelot, Biblioth. Orient., in-fol., p. 788, 809.
[2] Nous empruntons la lettre d'Othman à l'ouvrage de M. Noël Desvergers sur *l'Arabie*. On trouve dans cette lettre, comme dans les plus beaux passages de Mahomet et de ses interprètes, un écho de la loi chrétienne.
[3] La tradition musulmane.

« C'est au demandeur à fournir les preuves, et le serment doit être prêté par celui qui nie. Lorsque les deux parties adverses professent la religion musulmane, elles peuvent procéder entre elles par voie d'arrangement ou de compromis, à moins qu'il ne s'agisse de défendre ce qui est permis ou de permettre ce qui est défendu.

« Que le jugement que tu as prononcé hier ne t'empêche pas de rentrer dans le chemin du droit, si aujourd'hui tu penses que ton âme est plus pure : car le droit existe de tout temps, et il vaut mieux retourner en arrière que de persévérer dans l'erreur.

« Si dans ton cœur s'élèvent quelques doutes sur des cas dont la solution ne se trouve ni dans le Coran ni dans la *Sunna*, cherche à t'éclairer par l'examen de cas semblables précédemment jugés, et décide-toi par analogie.

« Accorde un délai à celui qui doit fournir les preuves, afin qu'il les fournisse, et que tu lui accordes son droit ou qu'il renonce à sa plainte. C'est par cette sage lenteur qu'on peut lever tous les doutes et rendre la vue aux aveugles.

Tous les musulmans sont admis à servir de témoins les uns contre les autres ; sont exceptés toutefois : celui qui subit la punition d'un crime, celui qui est convaincu d'avoir porté un faux témoignage, et celui dont la naissance légitime est douteuse.

« Dieu, qui mérite toutes louanges, a de l'indulgence pour celui qui croit, et les preuves seules ont de la valeur. Garde-toi d'impatience dans la recherche de la vérité ; à celui qui la trouve Dieu garde sa récompense. »

Cependant, si l'on écoute les poëtes, plus d'un cadhi aurait manqué de science. Suivant le satirique Lamaï, un certain cadhilesker [1], non pas un simple cadhi, « est un ignorant qui, avec une belle barbe, une riche veste et un fort gros turban [2], étale aux yeux des hommes l'empreinte d'une belle figure sur une monnaie de fort bas aloi.

---

[1] Haut magistrat, littéralement : *Juge de l'armée*.
[2] Les gens de loi, à Constantinople, portaient de gros turbans larges de deux pieds ; s'il arrivait qu'une tête ainsi coiffée fût creuse, on plaisantait la tête et le turban.

« Il tient ordinairement la portière de sa chambre fermée, et garde exactement le silence; car s'il en usait autrement, il n'y trouverait pas son compte[1]. »

Mais on n'a pas seulement accusé ces juges d'ignorance. Entre les mains de celui-ci « la corde du puits de la justice s'était tellement usée, que ce qu'il en restait était devenu aussi mince et aussi délié qu'un cheveu ». A propos de ceux-là un poëte dit que « les juges autrefois étaient des épées nues qui se faisaient craindre des méchants; mais ils sont devenus aujourd'hui des fourreaux vides, car ils ne cherchent qu'à se remplir de l'argent des parties. »

Un jour dans la compagnie de Fadhel-Elroum, on s'entretenait des difficultés qu'avaient les juges à bien juger. Quelqu'un dit : « Si l'une des parties est pauvre et l'autre riche, il est malaisé de prononcer une sentence. — Dans ce cas nulle hésitation, repartit Fadhel-Elroum, le pauvre a perdu. Mais les deux parties sont-elles également riches et puissantes, c'est alors que le juge est perplexe[2]. »

NOTE 8 — Page 311

Les tribunaux de l'Orient ont montré plus d'une fois une étonnante sagacité : le magistrat luttait d'adresse avec la partie déloyale, et la confondait en s'appuyant sur les moyens mêmes qu'elle avait invoqués. C'est ainsi que Ali-Pacha, vizir d'Achmet III, prit à son propre piége un marchand de Constantinople.

Ce marchand, sortant du bain, avait perdu sa bourse, qui contenait deux cents pièces d'or. Il fit crier sa bourse par les rues, en promettant à celui qui la rapporterait la moitié de la somme qui y était renfermée.

Un matelot trouva la bourse, et le déclara. Le marchand ne se tenait pas de joie; mais il n'entendait nullement donner la

---

[1] Traduit du turc par d'Herbelot.
[2] D'Herbelot, Biblioth. Orient., verb. Cadhi et Burader Cassem.

récompense promise. Il ne recula pas devant un mensonge, et il accusa le marin d'avoir soustrait des pendants d'oreilles qui étaient avec les pièces d'or. Le matelot, traîné devant le cadhi, affirma, comme il était vrai, qu'il avait trouvé seulement deux cents thoghralis. Le juge, inattentif ou gagné, déchargea le matelot de l'accusation de vol, mais le renvoya sans récompense pour avoir laissé perdre des bijoux d'un grand prix.

Le marin présente une supplique au grand vizir, qui mande le marchand et le crieur. « De quel objet avez-vous annoncé la perte? demande au crieur le haut magistrat. — Seigneur, j'ai crié une bourse contenant deux cents pièces d'or. » Le marchand s'empressa de dire qu'il s'était abstenu de parler des pendants d'émeraudes, et de leur valeur, parce qu'il craignait que les gens avertis ne gardassent le tout. Le vizir, aisément convaincu de la mauvaise foi du marchand, rendit l'arrêt suivant:

« Attendu que le marchand dit avoir perdu une bourse renfermant deux cents thoghralis et des pendants d'oreilles, et que le matelot affirme avec serment que la bourse par lui trouvée contenait seulement deux cents pièces d'or; que cette bourse n'est donc pas celle du marchand, mais qu'elle a été perdue par un autre:

« Le marchand fera crier de nouveau ce qu'il a perdu, jusqu'à ce que quelqu'un, craignant Dieu, le lui rapporte.

« Le matelot gardera la bourse et l'or pendant quarante jours, et si personne ne les réclame avant le terme fixé, que le tout lui demeure [1]. »

---

[1] Voy. Castellan, *Mœurs des Othomans*, t. IV, chap. du *Dyvan-Khaneh*.

NOTE

SUR LES MAISONS ORIENTALES

Les maisons orientales sont bâties en argile, en briques ou en pierre ; celles qui sont considérables forment un carré au milieu duquel est une cour. Dans la cour se trouve une citerne ou un bassin ; une tenture abrite des rayons du soleil cet *impluvium*. Les quatre corps de bâtiment ont au plus deux étages. « L'étage du rez-de-chaussée a des portiques comme nos cloîtres ; celui de dessus, une galerie sur laquelle donnent les portes des chambres et les fenêtres[1]. » La porte de la maison est au milieu de la façade. A l'aile opposée est placé l'appartement des femmes ; et derrière s'étend un jardin, au niveau du premier étage. L'édifice est parfois précédé d'une cour extérieure, enceinte de murs. Les fenêtres donnent sur la cour intérieure, sauf un balcon sur la rue ; celui-ci est fermé par un treillis, une jalousie ou un rideau. Les toits sont plats ; ils sont couverts soit d'argile, soit d'un mélange de chaux, de sable et de cendre, soit de terre battue où l'herbe pousse ; on s'y promène, et même on y couche pendant l'été. Un parapet borde le toit ; et il y a d'ordinaire, au-dessus du porche, une *chambre haute* ou sorte de pavillon. Le maître de la maison s'y retire pour prier, et y loge les étrangers.

[1] D'Arvieux, Mémoires, part. V, p. 226.

On y arrive par la galerie qui règne au-dessus de l'*impluvium* et par un escalier extérieur.

Tavernier décrit ainsi les maisons des Persans, et la manière dont ceux-ci les construisent :

« La Perse étant fort dénuée de bois et de pierre, toutes les villes généralement, à la réserve de quelques maisons, sont bâties de terre, mais d'une terre ou espèce d'argile si bien pétrie qu'elle se coupe aisément en manière de gazons ayant acquis une juste consistance.

« Les murailles se font par lits ou couches à proportion de ce qu'on les veut hausser, et entre les couches, qui sont chacune de trois pieds de haut, on met deux ou trois rangs de briques cuites au soleil. Ces briques se font dans un moule carré, haut de trois doigts et large de sept ou huit pouces, et, de peur qu'elles ne se fendent en les faisant sécher au soleil, on met dessus de la paille broyée qui les empêche d'éclater à la trop grande chaleur. On ne met point la seconde couche que la première ne soit sèche, et cette seconde couche doit avoir moins de largeur que celle de dessous, le reste allant à proportion. Mais si l'on n'y prend garde, ces ouvrages vont quelquefois tellement en diminuant, qu'à la quatrième ou cinquième couche on ne trouve pas l'épaisseur qu'il faut pour y en asseoir une nouvelle. Les bâtiments qui sont faits de ces briques cuites au soleil sont assez propres, et, après avoir élevé la muraille, le maçon l'enduit avec du mortier fait de l'argile dont j'ai parlé, mêlée avec de la paille, de sorte que, tous les défauts en étant couverts, elle paraît fort unie. Il ajoute par-dessus le mortier une chaux où il mêle du vert de Moscovie, qu'il broie avec de la gomme, pour rendre la chaux plus gluante, et en frottant le mur avec une grosse brosse il devient damasquiné et argenté, et paraît comme du marbre. Les pauvres se contentent d'une muraille nue, ou tout au plus de quelque grossière peinture qui coûte peu. Toutes les maisons sont bâties à peu près de cette manière.

« Il y a au milieu un grand portique de vingt ou trente pieds en carré, et au milieu du portique un étang plein d'eau. Il est tout ouvert d'un côté, et depuis la muraille jusqu'à l'étang le pavé est couvert de tapis. A chaque coin de ce portique il y a une petite chambre pour s'asseoir et prendre le frais, et au derrière une grande chambre dont le bas est couvert de tapis avec des matelas et des coussins, dont l'étoffe répond à la condition ou aux facultés du maître de la maison. Aux deux côtés du portique il y a deux autres chambres et plusieurs portes pour passer de l'une à l'autre. Les maisons des grands seigneurs sont bâties de la même sorte, sinon qu'elles sont plus spacieuses; car elles ont quatre grands portiques ou grandes salles qui répondent aux quatre plages du monde; et chacune de ces salles a ses deux chambres à côté, ce qui fait le nombre de huit chambres, qui entourent une grande salle qui est au milieu. Le palais du roi est de la même structure, et généralement toutes les maisons de la Perse sont peu élevées, étant une chose très-rare de voir un troisième étage. Toutes ces salles et ces chambres sont voûtées, et les Persans nous surpassent en cela; car, sans tant de façon et tant de temps que nous y apportons, ils font promptement leurs voûtes de briques, et il y en a de fort larges et de fort hautes qui montrent l'industrie de l'ouvrier.

« Le dessus des maisons est plat et en terrasse, enduit avec de la terre détrempée avec de la paille hachée fort menu et bien battue; au-dessus de quoi on met une couche de chaux qu'on bat sept ou huit jours durant, ce qui la rend dure comme du marbre; et quand on n'y met point de chaux, on couvre la terrasse de grands carreaux cuits au fourneau, de sorte que la pluie ne s'y arrête point et ne cause aucun dommage. Mais ils ont soin, quand il a neigé, de faire jeter en bas la neige qui est tombée sur leurs terrasses, de peur qu'elles ne viennent à crever.

« Les maisons n'ont rien de beau au dehors; mais au dedans elles sont assez propres et assez enjolivées, les murailles étant ornées de peintures, de fleurs et d'oiseaux, en quoi les Persans ne réussissent pas mal. Ils prennent plaisir d'avoir quantité de petites chambres fort ouvertes par plusieurs portes et plusieurs fenêtres fermées avec des treillis bien travaillés, ou de bois ou de plâtre, dont les vides sont remplis de pièces de verre de toutes couleurs. C'est ce qui sert de vitres, principalement aux fenêtres des appartements des femmes, et des autres lieux du logis où elles peuvent venir. Ces vitres sont ordinairement des pots de fleurs faits de plâtre, de même que les tiges et les petites branches qui en sortent, et les fleurs sont faites de petites pièces de verre de rapport, de différentes couleurs qui imitent le naturel. Ils pourraient bien, s'ils voulaient, avoir de belles vitres de cristal; mais ils les font de la sorte que je viens de dire, afin qu'on ne puisse voir à travers dans le lieu où sont les femmes, et ces sortes de vitres plaisent assez à la vue. Les portes des maisons sont de bois de Tchinar, qui est très-beau, et la menuiserie en est aussi assez belle. C'est dans le corps de devant ou extérieur que les Persans, qui aiment le faste, étalent leurs plus beaux meubles, qui consistent en tapis, coussins, matelas et couvertures : car pour le logement intérieur appelé le *haram*, ou quartier des femmes, il n'y a le plus souvent que des meubles médiocres, parce qu'il n'y entre jamais d'hommes que le mari. Les Persans, comme tous les autres Orientaux, ignorent l'usage des lits élevés de terre. Quand ils veulent s'aller coucher, ils étendent sur le plancher, qui est couvert de tapis, un matelas ou une couverture piquée dans laquelle ils s'enveloppent. L'été, ils couchent la nuit à l'air sur leurs terrasses [1]. »

[1] Voyages en Perse, liv. IV, chap. IV.

NOTE

SUR LES BAZARS, LES KHANS, LES CARAVANES ET CARAVANSÉRAIS

On a pu voir, par deux passages des Contes [1], que les marchands orientaux n'avaient pas leur boutique dans leur propre habitation. Ils exercent leur commerce dans des *bazars*. « Ce sont des édifices d'une immense étendue, bâtis solidement en marbre, en pierres ou en briques, et voûtés. Ils forment plusieurs rues où se trouvent les boutiques, et dans celles-ci des objets les plus précieux en joyaux, diamants, bijoux d'or ou d'argent, et en riches étoffes ». La sûreté des bazars est telle, qu'en Turquie « les magistrats y font déposer ordinairement la fortune des mineurs et des absents. » Ceux qui vont faire un voyage y déposent aussi leurs effets les plus précieux. « Les portes des bazars se ferment le soir de bonne heure, et il n'y reste que les officiers chargés de la garde. Les marchands se retirent chacun chez eux et ne peuvent revenir que le lendemain matin.

« Les *khans* [2] sont réservés aux banquiers et aux gros com-

---

[1] Les Aventures du khalife Haroun-Alraschid, page 210; — Histoire d'Ali Baba et de quarante voleurs exterminés par une esclave, page 241.
[2] Voir l'Histoire d'Ali Baba, page 276, et l'Histoire d'Ali Codja, p. 299.

merçants; ils y occupent chacun une ou deux chambres, qui leur servent de bureaux. Enfin les *caravansérais*, ou plus exactement *karvan-serai*, peuvent être comparés à nos halles; c'est là que s'arrêtent les caravanes, les voyageurs et les marchands[1]. »

Tavernier a décrit comme il suit les caravansérais, qu'il appelle carvanseras, et la police des caravanes :

« Les carvanseras sont les hôtelleries des Levantins, bien différentes des nôtres, et qui n'en ont ni les commodités ni la propreté. Ils sont bâtis en carré à peu près comme des cloîtres, et n'ont d'ordinaire qu'un étage, et il est fort rare d'y en voir deux. Une grande porte donne entrée dans la cour, et au milieu de chacun des trois autres côtés, en face, à droite et à gauche, il y a une salle ou grande chambre pour les gens les plus qualifiés qui peuvent passer. A côté de cette salle sont plusieurs petites chambres où chacun se retire en particulier. Ces logements sont relevés comme en parapet le long de la cour, de la hauteur de deux ou trois pieds, et les écuries les touchent derrière, où le plus souvent on est aussi bien que dans les chambres. Il y en a plusieurs qui aiment mieux s'y retirer en hiver, parce qu'il y fait chaud, ces écuries étant voûtées de même que les salles et les chambres. On pratique dans ces écuries, devant la tête de chaque cheval, une niche avec une petite fenêtre qui répond à une chambre, d'où chacun peut voir comme on traite son cheval. Dans chacune de ces niches deux ou trois personnes se peuvent ranger, et c'est là où les valets vont d'ordinaire faire la cuisine.

« ... On ne vous y offre que les chambres toutes nues. C'est à vous à vous pourvoir de matelas et d'ustensiles pour la cuisine[2], et vous achetez à assez bon compte, ou du concierge ou des paysans qui viennent des villages circonvoisins, des agneaux, des poules, du beurre, et des fruits selon la saison. » On y trouve aussi en général de l'orge et de la paille pour les chevaux. « On ne paye rien à la campagne pour le louage des chambres des

---

[1] Castellan, Mœurs des Othomans, t. VI, p. 137 et s.
[2] Voir *Ali Codja*, page 300.

carvanseras ; mais on paye dans les villes, et ce qu'on paye est fort peu de chose. D'ordinaire les caravanes n'y entrent point, parce qu'ils ne pourraient contenir tant d'hommes et de chevaux, et il n'y peut loger commodément que cent cavaliers. Dès qu'on est arrivé, chacun a droit de prendre sa chambre, le pauvre comme le riche; car on n'a nul égard en ces lieux-là à la qualité des gens. Quelquefois, par honnêteté ou par intérêt, un petit mercier cèdera la place à un gros marchand; mais il n'est pas permis de débusquer qui que ce soit de la chambre qu'il a prise. La nuit, le concierge ferme la porte, et doit répondre de tout, et il y a toujours quelqu'un de garde autour du carvansera. »

Quand on voyage en Orient, le plus sûr est de se joindre à une caravane. « Les caravanes sont comme de grands convois composés de quantité de marchands, qui s'assemblent en certains temps et en certains lieux pour être en état de se défendre contre les voleurs qui courent souvent par grosses bandes dans des pays qu'il faut traverser et qui la plupart sont fort déserts. Ces marchands élisent entre eux un chef; c'est lui qui ordonne la marche, prescrit les journées, et qui, avec les principaux de la caravane, jugent les différends qui peuvent survenir sur le chemin. Il n'y a guère d'honnête homme qui ambitionne cette charge, parce que ce chef, devant acquitter de certains petits droits le long de la route, de quelque manière qu'il se conduise, est toujours soupçonné de peu de fidélité...

« Il y a de deux sortes de caravanes. Il y en a de chameaux, qui sont les plus ordinaires, parce que c'est la voiture qui coûte le moins, les chameaux étant de peu de dépense et portant la charge les uns de trois chevaux, les autres de quatre ou cinq. Mais dans ces caravanes de chameaux il y a aussi des chevaux et des mulets que les marchands achètent pour leurs personnes, la voiture du chameau pour l'homme étant incommode quand il ne va que le pas; car s'il allait toujours le grand trot elle est assez douce. Il y a aussi des caravanes qui ne sont que de chevaux, et si les marchands n'en veulent pas acheter, ils trouvent des gens dans la caravane qui leur en louent. Les valets montent sur les chevaux de bagage qui sont les moins chargés...

« C'est la coutume dans le Levant de faire les journées d'une traite...; mais ces journées ne sont pas égales : elles sont tantôt de six heures de marche, tantôt de dix et tantôt de douze, et c'est la commodité de l'eau, qu'on ne trouve pas partout, qui les doit régler. En tout temps, la caravane marche plus de nuit que de jour ; en été pour éviter la chaleur, et dans les autres saisons pour arriver en plein jour aux lieux où l'on doit camper. Car, si on arrivait aux approches de la nuit, on ne pourrait dans l'obscurité bien disposer toutes choses, dresser les tentes, panser les chevaux, faire la cuisine et pourvoir à tout ce qui est nécessaire à un campement. Il est vrai qu'au cœur de l'hiver, et dans les grandes neiges, on ne part guère qu'à deux ou trois heures après minuit, et quelquefois même on attend jusqu'à la pointe du jour. Mais en été, selon la traite que l'on a à faire, on part à minuit, ou une heure après le soleil couché[1]...

« La caravane campe dans les lieux qu'on sait être les plus propres et surtout proche des eaux. » De pauvres gens ont soin de faire la garde autour du camp et de veiller sur les marchandises. « Ils se promènent partout, et crient l'un après l'autre : « Dieu est un, il est miséricordieux, » et de temps en temps ils ajoutent : « Prenez garde à vous. » Quand ils voient que l'heure s'approche qu'il faut partir, ils en avertissent le chef de la caravane, qui leur donne ordre de crier que l'on selle les chevaux, et demi-heure après ils crient qu'on charge. C'est une chose à admirer qu'au second cri tout est prêt et en mouvement, et la caravane commence à marcher en grand ordre et en grand silence. Chacun a soin dès le soir de se tenir prêt, parce qu'il est dangereux de demeurer derrière, surtout dans les pays que les voleurs fréquentent.

« Quand les traites sont longues et qu'on juge qu'on n'arrivera qu'à neuf ou dix heures du matin, d'ordinaire, une heure après le soleil levé, huit ou dix marchands de compagnie prennent le devant, chacun portant derrière soi sa petite valise en forme de deux sacs qui pendent de côté et d'autre de la croupe du che-

---

[1] « Les chameaux qui vont en Perse par les provinces septentrionales de la Turquie, ne marchent qu'à la file. » Aussi « une caravane paraît une armée, et, soit dans la marche, soit quand elle campe, elle occupe beaucoup de terrain ».

val... Arrivés au lieu où ils trouvent à propos de déjeuner, ils étendent par terre un grand tapis sur lequel chacun met sa petite provision en commun, le repas se faisant joyeusement...»

La caravane approche-t-elle du lieu où elle doit s'arrêter, « chaque marchand prend le devant pour se saisir, s'il peut, d'un lieu assez éminent pour y poser les ballots qui lui appartiennent, afin que, s'il vient à pleuvoir, l'eau ait du penchant pour s'écouler... Les valets font promptement un fossé autour de la tente, afin que l'eau qui tombe dessus ait où s'écouler... » Au-devant de la tente « on attache les chevaux à des cordes qui tiennent à des clous de fer, et on les lie par les pieds de derrière à d'autres cordes qui les empêchent de se remuer loin de leur place [1]. »

---

[1] Tavernier, Voyages de Perse, liv. I, chap. x.

NOTE SUR BAGDAD

D'APRÈS DES RELATIONS DE VOYAGES

On lira sans doute avec intérêt les remarques faites par deux voyageurs modernes sur cette noble ville de Haroun-Alraschid, où l'amateur de contes merveilleux laisse longtemps reposer son imagination.

« Bagdad, dit Tavernier, a environ quinze cents pas de long et sept ou huit cents de large, ne pouvant avoir que trois milles au plus de circuit. Ses murailles sont toutes de briques et terrassées en quelques endroits, avec de grosses tours en forme de bastions. Les fossés sont larges et profonds de cinq ou six toises. Il n'y a que quatre portes, trois du côté de terre et une sur la rivière, qu'on passe sur un pont de trente-trois bateaux éloignés l'un de l'autre de la largeur d'un bateau. Le château est dans la ville près d'une des portes appelée El-Maazan, du côté du nord ; il est en partie sur la rivière et n'est ceint que d'une simple muraille terrassée en peu d'endroits et garnie de petites tours... On voit (à Bagdad) cinq mosquées, deux desquelles sont assez belles et ornées de grands dômes couverts de tuiles vernissées de différentes couleurs. Il y a dix carvanséras assez mal bâtis, à la réserve de deux qui paraissent assez commodes. En général la ville est très-mal bâtie, et on n'y voit rien de beau que les bazars, qui sont tous voûtés, parce que sans cela les marchands n'y pourraient pas durer à cause de la chaleur. Il faut même les arroser deux ou trois fois le jour, et quantité de pauvres gens sont payés pour ce service qu'ils font au public. » On comprend que, sous le poids d'une telle chaleur, le porteur Hindbad dût s'asseoir avec délices à côté de son faix, dans la rue qu'habitait Sindbad et dont le pavé était « arrosé d'eau de rose ».

« La ville est fort marchande, ajoute Tavernier, mais non pas tant que lorsqu'elle était au roi de Perse; car quand le Turc la prit, la plupart des riches marchands furent tués. »

Les personnages ridicules ne manquent pas à Bagdad; on y trouve de quoi égayer un conte. Ce sont, d'après l'intéressant voyageur, les membres d'une secte musulmane qu'il appelle les *Rafedis*, sorte de gens qui « ne veulent manger ni boire avec les chrétiens, ni même avec les autres mahométans qu'avec grandes difficultés ». C'est particulièrement dans les funérailles d'un époux et d'un père qu'ils sont plaisants.

« Quand le mari est mort, la femme se décoiffe, laissant ses cheveux épars, et se va noircir le visage à un chaudron, après quoi elle fait des sauts et des gambades plus capables de faire rire les gens que de les faire pleurer. Tous les parents et amis et le voisinage entier s'assemblent dans la maison du défunt, et se retirent à part en attendant qu'on fasse les funérailles. Mais les femmes à l'envi les unes des autres font mille singeries, se frappent les joues, crient comme des bacchantes, et puis tout d'un coup se mettent à danser au son de deux tambours qui sont à peu près comme des tambours de basque, et que les femmes battent pendant un quart d'heure. Cependant il y en a une d'entre elles accoutumée à ce badinage qui entonne des airs lugubres, et les autres femmes lui répondent en redoublant leurs cris, de sorte qu'on les entend de bien loin. Il serait alors inutile d'entreprendre de consoler les enfants du défunt : car ils paraissent tellement hors d'eux-mêmes qu'ils ne peuvent rien entendre, et ils sont obligés d'agir de la sorte à moins qu'ils ne veuillent encourir le blâme de n'avoir point eu d'amitié pour leur père. »

Quant aux femmes de Bagdad, on découvre en elles, par le récit de Tavernier, un agrément dont les *Mille et une Nuits* n'ont point parlé. « Elles sont à leur mode fort superbement vêtues; mais, ajoute naïvement notre auteur, il y aurait parmi nous quelque chose de bien ridicule; car elles ne se contentent pas de porter des joyaux aux bras et aux oreilles, elles portent encore un collier autour du visage, et se font percer les narines, où elles attachent des anneaux. Les femmes arabes se contentent de se faire percer l'entre-deux des narines, où elles passent un anneau d'or de la grosseur d'un tuyau de plume, lequel est creux pour épargner l'or et pour la légèreté; car il y en a qui en ont de si grands, que l'on y passerait presque le poing au travers. De plus, pour une plus grande beauté, elles se noircissent le tour de l'œil avec un certain noir, et tant les hommes que les femmes dans le désert s'en mettent même dans les yeux, pour se conserver, disent-ils, la vue contre l'ardeur du soleil. »

Tavernier parle peu des campagnes voisines de Bagdad. Il dit seulement que tout le pays qui s'étend entre cette ville et Bassora est entrecoupé de digues comme en Hollande. « C'est un des meilleurs pays que le Grand Seigneur possède, et il n'y a presque partout que de grandes prairies et d'excellents pâturages, où l'on nourrit quantité de bétail, particulièrement des cavales et des buffles. Les femelles des buffles sont si abondantes en lait, qu'il y en a qui en rendent par jour jusqu'à vingt-deux pintes. Il s'y fait une si grande quantité de beurre, que dans quelques-uns des villages que nous trouvions sur le Tigre, nous vîmes jusqu'à vingt et vingt-cinq barques chargées de beurre qu'on va vendre le long du golfe Persique, tant du côté de la Perse que de l'Arabie. »

Une relation contemporaine [1] décrit l'état présent de Bagdad, victime de l'incurie othomane, de la peste et des inondations. Il ne reste presque rien des anciens édifices : quelques murs s'étendant le long du fleuve, un vieux bâtiment qui sert de

---

[1] Revue de l'Orient, mai 1844.

magasin pour la douane, un bazar dont la voûte est renversée, la porte d'une mosquée et un khan dont la construction est belle et hardie.

La ville moderne est d'ailleurs remarquable. On y compte plusieurs mosquées bâties dans le style persan, et dont les minarets, surmontés d'un petit dôme vert à côtes, sont revêtues d'une mosaïque de faïence semée d'inscriptions du Coran. Les bazars sont très-étendus; mais quelques galeries seulement sont voûtées. Toutes les maisons sont construites en briques. Une particularité de ces maisons est le *serdab*, pièce voûtée, plus basse que le niveau de la cour, et rafraîchie par un jet d'eau. On y passe les heures brûlantes du jour, jusqu'à ce que, le soleil étant couché, l'on monte sur la terrasse. Peu de maisons ont des fontaines et des bassins; l'eau est renfermée dans de grandes jarres, que les porteurs alimentent à chaque instant du jour. Le palais du pacha n'a rien qui attire le regard. L'est de la ville est presque entièrement ruiné par les eaux.

D'ailleurs la partie de la ville que baigne le Tigre présente un aspect vraiment pittoresque. Si vers le soir, lorsque le soleil a perdu sa force, mais non son éclat, on cherche la fraîcheur dans les jardins situés aux abords de Bagdad, on jouit de la vue d'un brillant tableau. « Sur la rive gauche ce sont les maisons des Anglais, belles et confortables; la maison de Mirza-Adi, la plus belle de la ville; le café de la douane, avec ses balcons et son peuple d'oisifs; un vieux bâtiment des khalifes, couronné d'inscriptions coufiques; la tour octogone qui est à l'entrée du port; le dôme d'une mosquée, dont une partie reste seule suspendue dans les airs; le sérail, et enfin les casernes. Sur la rive droite, ce sont des cafés, des sakis, des maisons, des huttes et des tentes arabes. La variété de ces constructions, auxquelles les minarets et les nombreux dattiers qui se dressent de toutes parts viennent donner un caractère tout à fait oriental, peut dédommager l'étranger des fatigues du voyage et remplacer la ville que son imagination lui avait bâtie. » Le fleuve lui-même, traversé par le pont, « sur lequel on aperçoit toujours les costumes pittoresques du Turc, de l'Arabe, du Persan, de l'Indien, est animé par les bâtiments qui arrivent du golfe Persique, par les steamers mouillés devant l'hôtel du résident anglais, par les kelleks qui descendent de Moussoul, et par les kanfas, bateaux demi-sphériques, construits avec des branches de palmier, qui vont sans cesse d'une rive à l'autre. » La rive droite et les environs de Bagdad sont habités surtout par les Persans. Tout près de la ville on trouve des jardins et des bois de palmiers : un peu plus loin, c'est l'aridité du désert.

Voilà ce qui subsiste de l'antique Bagdad et ce qu'est devenue la capitale d'un des plus puissants empires. Sans doute celui qui a étudié l'histoire n'éprouve à cet aspect nul étonnement, et même il voit là sans peine le doigt de Dieu, car ces ruines couvrent plus de corruption que de poésie. Cependant c'est le cas de répéter la sentence d'un roi de Perse[1], que l'on pourrait inscrire au-dessus d'une porte de Bagdad : « Ce monde est un caravansérai, et nous, une caravane. N'élevez pas de caravansérai dans un autre caravansérai. »

Des chroniques à peu près sans lecteurs, des poëmes, enfin des récits fabuleux font seuls revivre ce que le temps a emporté. D'après une maxime orientale, « un conte est vieux dès qu'il est conté ». Le mot n'est pas vrai des *Mille et une Nuits;* car c'est uniquement par ces contes, toujours jeunes, que la plupart des Européens connaissent une civilisation éteinte, et même, grâce aux *Mille et une Nuits,* malgré tous les témoignages des voyageurs, la cité maîtresse des khalifes d'Orient conserve ou, pour mieux dire, revêt, dans notre esprit, une beauté, une splendeur qu'en réalité depuis longtemps elle n'a plus.

[1] Abbas Ier, 1585-1629.

TABLE

Au lecteur. VI
Le marchand et le génie. 1
Histoire du premier vieillard et de la biche. 8
Histoire du second vieillard et des deux chiens noirs. 15
Notes sur le conte intitulé le Marchand et le Génie. 23

Histoire de Sindbad le Marin. 27
Premier voyage de Sindbad le Marin. 31
Second voyage de Sindbad le Marin. 39
Troisième voyage de Sindbad le Marin. 48
Quatrième voyage de Sindbad le Marin. 60
Cinquième voyage de Sindbad le Marin. 74
Sixième voyage de Sindbad le Marin. 82
Septième et dernier voyage de Sindbad le Marin. 94
Notes sur l'*Histoire de Sindbad le Marin*. 105

Histoire du Petit Bossu. 117
Un barbier discret 128
Histoire du barbier. 140
Histoire de Bakbac, troisième frère du barbier. 143
Alnaschar et le panier de verrerie. 150
Notes sur l'*Histoire du Petit Bossu*. 158

TABLE

Les Aventures du khalife Haroun-Alraschid 163
Histoire de l'aveugle Baba-Abdallah. 169
Histoire de Codja Hassan-Alhabbal. 185
Notes sur les Aventures du khalife Haroun-Alraschid 229

Histoire d'Ali Baba et de quarante voleurs exterminés par une esclave. 235
Notes sur l'*Histoire d'Ali Baba*. 289

Histoire d'Ali Codja, marchand de Bagdad. 293
Notes sur l'*Histoire d'Ali Codja*. 313

Note sur les maisons orientales 321
Note sur les bazars, les khans, les caravanes et caravansérais 325
Note sur Bagdad, d'après des relations de voyages. 329

INDEX

DES CHOSES ET DES MOTS
EXPLIQUÉS DANS LES NOTES

Abbas le Grand (Sentence de). 335
Ablutions. 23
Alep. 315
Alexandre (les deux). 160
Almansour fonda Bagdad. . . . 107
Amin (réponse qu'il reçut de Haroun-Alraschid) 105
Ane des Schinawiyeh. 229
Anweri, Éloge des environs de Bagdad. 231
Bagdad, sa fondation. 107
— d'après des relations de voyages. 331
Bassora. 109
Bazars. 325
Behloul (parole plaisante de). 109
Beyram. 25
Cachan, ses scorpions. 316
Cadhilesker. 318
Cadhis (devoirs des). 317
— (satires sur les). . . . 318
Caf (le mont). 110
Caire (le), sa fondation . . . 314
Camphre 111
Caravanes et caravansérais . . 326
Casgar, capitale du Turkestan. 159
Circé. 112
Coam, ville de Perse. 316

Comari (île de). 113
Coufa. 115
Coufites (réponse des) à Almamoun. 115
Damas. 31
Deggial, ou Dadjal. 110
Derviches. 229
Dhou'l Karnaïn. 160
Div Nereh. 24
Djafar, grand vizir de Haroun-Alraschid. 106
Djin. 24
El-Mostanser (richesses de). . 230
Empire de Haroun-Alraschid. . 105
Esdras (fable sur l'âne d'). . 159
Fadhel-Elroum (parole plaisante de) sur les cadhis. 319
Farce du Pot au laict. 161
Femmes de Bagdad. 333
Fêtes solennelles des musulmans. 25
Fleuve de paix. 160
Funérailles musulmanes. . . . 289
Génies de la fable musulmane. 24
Haroun-Alraschid. 105
Imam. 289
Ispahan. 316

340 INDEX

Jérusalem, noms que lui donnent les Arabes	314	Rafedis, secte musulmane	332
Jeux de hasard, d'après Mahomet	109	Ranah (îles de)	111
Jour d'assemblée	290	Reï, ville de Perse	316
Jugement remarquable prononcé par Ali-Pacha	319	Rifadiyeh, ordre de derviches	229
		Roha (île de)	111
Kela (île de)	113	Salahat (île de)	112
Khans	325	Salomon	114
		Schedad (jardins de)	230
Lin d'Égypte	115	Schinawiyeh, ordre de derviches	229
		Schiraz, ville de Perse	316
Maisons orientales	321	Sel (le) symbole de l'hospitalité	290
Mariage musulman	25	Serdab	334
Mekke (la)	313	Serendib, ou Ceylan	113
Mihrage	115	Serpent de l'Éden (fable sur le)	115
Mostanser Billah, sa générosité	160	Simorg, oiseau fabuleux	110
Moussoul	315	Sobormah (île de)	111
		Sort des flèches	109
Namaz	23	Successions chez les musulmans	24
Nermpaï, ou Pieds-Faibles	113	Sultanieh	316
Origine des richesses	232	Tigre (fleuve du)	160
		Trois Voyageurs (les) et le Chamelier	291
Parasange	113		
Pauvre (le), d'après Salomon	109	Vak-Vak (îles de)	110
Pèlerinage obligatoire des musulmans	313	Vieillard de la mer	113
Péri	24	Vin (sentences de Mahomet sur le)	108
Perle d'Abraha	230	Vitres des Persans	323
Polyphème	111	Yakoub-Ben-Laith (admirable scrupule de)	290
Prière des musulmans	23		

2061 — TOURS, IMPRIMERIE MAME